该书为大理大学马克思主义理论学科建设经费资助研究成果

光明社科文库
GUANGMING DAILY PRESS:
A SOCIAL SCIENCE SERIES

·历史与文化书系·

# 文化赋能乡村振兴的
# 大理实践

赵善庆 ｜ 著

光明日报出版社

**图书在版编目（CIP）数据**

文化赋能乡村振兴的大理实践 / 赵善庆著 . -- 北京：
光明日报出版社，2025.1. -- ISBN 978 - 7 - 5194 - 8416 - 3

Ⅰ. G127.74；F327.74

中国国家版本馆 CIP 数据核字第 2025DR7931 号

文化赋能乡村振兴的大理实践

WENHUA FUNENG XIANGCUN ZHENXING DE DALI SHIJIAN

著　　者：赵善庆

责任编辑：刘兴华　　　　　　　　责任校对：宋　悦　李海慧
封面设计：中联华文　　　　　　　　责任印制：曹　净

出版发行：光明日报出版社
地　　址：北京市西城区永安路 106 号，100050
电　　话：010-63169890（咨询），010-63131930（邮购）
传　　真：010-63131930
网　　址：http：// book. gmw. cn
E - mail：gmrbcbs@ gmw. cn
法律顾问：北京市兰台律师事务所龚柳方律师

印　　刷：三河市华东印刷有限公司
装　　订：三河市华东印刷有限公司
本书如有破损、缺页、装订错误，请与本社联系调换，电话：010-63131930

开　　本：170mm×240mm
字　　数：199 千字　　　　　　　　印　　张：13
版　　次：2025 年 1 月第 1 版　　　　印　　次：2025 年 1 月第 1 次印刷
书　　号：ISBN 978 - 7 - 5194 - 8416 - 3
定　　价：85.00 元

# 前　言

文化是一个国家、一个民族的灵魂。文化兴国运兴，文化强民族强。一个国家、一个民族不能没有灵魂。清代著名思想家龚自珍说过："欲要亡其国，必先亡其史，欲灭其族，必先灭其文化。"习近平总书记指出："文化的力量最终可以转化为物质的力量，文化的软实力最终可以转化为经济的硬实力。""一个国家、一个民族的强盛，总是以文化兴盛为支撑的，中华民族伟大复兴需要以中华文化发展繁荣为条件。"可见，文化是一个国家和民族之魂。文化振兴是提升国家软实力的战略抉择。加强文化建设，是铸造民族魂、提升国家精气神的关键一招。

党的二十大报告提出，要"扎实推动乡村产业、人才、文化、生态、组织振兴"。其中，文化振兴既是乡村振兴的重要内容，也为实现乡村全面振兴注入活力。乡村文化振兴要深入贯彻习近平新时代中国特色社会主义思想，担负起文化赋能乡村振兴的使命，推进乡村文化创新，重塑乡土文化、涵养乡风文明、繁荣文化产业，为乡村振兴注入文化凝聚力、精神推动力和产业振兴力。

乡村振兴，既要塑形，也要铸魂。乡村文化振兴是乡村振兴的重要内容和有力支撑。2023年，习近平总书记在江西考察时亲切地说："中国式现代化既要有城市的现代化，又要有农业农村现代化，我很关注乡村振兴。希望你们保护好自然生态，把传统村落风貌和现代元素结合起来，坚持中华民族的审美情趣，把乡村建设得更美丽，让日子越过越开心、越幸福！"随着农村物质生活条件大幅改善，农民群众的精神文化需求也在不断增长。因此，在推进乡村振兴的过程中，必须不断提升乡村公共文化服务水平，丰富农民群众精神文化生活。

近年来，各地乡村文化活动丰富活跃，展现出繁荣发展的蓬勃气象。"村BA""村超"等乡村文化体育活动火热开展，特色"村晚"颇受欢迎，非遗展演引游客驻足……绚丽绽放的乡村文化之花，扮靓村民文化生活空间，充实着人们对美好生活的信心。但也应看到，推动乡村文化建设，仍面临一些现实问题。解答好这些问题，才能更好激发文化活力，为乡村振兴持续赋能。

深入挖掘乡村文化资源是基础。我国地大物博、历史悠久，广袤的乡村大地蕴藏着各具特色的文化资源。从物质文化层面来看，乡村有着大量文物古迹、传统村落、民族村寨以及自然风光、田园景观等；从非物质文化层面而言，乡村在民族文化、传统民俗、戏曲曲艺等方面，也有着十分丰富的特色资源。加强历史文化保护传承，推动优秀传统乡村文化创造性转化、创新性发展，方能激活乡村文化的生命力。在此基础上，各地依据资源禀赋，因地制宜走差异化发展之路，乡村文化就能形成百花齐放的繁荣态势。

人类生存发展实践过程中形成的一切精神与物质财富，都以多样化的文化载体、多层次的文化影响、多元化的文化表现为文化治理内容，并完美结合，为乡村振兴中的"乡风文明"和"治理有效"赋能。习近平总书记指出："人民有信仰，国家有力量，民族有希望。"乡村振兴是一个复杂的系统工程，不仅需要广大乡村民众的参与，更需要理想支撑与精神保护，集中全民族的力量，以文化治理突破社会发展现实利益，将乡村的文化治理提升到国家治理的文化价值高度，才能攻坚克难到达理想彼岸，增强全国人民对乡村振兴的价值认同。

乡村振兴是一个动态复杂的系统工程，是实现国家治理现代化的重要组成部分。在乡村振兴战略实施过程中，通过文化建设构建与中国特色社会主义制度发展要求相适应的治理体制，维护现代文明的基本价值，确立与公民行为观念相一致的文化要素与心理习惯，使中国特色社会主义制度优势的阳光雨露惠及每一个居民，从而在乡村建构起一个充满活力、秩序良善的文化生态环境，实现乡村振兴的文化价值观和治理理念的高度融合统一，最终实现乡村治理现代化所追求的目标价值。文化治理作为乡村振兴战略实施过程中的关键内容，拓宽了乡村振兴战略实施的场域，增强了乡村振兴的发展动力。

产业兴旺是乡村振兴的重中之重，没有发达的产业，乡村振兴就只是一句空话。因此，发展才是硬道理，要通过文化治理，将精神转化为物质，将"软实力"转化为产业"硬实力"，实现乡村一二三产联动，农工商旅兴旺。具体来说，就是依托当地的资源禀赋、生态环境优势，发挥文化的引领作用，使乡村中的百工技艺各显所长，发展文化+旅游、文化+民俗、文化+养殖、文化+休闲等，将文化注入地域、产品和器物之中，打造名牌、名品与名物，使百姓享受到文化治理带来的实实在在的好处与利益。

云南省大理白族自治州历史悠久、文化灿烂、生态良好、气候宜人。2011年1月，大理州被列为国家级文化生态保护实验区。十多年来，大理州始终坚持"保护为主、抢救第一、合理利用、传承发展"的方针，围绕"遗产丰富、氛围浓厚、特色鲜明、民众受益"的建设目标，秉承"见人见物见生活"的保护理念，积极探索民族传统文化整体保护和开发利用的途径，全面推进大理文化生态保护实验区工作，实现非遗活态传承、整体保护和可持续发展的新局面。近年来，尤其是大理白族自治州剑川县聚焦"历史文化名城样板、文化产业发展示范区"的发展定位，发挥传统优秀文化的潜力，探索创新文化振兴的模式，依托文化资源赋能乡村振兴，变"软实力"为"硬支撑"。2023年10月，剑川县入选首批全国文化产业赋能乡村振兴试点名单。

新时代，大理州坚持以文塑旅、以旅彰文。结合"一带三道十八廊""漫步苍洱""中国最佳爱情表白地""有一种生活叫大理"等文旅品牌的打造，推动非遗与旅游融合发展，推出非遗主题旅游线路，建成10个非遗旅游示范点。大理三月街民族节等特色节庆文化活动推陈出新，白族三道茶、彝族跳菜等特色非遗项目有机融入旅游项目。众多非遗提升了旅游的文化内涵，众多传承体验设施成了非遗体验游、非遗研学游的网红打卡地。大理市双廊非遗旅游小镇、鹤庆新华银器小镇、诺邓古村、喜洲古镇白族特色非遗旅游街区、巍山南街非遗旅游街区、弥渡县密祉镇文盛街村6个项目入选2022年"全国非遗与旅游融合发展优选名录"。

2023年，国家级文化生态保护区的成功创建，标志着保护区建设进入了一个崭新阶段。下一步，大理州将认真总结经验，强基础、补短板、扬优势，着力提升保护区整体性、系统性保护水平，紧扣文化生态保护区建设目标，将非遗之美、文化之韵融入社会生活，让承载着民族历史记忆的文化和自然遗产和谐共生，描绘新时代文化生态保护的美丽画卷。

"以文化兴业"，从乡村文化中挖掘有历史底蕴、广泛流传的文化资源，并以此为基础对接产业发展、品牌培育等需要，寻找市场机遇，力求产业兴旺的新路，形成乡村特色文化产业，有利于形成生态环境美丽、生活富足、人民群众获得感提升的美好图景。站在新的历史起点上，对大理州各地文化资源"就地取材"，发展乡村文化产业，以乡村文化产业赋能乡村振兴，加快推进乡村文化建设，必能将内生动力激发出来、自身活力释放出来、自身潜力挖掘出来，进而为乡村振兴赋能引航。

# 目 录
## CONTENTS

# 第一章

## 大理文化生态保护区建设助力乡村振兴

　　从定义上讲，文化生态保护区是以保护非物质文化遗产及其存续的文化生态系统为核心，对文化积淀丰厚、具有重要价值、存续状态良好、特色鲜明的非物质文化遗产及其相关的物质文化遗产、自然遗产等进行整体性保护，经国家文化部（现文化和旅游部）批准设立的特定区域。① 并且将文化生态保护区与"生态博物馆""民族生态博物馆""民族文化生态村"和"民族传统文化保护区"相对照可以发现，在保护区的建设中，应尊重文化持有者的主体地位，对保护区的类型、层级和范围进行合理划分，完善遗产的认定、普查、存录、整理、宣传、教育、监督、退出、奖励等机制，从文化遗产"项目"的保护扩展到文化遗产"生态"的整体性保护，从外在的传承场所回到村寨、社区，在文化共同体中做好文化遗产的保护传承工作，形成保护区之间的合作与交流机制。② 文化生态保护区建立的理论依据是文化生态学，其保护对象是非物质文化遗产及其相关的文化生态系统，目的是实现非物质文化遗产的活态传承，维护文化生态系统的有序演化，以及保护非物质文化及其相关物质文化的多样性。大理州历史悠久、文化灿烂、生态良好、气候宜人，有"亚洲文化十字路口的古都""多元文化与自然和谐发展的典范""文献名邦"等美誉。大理州秉承"见人见物见生活"的保护理念，经过十多年的不懈努力，成为目前云南首个国家级生态保护区。保护区建设是大理州实现"文化铸州"战略的重要抓手之一。围绕乡村振兴战略，大理州走出

---

① 国家"十一五"时期文化发展规划纲要 [EB/OL]. 中国政府网，2006-09-13.
② 巴胜超. 文化生态保护实验区建设的理论与建议 [J]. 民族艺术研究，2019，32（4）：139-147.

了自己的特色之路，努力实现"遗产丰富、氛围浓厚、特色鲜明、民众受益"的建设目标。

## 第一节　大理文化生态保护区的发展优势及成效

党的二十大报告指出，要繁荣发展文化事业和文化产业，加大对文物和文化遗产保护力度，加强城乡建设中历史文化保护传承，建好用好国家文化公园。① 在 2023 年 6 月的文化传承座谈会上，习近平总书记语重心长地指出："我最关心的就是中华文明历经沧桑留下的最宝贵的东西。中华民族的一些典籍在岁月侵蚀中已经失去了不少，留下来的这些瑰宝一定要千方百计呵护好、珍惜好，把我们这个世界上唯一没有中断的文明继续传承下去。"② 边疆民族地区的特殊性决定了民族文化事业发展与民族特色文化保护是其文化发展的一体两翼。发展民族文化产业和做好民族特色文化保护，既是边疆民族地区经济、社会、文化发展的需要，也关系到国家文化安全、民族团结、边疆稳定繁荣③，因而，大理文化生态保护区的建设是具有多重意义的。

自 2006 年设立第一个国家级文化生态保护区以来，我国已设立 18 个国家级文化生态保护实验区。④ 国家级文化生态保护区是指以保护非物质文化遗产为核心，对历史文化积淀丰厚、存续状态良好、具有重要价值和鲜明特色的文化形态进行整体性保护，并经国家文化和旅游部同意设立的特定区域。大理州作为非物质文化遗产丰富且文化形态较为完整的地区，还依托于丰富的自然和文化遗产资源，使各民族在独特的生存环境中，共同创造了绚丽多彩的民族文化，促进了各民族的文化认同，共同构建了保护区文化的独特性

① 习近平：高举中国特色社会主义伟大旗帜　为全面建设社会主义现代化国家而团结奋斗：在中国共产党第二十次全国代表大会上的报告 [EB/OL]. 中国政府网，2022-10-25.

② 担当新时代新的文化使命　建设中华民族现代文明 [EB/OL]. 求是网，2023-06-15.

③ 丁智才. 边疆民族地区文化产业发展与少数民族特色文化保护研究 [M]. 厦门：厦门大学出版社，2020：1-2.

④ 宋俊华. 关于国家文化生态保护区建设的几点思考 [J]. 文化遗产，2011（3）：1-7，157.

和多样性，打造了大理州独特的文化生态。2011 年，国家文化部（现文化和旅游部）正式发文，同意在大理白族自治州设立"大理文化生态保护实验区"。最终于 2023 年 1 月，大理文化生态保护实验区成功通过评估验收，成为目前云南首个国家级文化生态保护区。

## 一、大理文化生态保护区的发展优势

一是大理自然生态优越。

大理白族自治州位于云南省中部偏西，地处云贵高原与横断山脉接合部位，地跨东经 98°52′~101°03′北纬 24°41′~26°42′之间，大理文化生态保护区东连楚雄彝族自治州，南与普洱市、临沧市毗邻，西与保山市和怒江傈僳族自治州接壤，北接丽江，规划范围总面积为 29459 平方千米。大理文化生态保护区具有三山（雪斑山、老君山、点苍山）、四水（澜沧江、金沙江、怒江、红河水系）、峡谷平坝的地貌结构特征，地势西北高、东南低，山脉、河流、盆地（坝子）及丘陵交错分布，点苍山以西为高山峡谷区，点苍山以东和祥云县以西为中山陡坡地形。①

大理文化生态保护区自然风光奇美，具有良好的自然生态环境，旅游资源丰富。截至目前，大理文化生态保护区内分布有世界地质公园 1 个，国家森林公园 5 个，国家湿地公园 2 个，国家级自然保护区 3 个，国家级水利风景区 2 个，国家级旅游度假区 1 个，省级旅游度假区 4 个，国家级风景名胜区 1 个，5A 级旅游景区 1 个，4A 级旅游景区 12 个，3A 级旅游景区 11 个，2A 级旅游景区 1 个。其分别是大理苍山世界地质公园，巍山县巍宝山、祥云县清华洞、弥渡县东山、南涧县灵宝山、永平县宝台山国家森林公园，洱源县西湖、鹤庆县草海国家湿地公园，苍山洱海（地跨大理市、漾濞县和洱源县）、南涧县无量山、云龙县天池国家级自然保护区，洱源县茈碧湖、祥云县青海湖国家级水利风景区，大理古城国家级旅游度假区，喜洲古镇、双廊古镇、巍山古城等省级旅游度假区，苍山洱海、剑川石宝山、宾川鸡足山、巍山巍宝山和洱源县茈碧湖等组成大理国家级风景名胜区，大理崇圣寺三塔 5A 级旅

---

① 杜彬. 大理文化生态保护实验区空间生产研究 [D]. 昆明：云南师范大学，2021：73.

游景区，宾川鸡足山、南诏风情岛、大理古城、蝴蝶泉、大理州博物馆、双廊艺术小镇、洱源地热国、鹤庆县银都水乡新华白族村、沙溪古镇—石宝山、巍山古城—巍宝山、祥云水目山、漾濞石门关4A级旅游景区，天龙八部影视城、张家花园、罗荃半岛、上关花公园、洱源西湖、剑川千狮山（满贤林）、南涧无量山樱花谷、巍山东莲花村、永平曲硐村、永平宝台山、云龙诺邓村3A级旅游景区，祥云县云南驿2A级旅游景区等。①

二是大理历史文化悠久。

大理州物质文化遗产景观丰富，截至目前，保护区内有国家历史文化名城3个、省级历史文化名城2个，省级历史文化街区5个，省级历史文化名镇3个，国家历史文化名村6个、省级历史文化名村7个。大理文化生态保护区内有中国民间文化艺术10种，分别是巍山县彝族打歌、巍山扎染、洱源县白族唢呐、云龙县白族吹吹腔、剑川县白族木雕、弥渡县花灯、南涧县南涧跳菜、南涧县宝华镇彝族跳菜、大理市周城村白族扎染、大理市白族大本曲。大理文化生态保护区内有国家级文物保护单位31个、省级文物保护单位61个、州级文物保护单位117个、县市级文物保护单位326个。31个国家级文物保护单位分别分布在大理市、剑川县、巍山县、祥云县、云龙县、弥渡县、洱源县、鹤庆县、永平县、漾濞县10县市。其中，大理市9个，分别是喜洲白族古建筑群、云南提督府旧址、佛图寺塔、弘圣寺塔、崇圣寺三塔、太和城遗址含南诏德化碑、银梭岛遗址、大理天主教堂、元世祖平云南碑；剑川县5个，分别是西门街古建筑群、沙溪兴教寺、景风阁古建筑群、海门口遗址、石钟山石窟（含石钟寺、狮子关、沙登）；巍山县4个，分别是等觉寺、长春洞、南诏镇古建筑群、𪩘屿图山城址；祥云县4个，分别是天峰山古建筑群、云南驿古建筑群、水目寺塔、大波那遗址；云龙县3个，分别是沘江古桥梁群、诺邓白族乡土建筑群、顺荡火葬墓群；弥渡县2个，分别是弥渡五台大寺、南诏铁柱；洱源县1个，是德源古城遗址；另有茶马古道古遗址，分布在大理文化生态保护区内剑川县、祥云县、弥渡县、鹤庆县、永平县、

① 杜彬. 大理文化生态保护实验区空间生产研究［D］. 昆明：云南师范大学，2021：75.

漾濞县 6 县。①

大理文化生态保护区内有白族、汉族、彝族、回族、傈僳族、苗族、纳西族、傣族、阿昌族、壮族、藏族、布朗族、拉祜族、哈尼族、佤族、水族、景颇族、瑶族、满族、怒族、普米族、布依族、蒙古族、独龙族、德昂族、基诺族 26 个民族，其中有 13 个世居民族，民族多样、文化传承较为完整。2017 年，文化部（现文化和旅游部）批准《大理文化生态保护实验区总体规划（2016—2030）》正式实施，《大理文化生态保护区保护规划》中释义"大理文化"，是指以大理白族历史文化为主体，由全州白族、汉族、彝族、回族等各族人民共同创造与相互融合，在滇西北苍山洱海区域传承发展并存续至今的富于大理地区鲜明特色的西南高原盆地农耕非物质文化遗产类型。继承南诏、大理国历史文化传统并与时俱进的大理文化，主要包括：其一，以大理苍山洱海为中心的白族文化（含以大理喜洲为代表的白族民居建筑和传统村落文化、以白族本主崇拜为代表的民俗信仰文化等）；其二，以宾川、祥云、弥渡为中心和以大理、宾川鸡足山为代表的佛教文化；其三，以巍山、南涧和漾濞县为中心的彝族文化；其四，以鹤庆、剑川、洱源为中心的传统手工技艺文化；其五，以永平为中心的博南古道文化；其六，以云龙为中心的井盐文化。它们形成大理文化生态保护区文化生态空间。大理文化具有如下特色：其一，以"风花雪月"闻名于世的苍山、洱海生态系统为大理文化传承提供了良好的自然环境；其二，大理非物质文化遗产与历史悠久的物质文化遗产紧密关联，融为一体；其三，大理的非物质文化遗产与少数民族群众生产、生活息息相关；其四，白族和其他民族和谐共处，白族文化和其他民族文化相互交融。大理文化得到全州各族人民的普遍认同。②

三是建设理念科学系统。

大理州深入贯彻落实习近平总书记"一定要把洱海保护好"的重要指示精神，牢固树立"绿水青山就是金山银山"的理念，坚持"生态立州"战略，积极构建以苍山洱海为核心，老君山、无量山及其延伸地区为两翼的生

---

① 杜彬. 大理文化生态保护实验区空间生产研究［D］. 昆明：云南师范大学，2021：77-78.

② 杜彬. 大理文化生态保护实验区空间生产研究［D］. 昆明：云南师范大学，2021：80.

态安全格局。① 十多年来，大理州始终坚持"保护为主、抢救第一、合理利用、传承发展"的方针，围绕"遗产丰富、氛围浓厚、特色鲜明、民众受益"的建设目标，秉承"见人见物见生活"的保护理念，保护区以非遗保护为核心，着眼于维护、修复和滋养区域性的文化生态，以 11 个省级民族传统文化保护区，11 个州级民族传统文化保护区和 130 个中国传统村落，国家级、省级历史文化名城、名镇、名村共同聚力，构建大理文化生态保护实验区基础构架，实施有计划的、动态性的整体保护。保护区设立以来，非物质文化遗产名录体系建设不断完善，四级非物质文化遗产代表性项目名录的"金字塔"结构基本形成；传承人数量大幅度增加，传承人年龄结构日趋合理；非遗传承体验设施从无到有，不断巩固完善。与 2011 年保护区设立前相比，四级非遗代表性项目由 227 项增加到 719 项，四级代表性传承人由 534 人增加到 2344 人。国家级代表性项目由 11 项增加至 18 项，省级代表性项目由 17 项增加至 57 项；国家级代表性传承人由 5 人增至 12 人，省级代表性传承人由 68 人增至 134 人；巩固和新建综合传习中心、传习所、非遗工坊、非遗+旅游示范点等传承体验设施达 265 个。

四是非遗传承创新。

大理非遗项目位列全省第一，2021 年 1 月，大理颁布实施《大理白族自治州非物质文化遗产保护条例》，实验区建设和非物质文化遗产保护有章可循、科学规范，政府主导效能显著。目前，大理州有四级非物质文化遗产项目 723 项，其中国家级项目 18 项，位列云南省第一；有四级非物质文化遗产项目代表性传承人 2344 人，其中国家级 12 人，数量位居云南省前列。建成大理传统工艺工作站、剑川木雕、白族扎染国家级生产性保护示范基地、非遗馆、综合传习中心、传习所（点）、非遗工坊（传承作坊）、非遗+旅游示范点、非遗进校园示范学校等非遗保护利用设施 265 个。② 非遗展演和送戏下乡活动达到 1000 场以上，整合县、乡财政和社会资金投入近 2 亿元，建成大理州非遗馆、南涧跳菜传承展示中心等近 10 个非物质文化遗产重点传承体验

---

① 赵丽花.大理文化生态保护实验区保护工作总体情况 ［N］.大理日报，2022－03－09（7）.

② 杜彬.大理文化生态保护实验区空间生产研究 ［D］.昆明：云南师范大学，2021：90.

设施。而且，各县（市）还通过资金补助，免费提供用房、场地等方式，为保护区建设创造有利条件，为各类非物质文化遗产活动创造了广阔的舞台。自 2011 年 1 月大理文化生态保护实验区设立以来，大理州非遗代表性项目新增 492 项，其中国家级新增 7 项；代表性传承人新增 1810 人，其中国家级新增 7 人，"金字塔"结构的保护名录体系基本形成。逐级落实代表性传承人的传承补助经费，不断健全传承人保障机制，建成体系化的传承体验设施 265 个，通过摸清底数、分类保护，一大批濒危非遗得到有效的传承保护。① 使包括鹤庆银器、剑川木雕等在内的非物质文化遗产形成了非遗工坊，带动了当地的就业和产业加工，尤其是鹤庆县草海镇新华村还被评为"中国淘宝村"。

大理建成了 10 个非遗旅游示范点，坚持以文塑旅、以旅彰文，结合"一带三道十八廊""漫步苍洱""中国最佳爱情表白地""有一种生活叫大理"等文旅品牌的打造，推动非物质文化遗产与旅游融合发展，推出非遗主题旅游线路。众多非物质文化遗产提升了旅游的文化内涵，众多传承体验设施成为非遗体验游、非遗研学游的"网红打卡地"。大理市双廊镇和鹤庆县新华银器小镇、云龙县诺邓镇诺邓村、大理市喜洲镇、巍山彝族回族自治县南街非遗旅游街区、弥渡县文盛街旅游村寨等 6 个项目入选 2022 年"全国非遗与旅游融合发展优选名录"。大理传统工艺工作站发挥示范带动作用。开展了对话会、传承培训、讲座、论坛等系列活动，长期与中央美术学院、云南艺术学院、英国谢菲尔德大学等高校合作，在技术改良、文创设计等方面取得了显著成效，培育了"李小白"手工银壶、"璞真"扎染、大理"瓦猫"等知名非物质文化遗产品牌。各县（市）"非遗+传习所+合作社""传承人+公司+农户"等新模式逐渐形成，引导传统工艺走进现代生活。②

**二、大理文化生态保护区的建设成效**

自大理文化生态保护实验区设立以来，全州以非物质文化遗产保护为主

---

① 云南大理文化生态保护区：让非遗文化绽放迷人光彩［EB/OL］. 大理州人民政府门户网站，2023-03-31.

② 关于贯彻落实《云南省乡村振兴战略规划（2018—2022 年）》情况报告［EB/OL］. 大理文旅，2022-09-14.

线，贯彻落实生态振兴的核心理念，修护滋养了区域性的文化生态保护与发展，着眼于生态保护、文化传承、地域文化、遗产景观四方面共同聚力发展，构建了大理文化生态保护实验区基础构架，实施了有计划的、动态性的整体保护。

第一，文化生态保护方面。

自 2011 年 1 月大理州被列为国家级文化生态保护实验区以来，大理州就采取了多项措施更全面地保护好文化遗产，打造好文化生态保护实验区。大理文化生态保护实验区建设形成了以大理苍山洱海区域为中心，涵盖全州 12 个县市及世居白、彝、回、苗等 13 个民族。大理文化生态保护实验区的保护范围包括大理州所辖行政区域，涉及 12 个县（市），110 个乡镇、办事处，1074 个村公所，50 个社区居民委员会，总面积达 2.95 万平方千米。①

其中包括历史文化保护区、民俗文化保护区、佛教文化保护区、白族文化保护区、民间艺术保护区和民间宗教保护区。一是主要以大理、巍山为中心的南诏大理国历史文化保护区和以大理洱海为中心的坝区白族民俗文化保护区和以云龙为代表的山地白族民俗文化保护区。二是主要以巍山、南涧、漾濞为中心的彝族文化保护区和以大理、宾川鸡足山为代表的佛教文化保护区。三是主要以大理喜洲为代表的白族文化保护区和以各种文化艺术之乡为代表的民间艺术保护区；以白族本土文化为代表的民间宗教文化保护区。

文化生态保护实验区的目标是 2010 年至 2012 年，初步建立比较完备的文化生态保护制度，使文化生态保护状况得到明显改善；2013 年至 2015 年，基本形成较为完善的文化生态保护体系，使具有历史、文化和科学价值的文化遗产得到全面有效保护。②

第二，文化传承方面。

《大理文化生态保护区保护规划》中释义"大理文化"，是指以大理白族历史文化为主体，由全州白族、汉族、彝族、回族等各族人民共同创造与相

---

① 田逢春，段培灿．大理文化生态保护实验区获准设立［N］．云南日报，2011-03-25（2）．
② 田逢春，段培灿．大理文化生态保护实验区获准设立［N］．云南日报，2011-03-25（2）．

互融合，在滇西北苍山洱海区域传承发展并存续至今的富于大理地区鲜明特色的西南高原盆地农耕非物质文化遗产类型。大理文化生态保护区内有国家历史文化名城 2 个、省级历史文化名城 2 个，省级历史文化街区 5 个，国家历史文化名镇 3 个、省级历史文化名镇 3 个，国家历史文化名村 6 个、省级历史文化名村 7 个。主要有以下四个层面：大理市区、巍山县城国家级历史文化名城和漾濞县城、剑川县城省级历史文化名城；祥云县城、剑川县古城、剑川县西门外街、巍山县府城、巍山县卫城街区省级历史文化街区；剑川县沙溪镇、宾川县州城镇、洱源县凤羽镇国家级历史文化名镇，大理市双廊镇、永平县杉阳镇、宾川县平川镇、鹤庆县松桂镇省级历史文化名镇；永平县博南镇曲硐村、弥渡县密祉镇文盛街村、巍山县南诏古街、祥云县云南驿镇云南驿村、巍山县永建镇东莲花村、云龙县诺邓镇诺邓村国家级历史文化名村，南涧县回营村、洱源县牛街乡牛街村、祥云县刘厂镇大波那村、云龙县宝丰镇宝丰村、宾川县大营镇萂村、大理市喜洲镇周城村、祥云县县城街区省级历史文化名村。

全省共 708 个中国传统村落，其中大理文化生态保护区域内有中国传统村落 130 个（剑川县 25 个，大理市 16 个，巍山县 16 个，鹤庆县 15 个，云龙县 14 个，巍山县 11 个，祥云县 7 个，永平县 7 个，洱源县 7 个，弥渡县 6 个，南涧县 5 个，漾濞县 1 个），在保护区内 12 个县市均有分布，在全省占比 18%，是全省各州市拥有中国传统村落平均数的近 3 倍。

大理文化生态保护区内有中国民间文化艺术 10 种，分别是巍山县彝族打歌、巍山扎染、洱源县白族唢呐、云龙县白族吹吹腔、剑川县白族木雕、弥渡县花灯、南涧县南涧跳菜、南涧县宝华镇彝族跳菜、大理市周城村白族扎染、大理市白族大本曲等。

大理文化生态保护区内有国家级文物保护单位 31 个、省级文物保护单位 61 个、州级文物保护单位 117 个、县市级文物保护单位 326 个。31 个国家级文物保护单位分别分布在大理市、剑川县、巍山县、祥云县、云龙县、弥渡县、洱源县、鹤庆县、永平县、漾濞县 10 县市。其中，大理市 9 个，分别是喜洲白族古建筑群、云南提督府旧址、佛图寺塔、弘圣寺塔、崇圣寺三塔、太和城遗址含南诏德化碑、银梭岛遗址、大理天主教堂、元世祖平云南碑；

剑川县 5 个，分别是西门街古建筑群、沙溪兴教寺、景风阁古建筑群、海门口遗址、石钟山石窟（含石钟寺、狮子关、沙登）；巍山县 4 个，分别是等觉寺、长春洞、南诏镇古建筑群、巃屿图山城址；祥云县 4 个，分别是天峰山古建筑群、云南驿古建筑群、水目寺塔、大波那遗址；云龙县 3 个，分别是沘江古桥梁群、诺邓白族乡土建筑群、顺荡火葬墓群；弥渡县 2 个，分别是弥渡五台大寺、南诏铁柱；洱源县 1 个，是德源古城遗址。

另有茶马古道古遗址，分布在大理文化生态保护区内剑川县、祥云县、弥渡县、鹤庆县、永平县、漾濞县 6 县。

第三，地域文化方面。

以新石器时代大理文化、青铜器时代大理文化、爨氏政权时期大理文化、南诏国时期大理文化、大理国时期大理文化、元明清时期大理文化、民国以来大理文化的历史脉络，对大理历史地域文化的形成进行综合归纳和回顾。

新石器时代大理文化。1973 年至 1974 年，在宾川县宾居镇白羊村发掘出土距今已 4000 余年的原始社会稻作聚落，为云南迄今最具有代表性和发现最早的新石器文化遗址。在大理、洱源、祥云、剑川、云龙和鹤庆等县市也发现同类型遗址。大理成为云南文明的发祥地，在此时期，以黄帝为代表的仰韶文化西支马家窑文化和齐家文化南下经巴蜀到达云南，《史记·西南夷列传》记"南越以财物役属夜郎，西至同师（今保山地区）"，表明古越文化溯江而上已到达滇东南至滇西沿线。[①]

青铜器时代大理文化。约公元前 1000 年，云南开始出现文明的萌芽。1957 年在剑川县海门口（剑川海门口遗址）发现距今约 3000 年的青铜文化遗址，相当于商代晚期，标志着大理洱海地区从新石器文化（原始公社）向青铜器文化（阶级社会）的过渡，为云南迄今发现最早的青铜文化。1963 年，在祥云县云南驿大波那（祥云大波那遗址）发现战国中期距今约 2350 年（时间相当于秦惠文王、武王之时，或即丹、犁二国之王）的一座长方形竖穴土坑墓，出土的铜鼓、编钟和权杖等表明洱海地区已出现国家雏形的组织；出土的农具，表明洱海地区农业生产已经摆脱石器时代的原始农业，逐渐过渡

---

① 杜彬. 大理文化生态保护实验区空间生产研究 [D]. 昆明：云南师范大学，2021：84-85.

到标志着生产力发展进入新水平的青铜器时代。战国末年，楚国农民起义军数千人跟随庄蹻到达滇池。公元前 109 年（西汉元封二年），汉武帝击灭与滇王"同姓相扶"的靡莫、劳浸（《史记·西南夷列传》）后设立益州郡，"以其故俗治"①。东汉时期，以昆明晋宁石寨山（今晋宁石寨山遗址）为代表的滇文化几乎荡然无存，滇文化的断裂和滇王国的消亡，以及与石寨山青铜文化的衰落密切相关。

爨氏政权时期大理文化。唐从东汉开始，云南文化中心从滇中向滇东发展。东汉后期，南中大姓崛起，与楚同姓的南中"方土大姓"爨氏，在古滇国故地（今晋宁）形成较大势力，西爨兴于汉魏，盛于晋宋，擅命于齐梁，窃据于隋唐，独步八代之间，绵延达 500 年之久，在云南历史上占有重要的地位。隋唐之际，"西洱河蛮"北徙于剑、共诸川（今剑川至鹤庆、丽江一带），"东洱河蛮"未徙（今大理凤仪、宾川一带），社会和经济达到"与中夏同"水平。唐初，"河蛮"受唐王朝打击，六诏崛起。三国时期，诸葛亮在洱海地区设云南郡（今祥云县）。西爨文化以《爨龙颜碑》和《爨宝子碑》为代表，对洱海地区深有影响。②

南诏国时期大理文化。唐天宝年间南诏崛起。"爨蛮西，有昆明蛮，亦曰昆猕"（《新唐书·南蛮传》），为六诏前身，从事游牧。公元 689 年（唐武后永昌元年）至公元 738 年（玄宗开元二十六年）50 年间，六诏并存。六诏中的越析诏为今纳西族先民，南诏自言哀牢之后，在巍山县南，贞观初始居蒙舍川，为"乌蛮别种"贵族（《新唐书·南诏传》）和白蛮大姓（居洱海南部弥渡、巍山、南涧一带，有"白子国""白崖国""云南国""建宁国"之称）联合建立的政权，白蛮大姓先后帮蒙氏统一六诏和兼并西爨。

大理国时期大理文化。经大长和、大天兴和大义宁 3 个王朝 30 余年短期统治之后，白蛮段思平于公元 937 年（后晋天复二年）建立大理国，承袭南诏版图，辖八府四郡三十七部，传 22 世共 316 年，宋理宗宝祐元年（1253 年）忽必烈平大理，大体相当于宋朝（960 至 1279 年）起讫时间。大理国是建立在农村公社基础上的封建领主制，邻近友好，经济文化发达。

---

① 杜彬 . 大理文化生态保护实验区空间生产研究 [D]. 昆明：云南师范大学，2021：85.
② 杜彬 . 大理文化生态保护实验区空间生产研究 [D]. 昆明：云南师范大学，2021：85.

元明清时期大理文化。全国政令统一，大理文化逐渐融入中原文化，明代移民屯田使大批汉族迁入云南，改变了元以前内地汉族融入白族现象。云南文化的源头来自洱海周围，从剑川海门口到晋宁石寨山的滇文化，再到西爨文化和南诏、大理文化，又复归于以洱海为中心的大理地区，而后与中原文化接轨，以洱海为中心的南诏大理文化，是以白族先民为主，在中原儒家文化与印度佛教文化双重影响下，而创造出来的优秀民族文化，进一步丰富了中华民族的文化宝库。并且地域文化的发源和优秀文化的不断传承，对于建设发展文化生态保护区具备奠基作用。①

民国以来大理文化，其代表作有赵州人李彪《太阴行度迟速限损益捷分表》（《新纂云南通志》卷二三七《艺术传》），大理人李燮曦为岳飞《满江红》谱曲，大理画工张友相、张荫堂弟兄是著名版画家，邓川胡绍瑗、赵州杨日枡擅长山水画（《新纂云南通志》卷二三六《艺术传》），白族"吹吹腔"唱腔发展到30多种，白族唢呐吹奏、"大本曲""霸王鞭舞"广泛流传，"绕三灵"等节日活动规模达数千人以至万人，等等。因而，大理的地域文化发展脉络说明了云南文化的源头来自洱海周围，从剑川海门口到晋宁石寨山的滇文化，再到西爨文化和南诏、大理文化，又复归于以洱海为中心的大理地区，而后与中原文化接轨，以洱海为中心的南诏大理文化，是以白族先民为主，在中原儒家文化与印度佛教文化双重影响下，而创造出来的优秀民族文化，进一步丰富了中华民族的文化宝库。②

第四，遗产景观方面。

大理文化生态保护区的非物质文化遗产资源较为富集，非物质文化遗产项目分布较为集中。《大理文化生态保护区保护规划》为加强大理文化生态保护实验区建设规划的科学性和可操作性，以自然环境和物质文化遗产为依托，利用 GIS 技术手段和区划空间的技术办法，在综合分析大理白族自治州文化生态现状分布的基础上，遵循"以非物质文化遗产为核心"和"人文环境与自然环境协调，维护文化生态平衡的整体性保护"原则，结合与非物质文化遗产依存相关的自然生态环境和相关物质文化遗产分布情况，重点考虑非遗

---

① 杜彬. 大理文化生态保护实验区空间生产研究［D］. 昆明：云南师范大学，2021：86.
② 杜彬. 大理文化生态保护实验区空间生产研究［D］. 昆明：云南师范大学，2021：88.

名录项目、13个世居民族与文化形态等因素，划分保护实验区内重点保护区域、一般保护区和环境支撑区域，形成大理文化生态保护区规划总图。①

以民族聚居地与自然生态环境为特征，划分区域功能。将非物质文化遗产空间集聚分布的连续区域，和体现地方民族文化特色、历史特征与生态经济廊道的空间地带，特别是与非物质文化遗产直接相关的物质文化遗产集中分布的区域，划定为重点保护区。重点保护区面积共计约6436平方千米，占大理文化生态保护区面积约21.85%，重点保护区周边地区及重要廊道区域为一般区域，约9292平方千米，占大理文化生态保护区面积约31.54%，重点保护区和一般保护区以外区域为环境支撑区域，面积约13731平方千米，占大理文化生态保护区面积约46.61%。②

截至2020年12月底，大理州共有四级非遗代表性项目719项，其中国家级18项，省级57项，州级197项，县、市级447项。其中，下关沱茶制作技艺、白剧、大理三月街、白族三道茶、大本曲、石宝山歌会、花灯戏、白族吹吹腔8个非遗代表性项目暂无国家级非遗代表性传承人。按类型统计，大理文化生态保护区四级非遗代表性项目民间文学类31项，占比4.3%；传统音乐类76项，占比10.6%；传统舞蹈类60项，占比8.3%；传统戏剧类14项，占比1.9%；曲艺类3项，占比0.4%；传统体育、游艺与杂技类28项，占比3.9%；传统美术类56项，占比7.8%；传统技艺类270项，占比37.6%；传统医药类10项，占比1.4%；民俗类138项，占比19.2%；省州县市级市民族传统文化生态保护区33项，占比4.6%。在大理文化生态保护区四级非遗代表性项目构成中，传统技艺类项目数占项目总数的比例约37.6%，民俗类项目数占项目总数的比例约19.2%，两大类别项目数占项目总数的比例约56.8%。大理文化生态保护区四级非遗代表性项目所涉及的多类民族，既有汉、白、彝、回族等大理文化生态保护区内人口较多民族，也有如傈僳、

---

① 赵丽花.大理文化生态保护实验区保护工作总体情况［EB/OL］.大理日报，2022-03-09（7）.

② 杜彬.大理文化生态保护实验区空间生产研究［D］.昆明：云南师范大学，2021：89-90.

阿昌等人口较少民族。①

大理文化生态保护区内每个国家级非遗代表性项目的具体空间分布分别是，大理白剧、大本曲分布区域为大理市全域，白族三道茶分布区域为大理文化生态保护区内的白族聚居区，剑川白曲、剑川木雕分布区域为剑川县全域，花灯戏、弥渡民歌分布区域为弥渡县全域，彝族跳菜分布区域为南涧县全域，彝族打歌分布区域为巍山县全域，下关沱茶制作技艺分布区域在洱海周边、下关一带，耳子歌分布区域在云龙县检槽乡、关坪乡、诺邓镇一带，白族扎染技艺主要分布区域在大理市周城村，白族民居彩绘主要分布区域在大理市洱海周边，大理三月街主要活动区域在大理古城西城门外，鹤庆银器锻制技艺主要分布区域在鹤庆县新华村，白族绕三灵主要活动线路是大理古城南门城隍庙—崇圣寺—庆洞圣源寺—喜洲—金圭寺—马久邑，石宝山歌会主要活动地点在剑川县石宝山。② 通过对大理州非物质文化遗产的统计和维护发展，对于打造建设文化生态保护区的本土性、传承性和创新性发展具有重要意义，同时对于充分发挥民族文化的功能性具有推动作用，对于充分保护和推进非物质文化遗产成为旅游招牌和地方特色也具有重要作用。

## 第二节　建设大理文化生态保护区的时代意义

党的二十大报告指出，要全面推进乡村振兴。大理州在多措并举之下，专注提升文化生态保护传承水平。全州坚持部门联动，层层压实属地责任，州县分别成立大理文化生态保护实验区建设领导小组，认真组织贯彻落实《文化部关于加强国家级文化生态保护区建设的指导意见》③ 等法律法规，根据《大理文化生态保护实验区总体规划（2016—2030）》制订相关实施方案，

---

① 大理文化生态保护实验区四级非遗代表性名录及非遗项目代表性传承人统计表（截至2020 年 12 月）［EB/OL］. 大理州人民政府门户网站，2021-01-11.

② 杜彬. 大理文化生态保护实验区空间生产研究［D］. 昆明：云南师范大学，2021：99-101.

③ 文化部关于加强国家级文化生态保护区建设的指导意见（文非遗发〔2010〕7 号）［EB/OL］. 中国非物质文化遗产网，2017-04-17.

并于 2021 年 1 月，颁布实施《大理白族自治州非物质文化遗产保护条例》①，实验区建设和非遗保护有章可循、科学规范，政府主导效能显著。

**一、促进大理文化的原真性、完整性保护**

大理文化的形成与发展与其特殊的生态环境密不可分，环境既是大理州文化体系的重要组成部分，蕴含着大理文化的特色与价值，也是大理文化传承与发展的重要载体。② 大理文化生态保护区在建设与管理中强调将物质文化遗产保护与非物质文化遗产保护相结合、社会环境保护与自然环境保护相结合、整体保护与重点保护相结合，有利于将大理文化融入社会经济发展与人们日常生活的方方面面，形成良好的大理文化保护与传承氛围，促进大理文化的原真性和整体性保护。

近年来，大理通过政府主导与责任落实、资金保障及加强文化生态的学术研究并促进转化利用实现了真正的文化生态保护，其中以认真组织贯彻落实《文化部关于加强国家级文化生态保护区建设的指导意见》等法律法规，根据《大理文化生态保护实验区总体规划（2016—2030）》制订相关实施方案为主线，建成了大理传统工艺工作站、剑川木雕、白族扎染国家级生产性保护示范基地、非遗馆、综合传习中心、传习所、非遗工坊、非遗+旅游示范点、非遗进校园等非遗保护利用设施 265 个。③ 围绕"文化铸州"战略，大理走出了特色的非遗转化与创新之路，其中以沙溪古镇的文化遗产保护为例④，说明大理州文化生态保护中的原真性选择的问题。沙溪古镇文化生态区作为大理文化生态保护实验区建设中的传统文化区，很早便开始以"文化生态"的理念进行地方文化保护复兴工程。针对沙溪古镇的保护与开发中展现出的遗产原生性主体在物质文化遗产活态保护中的隐退及其产生的一系列后果，强化

---

① 大理白族自治州非物质文化遗产保护条例［EB/OL］.大理州人民政府门户网站，2023-09-12.
② 车冠琼.巴文化生态保护区的构建与管理研究［D］.南京：南京大学，2014：17-18.
③ 关注丨云南首个！大理成功创建国家级文化生态保护区［EB/OL］.云南省文化和旅游厅官网，2023-01-31.
④ 唐婷婷，吴兴帜，路晓龙.文化生态保护实验区建设中的原真性选择：以大理剑川沙溪古镇文化遗产为例［J］.广西师范学院学报（哲学社会科学版），2016，37（5）：98-101.

文化生态空间中的遗产原生性主体的参与性是维持文化生态活态平衡的原则。被誉为"茶马古道上唯一幸存的古集市"的剑川县沙溪古镇，很早就受到世界的瞩目，其"修旧如旧"的遗产保护模式一度成为中国古镇保护中的典范。如今沙溪古镇作为大理文化生态保护实验区规划中的一部分，其保护与开发的地方实践还在不断推进，但新的问题也逐渐浮出，仍需研究解决。

沙溪古镇位于云南省大理州剑川县西南部，为省级"沙溪镇白族传统文化保护区/历史文化名镇"，其保护核心是以沙溪镇石龙村白族调、石龙霸王鞭、白族龙头三弦为代表的白族传统习俗非物质文化遗产。作为"茶马古道上唯一幸存的古集市"——中国云南沙溪（寺登）区域入选 2002 年的 100 个世界濒危遗产保护名录。由此，沙溪古镇也逐渐成了世界瞩目的焦点。瑞士保护中华人民共和国文化遗产协会募集资金，瑞士联邦理工学院与沙溪县政府合作开展了"沙溪复兴工程"，以"修旧如旧"的修护理念保存古镇原貌，并制订生态、卫生改造方案。其文化复兴工程包括了修复古建筑的文化古迹、恢复当地纺织品的生产、复兴包括民族艺术在内的无形遗产等。随着修复工程的展开，沙溪古镇吸引了众多游客纷至沓来，同时也迎来了外来移民，伴随旅游业的繁荣凸显了遗产旅游在满足游客惯性体验和维护文化原真性之间的矛盾冲突。由于外来经营者对沙溪古镇文化生态的"原真性"延续是有选择性的，他们来到沙溪投资的主要目的是盈利，而对于盈利手段他们有着自己的判断。因而，他们难免会破坏沙溪古镇"修旧如旧"和保持整体传统风貌协调的复兴原则。在文化生态区域保护中除了对遗产主体的关注以外，还应该注意对文化生态保护区中文化遗产持有者"参与性"的重视：（1）文化遗产的活态意义要通过遗产原生性主体的表述才能够实现；（2）遗产原生性主体自身的身份和文化认同也必须通过文化遗产才能得以获得；（3）遗产原生性主体应保证对持有遗产所应承担的责任和义务的顺利履行。然而，在沙溪古镇文化生态区的保护与开发过程中，偏离"沙溪复兴工程"初衷的问题不断浮出，文化生态保护中遗产原生性主体参与性缺失现象逐渐暴露。① 沙溪

---

① 唐婷婷，吴兴帜，路晓龙.文化生态保护实验区建设中的原真性选择：以大理剑川沙溪古镇文化遗产为例［J］.广西师范学院学报（哲学社会科学版），2016，37（5）：101-103.

原生性主体经济效益与经营权和保护理念与话语权的双重缺失导致了其原生性选择的困境，而地方文化精英话语权的参与性缺失以及政府监管力度、执行效果的问题，则共同导致了旅游消费情境中沙溪古镇文化空间的文化生态失衡。因此，对于大理文化生态保护区而言，除了需要重点关注文化遗产主体，还必须透彻理解遗产原真性的现实核心，务必要重视对文化生态系统中遗产原生性主体（原住民）的参与性、文化自觉意识、新文化观念和民间遗产保护力量的培养和提高。大理文化生态保护区始终坚持以生态振兴为核心理念之一，通过合理协调保护与开发之间的关系，不仅满足了游客对"异文化形态"的需求，而且促进维护了文化遗产的原生性、完整性。

**二、推动大理文化空间的资本积累**

文化生态保护区的空间结构可分为物理空间、生活空间和文化空间三个维度。依托物理空间和生活空间的文化空间是文化生态保护区的内核空间。在列入文化生态保护区前后，文化空间发生了由当地民众寄托身心的场所向各类主体进行角力的关系场域的转变。① 文化生态保护区所处文化空间转变的起因在于外界各类主体的介入。各类主体所携带的优势资本的加入，使得文化空间内的资本积累不断丰富。各类权力主体包括政府、媒体、企业、学者等社会力量，他们各自拥有不同的资本结构和资本力量，在介入文化生态保护的过程中存在着利益的交织与冲突。

大理文化生态保护区作为国家级文化生态保护区，作为各权力主体的核心即各级政府，其力图通过建设博物馆、文化馆等公共文化空间，特别是建设非遗场馆等非遗传承传播公共空间，发挥其公共文化空间的信息传播功能，促进非物质文化遗产在空间中的传承和传播。据大理州人民政府统计，截至2020年12月，大理文化生态保护区内已建成非遗公共空间253处。可分为三种不同类型的非遗传播空间，分别是大理文化生态保护区"1站2基地37工坊"等非遗资本空间，10个以村（街）为单位"非遗+旅游"示范点的非遗传播空间，6个非遗博物馆，7个非遗传习中心，183个传习所和13个非遗进

---

① 王秀伟，延书宁.从场所到场域：文化生态保护实验区的空间转变 [J]. 民族艺术研究，2020，33（1）：152-160.

校园示范学校等非遗传承空间。① 其文化空间的分类可以分为三类：第一类为大理文化生态保护区的非遗资本空间，如白族扎染、剑川木雕2个国家级生产性保护示范基地以及下设的各个工坊和公司等；第二类为大理文化生态保护区以"非遗旅游"为主线的非遗传播空间，如大理州非遗博物馆、大理市非遗博物馆、大理市璞真白族扎染博物馆等；第三类为大理文化生态保护区内建设以非遗传承为核心的文化空间如6个非遗博物馆、7个非遗传习中心、183个传习所等。其中，以白族扎染为例，大理市璞真白族扎染有限公司位于"白族扎染之乡"喜洲镇周城村，是一家集扎染生产性保护、文化展示教育、技艺体验制作、旅游商品售卖为一体的扎染工坊。自成立以来，璞真扎染以党建引领，紧扣"中华民族一家亲、同心共筑中国梦"的总目标，将民族团结进步创建工作融入非遗技艺传承、传统手工业振兴等工作中，以"大理蓝"染出"石榴红"，为"苍洱处处石榴红"增添色彩②，真正实现了以扎染为媒促进文化交流互鉴，"三坊一照壁""四合五天井"搭配上一块块蓝白相间的扎染布，让璞真扎染博物馆散发出古朴典雅、灵动秀美的气息。在"扎染"这张文化名片的吸引下，四面八方的游客来到这里体验扎染技艺，感受非遗之美，不仅加强了各民族之间的友好交流，而且以民族手工艺推动乡村振兴的进程迈出坚实步伐，带领了全体员工及周边8300多名群众，2018年年均营业额达700多万元，2019年年均营业额达600多万元，疫情期间营业额也有300多万元，人均增收达1.7万元左右，成功走出一条"民族团结自幸福、和衷共济必振兴"的发展之路，积极推动了大理文化空间的资本积累。③

### 三、带动区域社会治理的有效展开

文化生态保护区空间是一个社会空间，是一个社会关系的场域。"空间生产"和"场域"都是空间主体在实践活动中所产生的一个社会关系网络。大理文化生态保护区作为社会关系的融合空间，运用场域理论的"惯习×资本+场域=实践"来说明其空间生产，可以分析得出空间生产对于文化遗产的整

---

① 杜彬. 大理文化生态保护实验区空间生产研究［D］. 昆明：云南师范大学，2021：101.

② 杨润婷，赵正银. "大理蓝"染出"石榴红"［EB/OL］. 大理融媒，2023-06-25.

③ 杨润婷，赵正银. "大理蓝"染出"石榴红"［EB/OL］. 大理融媒，2023-06-26.

体保护有利于文化生态保护区的建设以及推进区域内社会治理的有效展开。

区域社会治理包括了经济生活水平、基础设施覆盖率、法治执行情况等，其中，以大理文化生态保护区为例，通过建设非物质文化遗产与扶贫建设相结合，达到提升经济生活水平的目的，从而带动当地就业发展，吸引外出务工人员回乡，提升基础设施水平，实现法治环境的优化。而且《中共中央 国务院关于实施乡村振兴战略的意见》进一步将乡村治理体系具体化为"党委领导、政府负责、社会协同、公众参与、法治保障的现代乡村社会治理体制"[①]，从而为乡村振兴下的乡村治理提供了具体的指导。在这之中，大理文化生态保护区建成了57个非遗工坊，其中鹤庆银器带动了9000余人从事银器加工销售，其2021年年产值约31亿余元，网络平台年销售额超过1亿元，鹤庆新华村被评为"中国淘宝村"。剑川木雕产业则在2021年就实现产值约5.6亿元，带动23000余人就业。白族扎染2021年年产值约7000万元，带动5000多人就业，形成"家家可见、人人都会"的传承氛围。[②] "鹤庆银匠""剑川木匠"双双荣获第三届全国创业就业服务品牌，推进了区域内社会问题的解决以及平安大理的建设。

### 四、助力文旅融合的高质量发展

文旅融合是实现旅游业高质量发展的重要途径。随着我国人民文化素质的提高，文化旅游也越来越受欢迎。文化要素和文化旅游资源的数量和质量已经成为一个旅游景区、旅游城市在旅游市场竞争中的重要因素。文化与旅游的深度融合能够提高旅游资源数量和质量，调整旅游资源结构。同时，文旅深度融合也有利于文化旅游商品的创新、文化旅游品牌的打造、文化旅游景区的建设，促进文化旅游市场的一体化，提高旅游产品和服务的质量，满足人们更高的和多样化的需求，实现旅游业高质量发展。[③] 大理州依托于其独

---

① 中共中央 国务院关于实施乡村振兴战略的意见 ［EB/OL］. 中华人民共和国商务部官网，2018-05-02.
② 苍山洱海间描绘"诗和远方"——云南大理创建国家级文化生态保护区纪实 ［N］. 中国旅游报，2023-05-12.
③ 刘治彦. 文旅融合发展：理论、实践与未来方向 ［J］. 人民论坛·学术前沿，2019（16）：92-97.

具特色的地方文化，针对文化旅游资源进行开发，这能够为传统意义上旅游资源匮乏的许多地方开辟一条发展旅游业的道路，也能够进一步丰富大理州旅游景区和各县市旅游点的旅游资源。

大理州坚持以"非遗+旅游"为主线，深化文旅融合，坚持以文塑旅、以旅彰文。结合"一带三道十八廊""漫步苍洱""中国最佳爱情表白地""有一种生活叫大理"等文旅品牌的打造，推动非遗与旅游融合发展，推出非遗主题旅游线路，建成10个非遗旅游示范点，并且包括大理双廊和鹤庆新华银器旅游小镇、云龙诺邓村、大理喜洲、巍山南街非遗旅游街区、弥渡文盛街旅游村寨6个项目也入选了2022年"全国非遗与旅游融合发展优选名录"。①比如将大理三月街民族节等特色节庆文化活动推陈出新，将白族三道茶、彝族跳菜等特色非遗项目有机融入旅游项目。大理州多样化的非遗项目提升了旅游的文化内涵，多层次的传承体验设施成了非遗体验游、非遗研学游的网红打卡地。

处于大理州文化生态保护核心位置的洱海生态廊道，展开了携手大理非遗助力"生态+体育+文旅"融合发展的活动，此次活动通过洱海保护公益宣传、非遗展演、非遗体验、游戏互动、老年健步走等多种形式，集中展示了大理文化生态保护区系列非遗项目和产品，倡导全民参与洱海保护，探索"生态+体育+文旅"融合发展方向。洱海生态廊道是洱海最重要的一道生态屏障和物理隔离带，主线长度为129千米，连接洱海沿线100多个村庄，展现了大理州丰富多彩的非遗文化、苍洱自然风光、历史古韵，体验式实践了全民共享洱海保护和生态文明建设成果。截至2023年11月2日，洱海生态廊道本年度累计接待市民及游客1330.1274万人次，不仅深入贯彻落实了"绿水青山就是金山银山"理念，践行全民共享生态文明成果，而且为大众上演了低碳环保和全民健身理念的生动课堂。②

---

① 关注｜云南首个！大理成功创建国家级文化生态保护区 [EB/OL]. 云南省文化和旅游厅官网，2023-01-31.
② 李云洁. 洱海生态廊道携手大理非遗助力"生态+体育+文旅"融合发展 [EB/OL]. 搜狐网，2023-11-24.

### 五、助推大理新产业新业态的建设

2023 年 2 月 13 日,《中共中央 国务院关于做好 2023 年全面推进乡村振兴重点工作的意见》① 发布,再次体现了中央重农、强农的决心。相比于2022 年的"一号文件",2023 年"一号文件"除了继续贯彻统筹发展、促进乡村振兴、巩固脱贫攻坚成果、增强基础设施建设、提升农民收入及保证粮食安全的底线思维之外,首次提出农村产业高质量发展问题,增添了"培育乡村新产业新业态发展"策略。

近年来,大理州聚焦产业发展,推进建设新兴产业,打造大理州产业发展集群,截至 2023 年以来,大理发展了包括硅光伏全产业链、新能源电池、国家级农业绿色发展先行区、数据化市场"苍洱云"等新产业链,同时还深度重构了旅游格局,抓住了电视剧《去有风的地方》的网络热度,致力于将大理打造成为"中国最佳爱情表白地",成功建设了 3 家 4A 级景区,带动了大理旅游。② 大理州不仅仅将绿色农业作为产业建设的基础,还能够依托于大理多样化多类型的各项优势,实现新产业新业态的诞生。比如,大理州依托于资源、区位优势,形成了大理乳业发展的新天地,建成了较为完整的产业链,据统计数据显示,2021 年大理全州奶牛存栏 7.25 万头、生鲜牛奶产量33.7 万吨。从大理州的传统来看,奶牛养殖以散养为主,当然,随着洱海保护的推进、乳制品质量安全的提升,散养的方式也在发生着变化。以"乳牛之乡"洱源县为例,2008 年以来,一方面,当地政府与云南新希望邓川蝶泉乳业有限公司合作,在全县范围内兴建了 69 座机械化挤奶站,逐步取代了手工挤奶。另一方面,近 10 年来规模化养殖也逐步发展,建起了欧亚鹤庆大型规模化有机养殖示范场、云南新希望蝶泉有机示范牧场、弥渡金润奶牛良种场等典型示范牧场。③ 而且大理还培育了"菌种上天",建立了优质益生菌菌种资源库,致力于开发更具特色化的、适合中国人体质的产品。

---

① 中共中央 国务院关于做好 2023 年全面推进乡村振兴重点工作的意见 [EB/OL]. 新华网,2023-02-13.
② 2023 年大理州人民政府工作报告 [R/OL]. 大理州人民政府门户网站,2023-02-06.
③ 培育新动能大理落子"一瓶牛奶"里的百亿级产业 [EB/OL]. 大理州人民政府门户网站,2022-04-21.

## 第三节　大理文化生态保护区建设助力乡村振兴的探索

十多年以来，大理州通过不断探索实践和齐心努力，非物质文化遗产得到有效传承保护，自然生态和人文环境得到有效改善，民众的参与感、获得感、认同感显著增强，非物质文化遗产服务当代、造福人民的作用也得到了进一步发挥，同时也助推了大理州乡村振兴战略实践路径的拓展，取得了一系列显著的成效。

**一、完善保障体系，壮大人才队伍**

在新常态下，保障改善民生要更加注重对特定人群特殊困难的精准帮扶，同时要通过民生领域改革的不断深化，在就业、教育、医疗、养老、脱贫等方面补齐短板、兜住底线。① 人才振兴是乡村振兴战略的基础，乡村人才振兴能够全面解放农村的生产力，改善农村社会的生产关系，完善农村社会的治理体系，是推动农村社会根本性进步的制度安排。因此，在全面推动乡村振兴的发展战略之下，大理州积极建设文化生态保护区有助于巩固脱贫成果，带动乡村经济、文化的发展，实现优质人才吸引和培养机制的建设。

一是完善保障体系，为大理文化生态保护区建设提供物质基础。

大理州及各县市以积极巩固脱贫成果为建设基础，推进城乡建设，推动全州水电路气网等基础设施提档升级，加快防疫、养老、教育、医疗等公共服务设施建设，以新内生发展的混合路径推动人才培养，通过教育、培训、交流和实践指导，使乡村内部与外部的人才资源得到有效对接和融通，实现彼此的互动发展。② 其中，大理州的剑川木雕产业 2021 年实现产值约 5.6 亿元，带动 23000 余人就业。白族扎染 2021 年产值约 7000 万元，带动 5000 多人就业，形成"家家可见、人人都会"的传承氛围。"剑川木匠"荣获第三

---

① 杨宜勇 . 民生保障如何兜住底线 [J]. 人民论坛，2016 (7)：44.
② 韩利红 . 新内生发展理论与乡村人才内外联动发展模式 [J]. 河北学刊，2023，43 (6)：187-193.

届全国创业就业服务品牌。同时，还实施了"美丽乡村建设万村示范行动"6
项行动，保护传统村落，挖掘特色和文化。注重以大理、巍山2座国家级历
史文化名城以及剑川省级国家历史文化名城为核心，构建起现代化"历史文
化名城体验带"，沿南北纵向重点开发7个古镇、15个历史文化名村、130个
传统古村落建设，推进各县市积极以历史厚重与现代化充分融合的旅游模式，
提升经济收益，增加就业岗位。

二是壮大人才队伍，为大理文化生态保护区建设提供人才支撑。

大理州高度重视人才工作，认真落实党中央和云南省委、省政府决策部
署，认真贯彻大理州人才工作会议精神，深入学习贯彻习近平同志重要人才
工作思想，始终坚持中国共产党管人才的原则，以实施重点人才工程为抓手，
以创新人才工作体制机制为重点，以项目化方式统筹推进各类人才队伍建设，
为推动大理洱海保护、脱贫攻坚、绿色发展、乡村振兴提供了人才支撑和才
能支持。① 同时大理州截止到2019年的人才资源总数已达274836人，其中高
技能人才有32759人、农村实用型人才有77149人，就大理州的乡村振兴人才
队伍现状来看，全州还需要解决乡村振兴人才培育难、乡村专业人才培育难、
人才培养机制不完善等人才队伍的建设问题。因此，首先，大理州应当围绕
各县市农业农村发展的需要及本土农业企业用工需求等，以乡镇或行政村为
单位选准培育对象，探究建立培育对象数据库，同时根据紧缺、急需人才的
特点选择培育方向，加大对产业紧缺、急需人才的培育力度和资金支持。其
次，要积极加强农村人才队伍的建设和培养，从理念入手，运用移动互联网
等智能化手段创新线上培训方式，运用手机终端管理运行软件考核等新的服
务方式，坚持以农村产业兴旺发展要求为导向，打造优质的人才队伍。再次，
创新优化人才引入政策机制，发挥用工单位的主观能动性，实行差异化探索，
突出高级、精密、尖端和短缺人才的培养导向，主导引入大理州建设需要的
各类人才。最后，吸纳社会各界人才投身乡村事业与优化农村人才发展环境
并行推进，做好人才储备工作，创设提供安居乐业的优美环境。

由于乡村振兴是一项系统性、综合性、长期性的工程。大理州始终坚持

---

① 【党校声音】段艳春：以人才振兴助力乡村振兴存在的问题及其策略：以云南大理州为
　　例［EB/OL］. 中共大理州委党校官网，2022-06-16.

巩固脱贫成果，完善群众生活保障，推动各级、各部门积极开展金融投入、资金投入、人才培训等项目工作，实现加强农村人才队伍培养、吸纳社会各界人才投身乡村事业、优化农村人才发展平台等目标，不仅从政策、资金、技术等方面支撑底线保障和乡村人才振兴，而且真正使大理州成为安居乐业、记得住乡愁的美丽家园。

**二、创设产业新格局，培育特色产业**

产业振兴是乡村振兴最重要，也是建设过程当中最困难的部分。产业振兴的核心在于依托农业农村独特资源优势与组织优势，让富民兴村的产业发展壮大，让农民更多地参与产业发展、分享增值收益。因而，创设产业新格局，发挥大理特色是推进产业振兴的手段与目标。同时，随着乡村振兴的产业发展以及民族特色产业的振兴建设，对于推进文化生态保护区的建设与发展也有助推作用，其中最著名的就是剑川木雕、鹤庆银器、洱源梅子，基于这些依托于当地资源禀赋、民族特色来开展产业建设，同时既保护和传承了文化脉络又推进了经济发展，因此它们既符合乡村振兴的规划建设，又是推动文化生态保护必不可少的一大环节。

（一）剑川木雕

剑川是中国民间木雕艺术之乡，大理州剑川县素有"木雕之乡"之称，剑川木雕已有一千多年的历史，木雕艺术蜚声海内外。剑川木雕充分展示了白族文化和中原文化的交融。剑川木雕主要集中在剑川县甸南镇的狮河、朱柳、金华等村镇，1956年建立的剑川县民族木器社是剑川最早的木雕企业。许多木雕匠人在此学艺，后来逐渐成为木雕技艺的传承人和木雕行业的领军人。① 剑川木雕题材广泛、造型优美、形象生动逼真、构图严谨统一、工艺精美细腻，尤其是传统的山水、花鸟和人物画，精致细腻，有呼之欲出的真实感。包括北京故宫、承德避暑山庄、昆明金马碧鸡坊等在内的不少著名古建筑都拥有剑川木雕的经典之作。剑川木雕有着深远的发展历史，木

---

① 易爱东. 生态性保护视域下剑川木雕技艺传承的思考［J］. 文化产业，2022（23）：133-135.

雕产品类别丰富，能够满足人们的收藏、审美、使用等多种需求。剑川木雕产业为社会提供了就业机会，同时也辐射带动了县内其他产业的发展，促进了县域经济的发展，助力剑川县的脱贫攻坚和乡村振兴，创造了重要的社会效益。剑川木雕产业是县域经济的关键产业，剑川县依托剑川木雕这一特色产业，不断提升剑川木雕的整体生产能力，推动剑川木雕产业的发展。目前，全县从事木雕产业的人数占全县总人口的11%，剑川木雕产业为群众提供了就业机会，为剑川县脱贫摘帽提供了强力支撑，成为人民增收致富的"钱袋子"。

剑川县海拔均在2200米以上，雨热同期，干湿分明，年平均气温只有12.3℃左右，全年降水较少。剑川县主要靠农业立县，但受气候、降水、土壤等因素的影响，农作物一年只能种植一季。剑川木雕产业的发展，为许多剩余劳动力提供了就业机遇。截至2021年，全县木雕产业从业人员达21000余人，2018年剑川木雕产业实现产值4.23亿元；2019年全县木雕产业实现产值4.74亿元，同比增长11.8%，带动建档立卡贫困户360多户，包括200名残疾人在内共1200多人，实现人均增收3000元；2020年虽受疫情影响，但木雕产值达到3.8亿元。木雕名村狮河村共有620余户农户，其中570多户从事木雕生产。2019年，木雕产业产值达2.2亿元，占全县木雕产业的近50%。剑川木雕也成为全国20个劳务品牌之一。"十三五"期间，剑川木雕的知名度和影响力不断扩大，木雕产业的生产值整体呈上升趋势。剑川木雕产业成为群众摆脱贫困、增加收入的重要力量。

产业兴旺是乡村振兴的重点，剑川县借助木雕特色产业拓宽产业门类，木雕产业已成为当地的支柱型产业。目前，县内专业生产企业有10家，具有国家一级文物古建筑维修资质的企业有2家，1500多户个体经营户，3646人的从业人员，加之外出全国各地从事木雕工艺的7000多人，全县累计从业人员达1万多人。其中，有中国工艺美术大师段国梁，国家级传承人段四兴，省级传承人6名。木雕产品不仅在云南省及四川、贵州、西藏等省区和缅甸、泰国、老挝受到欢迎，甚至远销日本、美国、加拿大、英国、法国、比利时、新加坡、马来西亚和台、港、澳等100多个国家和地区。勇当领头雁，助推乡村振兴①，剑川木雕产业作为乡村振兴的重要抓手，随着乡村振兴战略的提出，为乡村地区的经济发展指明了方向。在"十三五"期间，剑川木雕产业带动了剑川县的经济、文化、生态等层面的发展。剑川木雕产业带动了传统工艺的振兴，创造了良好的经济效益，带动当地文旅产业的发展及狮河村和剑湖周边基础设施的完善与生态环境治理，同时也向社会宣传展示了非遗文化，形成了良好的社会效益，成为当前以及今后很长时间内剑川县推动乡村振兴的重要抓手之一。剑川木雕产业有力地促进了全县的脱贫攻坚，依托剑川木雕的产业发展，剑川木雕企业、协会不断助力全县的脱贫攻坚，结合剑川县的实际，开展了形式多样的扶贫专项行动，面向社会开设技能培训班，并招收贫困学员，帮助贫困学员脱贫致富。同时还面向建档立卡贫困户和残疾人士开展木雕技能定向培训班，截至目前，剑川县从事木雕加工的残疾人已达 200 多人。狮河木雕协会、兴艺木雕文化发展有限公司、国艺木雕有限公司、金达有限公司先后捐款 30 多万元助力脱贫攻坚，形成了积极的社会效应。同时，剑川木雕还助力"三区三州"中的怒江傈僳族自治州和迪庆藏族自治州的脱贫攻坚和乡村振兴，开展木雕生产合作，多次有针对性地提供了木雕技艺培训，协助当地群众学习手艺，拓宽并提供相应的就业渠道。剑川木雕产业的发展带动了人居环境的改善，同时还带动了剑川县旅游业的发展。木雕艺术小镇的投资建设带动了狮河村基础设施的提升及剑湖流域的生态治理和旅游开发规划，提升了整体人居环境质量。推动改造狮回公路、环湖公路，疏通小镇与外界连接的主要交通干线，提高了交通通达性，促进了与滇西北旅游景点的串联，推动剑川木雕与旅游业的融合，促进了旅游产业的发展。2020 年剑川县工业信息和科技局的《推进剑川木雕产业与文化旅游融合发展的调研报告》中，对剑川木雕产业和旅游业融合发展的现状以及两大产业融合发展存在的难点进行了分析，并提出了相应的对策建议。② 剑川木雕产业带动了传统工艺的发展。剑川县注重木雕非遗传承人的挖掘和保护，注重木雕技艺的传承和保护，多次举办剑川木雕展会，向社会积极宣传展示非遗文化。剑川木雕产业的发展，宣传了剑川木雕这一非物质文化遗产，助推了

---

① 殷志勇. 试析剑川木雕助力乡村振兴的有效路径 [J]. 民族音乐, 2021 (6)：80-81.
② 乐享云南 | 非遗·剑川木雕 [EB/OL]. 云南省文化和旅游厅官网, 2023-04-09.

木雕工艺的发展和振兴。剑川木雕产业发展取得了一些成效，经过发展积淀，产品种类增多，产业总体规模扩大，木雕产品的市场供给量也增加了。剑川木雕艺术小镇的建成，为剑川县的文旅融合发展奠定了重要基础。

近年来，流行文化的浸染也使剑川地区年青一代形成了一些不同于前辈们的审美价值观和心理。并且由于木雕学艺难、成才难、致富难，他们宁愿到省外发达地区打工赚钱，也不愿接手祖辈留下的家传技艺。此外，吸引年轻人的多是光怪陆离的现代艺术、影像，而造价昂贵且具有乡土特色的木雕作品与他们追求的现代生活相差甚远，因此，总体来看，剑川木雕产业尚处于自制自销的状态，从业者更关注产量，对于需求端的关注度不高。① 剑川木雕产业缺少高素质后继人才的支撑是当前和今后很长一段时间需要着力解决的问题。还有就是目前其仍处于多种生产和传承方式并行，同时正在遭遇企业利益驱动、工匠培养速成和现代化数控雕刻机冲击等多种因素交织影响。这里以文化生态学为基础，把剑川木雕非遗文化技艺的传承看成一个动态平衡的生态系统，分析和思考非遗工艺在民族文化、生态环境交互作用下的生态性保护和传承工作，基于发展的困境，提出以下的解决方法和路径。同时，还需要强化对剑川木雕的保护与传承，从坚守传统艺术的角度出发，与现代媒体相融合，使剑川木雕产业系统在工艺生态系统的支持下，传承与发展手工艺传承与生产方式，具备可持续发展性，成为文化生态系统的组成部分。

目前，云南省各级文化部门采取保护措施，积极开展剑川木雕的申报工作。帮助木雕艺人开展带徒授艺和开拓市场，支持艺人开展对外展示交流活动等，使木雕企业和传承人成为传承剑川木雕的重要力量。② 因此，在责任单位和行业协会从事木雕保护的同时，木雕企业和传承人也活跃在剑川全县境内，是剑川木雕保护和传承的重要力量；重视人才、品牌和设计，通过挖掘、培育、用好农村人才队伍，努力打造乡村振兴生力军。依托云南省文化和旅游厅、大理州政府、中央美术学院、云南艺术学院，剑川建立"中央美术学

---

① 易爱东. 生态性保护视域下剑川木雕技艺传承的思考［J］. 文化产业，2022（23）：133-135.

② 段冰莹. 马克思供求理论视域下剑川木雕产业发展研究［D］. 大理：大理大学，2022：24-28.

院驻剑川传统工艺工作站",将剑川文化底蕴与高校设计资源相结合,实现"现代剑川"连接到"未来剑川";以"公司+基地+农户"模式,助力扶贫、乡村振兴,加大建立传承培训基地。段四兴的剑川兴艺木雕文化发展有限公司,内有"木雕文化产业及传承展示基地""木雕精品展示馆"、学习传承区等,既传承大理白族特色建筑,又可展示木雕的加工工艺流程,还能让参观者亲身体验、观摩学习,把大理的旅游、剑川的木雕传播有机结合。

（二）鹤庆银器

鹤庆是银都水乡,云南省鹤庆县草海镇新华村位于大理、丽江之间,周边旅游资源丰富,是北通西藏、南连大理的交通枢纽。新华村民族传统手工艺历史悠久,从"小炉匠之乡""小锤敲过一千年"到"银都水乡",新华村的银器制作技艺一代代传承、改进,日趋成熟,逐渐成为鹤庆银器锻制工艺的核心区域。① 2018 年 5 月,云南省鹤庆县草海镇新华村的母炳林、寸发标成为该项技艺的国家级代表性传承人。2020 年,鹤庆县加工银制品超 300 吨,仅新华村年加工纯银就达百吨。新华村银器工艺的发展是一个民族思想情感文化的体现,反映了一个民族的文化特质、结构和内涵,同时,是一个民族根深蒂固的文化基因,它的生存发展都依赖于民族文化这条精神主脉,也根植于其特定的人文风情,具有其他地区无法复制的客观因素。

鹤庆银器锻制技艺的文化生态环境不是凭空产生的,它是在特定的社会环境和自然环境的多重作用下产生的,任何一种文化生态的形成和发展都有其前提和基础,是当地自然环境、社会环境和历史条件共同作用下的产物。②从自然环境、社会经济环境、社会制度环境三方面来分析鹤庆银器的前世今生:（1）从自然环境的角度,人与自然的关系是密不可分的,一方面,自然环境为人类的生存提供了资源和条件;另一方面,自然环境又影响和制约着人类活动的发展。鹤庆县的新华村环境优美,水资源丰富,最重要的是富足的矿产资源为新华村手工业的孕育奠定了基础。独特的地理区位条件、优越

---

① 萧正怡. 鹤庆县新华村银器产品的"创意赋能"研究 [D]. 昆明:云南大学,2022:13-16.
② 刘欣彤. 非物质文化遗产鹤庆银器锻制技艺的传承发展研究:以新华银器为例 [D]. 昆明:云南财经大学,2021:21-22.

的自然环境和丰富的矿产资源，共同为新华村银器手工业的形成与发展提供了必要条件。（2）从社会经济环境的角度，在人文环境上，新华村同样白族人口居多，是一个传统的白族村落，在现代文化强烈冲击的今天，新华村仍然保持着白族文化特色，村内房屋仍具白族民居特点，村内的妇女们仍然保留着传统白族着装的习惯。新华村经济发展以来，村民大多翻新了家里原有的老宅，从外面看老宅外观更新，颇具现代风格，但同"三坊一照壁"式的白族民居一样，进门后有院落、有照壁，鹤庆县抓住这一特点，结合新华村居民原有的居住环境，积极打造了新华独有的"特色小院"，培育了"小院文化"。① 而且，鹤庆县也是南北东西交通要道交会之地，在地理区位上南接大理，北连丽江，这两座城市都是云南省内的主要旅游城市，沿用鹤庆银器锻制技艺打制的新华村手工银器，大量流入旅游市场，提高了这项非遗在游客群体中的知名度。从"茶马古道"时期，新华人就加入商业发展的行列之中，并将经商传统沿袭至今。（3）从社会制度环境的角度，大理州始终高度重视非物质文化遗产保护工作，坚持保护优先、开发服从保护的原则，保护非物质文化遗产的物质载体和环境空间，立足人文环境与自然环境协调，维护文化生态的平衡与完整。同时坚持文化生态区整体性保护与民族文化特色保护统筹规划的基本原则，在保护的前提下合理利用，在利用的过程中加强保护，实现在传承中创新发展，在发展中保持传统。

在鹤庆银器锻制技艺传承发展过程中也存在着一些问题，比如，传承和培养方式浮于表面，工匠群体学历不足、艺术涵养水平低，商家逐利心理驱使、功利心重，当地对直播销售模式理解不深、重视不够等问题，因此，针对这些问题，必须加强履行政府文化职能，完善政府协调职能，落实政府市场监管职能，从技艺传承入手，坚持"走进来"与"走出去"相结合，加强对外交流与打造非遗平台，开展城市合作，引进最新的设计理念与先进的工艺和设备，等等。由于，鹤庆承接大理、丽江两大旅游市场，产品外销方便，容易掌握市场动向，形成市场规模。因此，文化生态环境在鹤庆银器锻制技艺传承发展过程中的基础地位，需要时刻谨记。无论未来传承方式如何变化、

--------

① 刘欣彤. 非物质文化遗产鹤庆银器锻制技艺的传承发展研究：以新华银器为例 ［D］. 昆明：云南财经大学，2021：24-25.

销售模式如何创新，立足鹤庆地区环境特点，将千年的文化积淀继续传承下去，才是保护好、传承好、发展好鹤庆银器锻制技艺的根基。

随着市场经济的发展，新华村银器产品呈现出创意的复杂性、系统性和协同性等特征，银器产品的创新不再简单地由工匠负责，而是多元主体协同创新的结果。工匠是银器产品的生产者，它在银器产品创意中占据主导地位。银器产品创意赋能，工匠要充分发挥工匠精神。[①] 首先，积极培养创新意识。新华村银匠在传承传统工艺的同时，应该培养创新意识，通过研发新的工艺材料，学习新的工艺技艺，创意设计银器产品的造型、图案、装饰等，丰富银器产品类型。其次，坚持与时俱进和改革创新。银器企业是银器产品经营活动的主要承担者，它在创意过程中处于核心地位，是银器产品创新的主体，也是联结其他创意主体的主要环节。新华村银器产品创意赋能的具体途径在于以下四方面：一是银器企业可以发挥收集市场信息和创新需求的能力，引导银器产品的创新方向；二是进行创新成果转化，利用机器、设备等直接转化创新成果，促进银器产品规模化生产；三是整合市场生产要素，合理配置资源，将资金、技术、人才等投入银器产品的生产中；四是创新生产方式和管理模式，如借鉴后福特主义管理方式，创新生产方式，满足现代消费者的个性化需求。

（三）洱源梅子

洱源县属于北亚热带季风气候，温和湿润，春暖冬干，夏秋多雨，年平均气温 14℃ 左右，年平均降雨量约 750 毫米，年日照时数近百小时，年有效积温 4100℃。土壤类型为山地红壤、黄红壤、红棕壤及少量紫色土，土层深厚肥沃。其气候、雨量、光照及土质，都适宜梅子树生长。[②] 而且，洱源县是传统的农业大县，种植梅子已有 2000 多年历史，素有"中国梅子之乡""中国古梅之乡"的美誉。2007 年，国家质检总局批准对"洱源梅子"实施地理标志产品保护。并且位于洱源县松鹤村的洱源健清种植家庭农场，目前全村

① 萧正怡. 鹤庆县新华村银器产品的"创意赋能"研究 [D]. 昆明：云南大学，2022：64-87.
② 赵林裕."小梅果"变成"大产业"：记大理州洱源健清种植家庭农场 [J]. 中国农民合作社，2023（2）：71.

梅树种植面积达3.5万亩，其中优质梅子基地1.2万亩，实现了"户户梅子成林，家家梅果飘香"，在当地被称为"梅子之乡"，纪录片《风味人间》的第一季就在这里拍摄了"炖梅"。

　　首先，洱源县的梅子产业在其整个产业结构中具有举足轻重的地位，对全县经济的发展起着牵带及一定的支撑作用。梅子产业是富民强县的新的经济增长点。洱源县不仅具备适宜发展优质梅子的自然条件和丰富的土地资源，而且具备发展梅子生产的群众基础。全县40%的农户都种植梅子树，梅子产业与农民的生活有着相生相依的血肉关系，是一项比较稳定的经济来源，是贫困山区群众脱贫致富的一条有效途径。通过对比不同农作物的种植效益，梅子产业增加效益明显。比如，洱源县的花碧乡松鹤村公所曾经是个贫特困村公所，全村有林业用地29329亩，耕地2566亩，农作物以玉米为主。以前，经济结构单一，大片开垦荒地种玉米，经济发展缓慢，农民每年收入只有50元，人均生产粮食70多千克，住的是破旧茅草房，吃粮靠返销，穿衣靠救济。① 在实行改革开放后，该村立足山情，靠山"吃"山，念活山字经，积极发展以梅子为主的经济林果，鼓励发展梅子产业，在山坡、涧旁建成一片片梅子林，房前屋后也栽满了梅子树。通过发展梅子产业，全村人均纯收入达到1300元，农民的生活发生了翻天覆地的变化，在基础设施和民生工程的建设上投入了资金支持，实现了生活品质上的飞跃。而且，梅子在卖鲜果阶段，一方面为农民创造经济收入，另一方面缴纳农特税，为地方增加税收，当梅子进入加工阶段，产生了生产环节税，加工成产品进入流通阶段产生流通环节税，进入销售阶段发生消费环节税，可以说是多环节纳税的产业。由此看出，梅子产业是一个既富裕农民，又能增强地方经济实力的理想产业。

　　其次，梅子产业是培育良好生态环境的有效途径。人与自然和谐，这是当今社会文明发展的主题，而人与自然和谐的主旨又在于发展无污染的生态经济，保护生态环境，这已成为现代人新的追求目标。良好的生态环境是人类生存最基本的前提。保护和建设良好的生态环境除了要防止人为污染外，更重要的是做好植树造林工作。而植树造林的关键又是要选好树种，即既要

---

① 李兴汉.论洱源县梅子产业发展的地位及对策 [J].经济问题探索，2000 (9)：95.

适宜本地生长条件，又要产生较好的经济效益，这样农民植树造林的积极性才能调动起来，管树护林的责任心才会加强。① 最为重要的是，洱源县的梅子树恰巧具有这个双重特性，它不仅可以绿化荒山、涵养水源，还能给农民带来经济实惠，农民既容易接受，又有一定的种植经验，梅子产业发展也必然会加快。并且，梅子加工业是无烟工业，不会造成环境污染。因此，梅子产业发展得越快，生态环境也就会建设得越好，经济效益和生态效益也就相互促进。发展梅子产业有利于扩大对外开放。古往今来，人们对梅情有独钟，梅花成为友谊的使者，梅子成为对外开放的桥梁。洱源县过去是鲜为人知的闭塞之地，随着将梅子产品销售到县外、州外、省外、国外，洱源县的知名度也不断扩大，不少人因吃到洱源县的梅制品才认识和了解洱源，也有不少的商家老板冲着洱源县的梅子资源前来投资开发。2022 年 2 月，梅花盛开的时节，洱源县举办了首次"洱海源梅花笔会"，以花为媒，广交朋友，恭请贤士，借助各方，研究洱源县的发展，扩大洱源县的对外宣传，进一步塑造洱源县良好的外部形象，使不少人看到了洱源县发展的前景，吸引了一些人前来投资建设。

再次，洱源县梅子产业发展的现状及存在的一些问题。洱源县的梅子产业虽然有了显著发展，但也存在着一些需要着力研究和解决的问题，主要是：第一，梅子种植规模小，规模效益差。要关注供求比例，市场上的梅子产品供不应求，可以说发展梅子产业的市场风险不大，但是梅子总产量还比较小，离产业化生产还有很大差距，随着加工业的发展，加工原料十分紧缺。② 造成这一问题的主要原因是对梅子产业在洱源县经济发展中的地位认识不足，缺乏总体规划，发展梅子种植的机制不灵活。第二，科技含量低，市场竞争能力弱。其表现是梅子品种老化，由于洱源县种植梅子的历史悠久，老品种占一定比重，梅子产量很难上去，影响到了梅子的内在质量。再则，梅子产品加工工艺和设备相对落后，梅子产品的价值在市场上难以充分体现。究其原因是未建立起梅子产业发展的科技队伍。第三，生产企业小而散，形不成拳头力量。梅子产品加工企业各自为政，品牌多，较为混乱，这一问题的根源

---

① 李兴汉．论洱源县梅子产业发展的地位及对策［J］．经济问题探索，2000（9）：96.
② 李兴汉．论洱源县梅子产业发展的地位及对策［J］．经济问题探索，2000（9）：96-97.

在于加工企业多，互相牵制，没有一个统一的组织机构。因此，要加强对洱源梅子的产业化发展，一是要加大宣传，统一认识，提高群众种梅的积极性，使广大山区群众对发展果梅生产的实际意义有一个统一的认识；二是要选择优株，逐步实现良种优化种植，并严格掌握各地果梅的适宜采收期，培育早熟和晚熟品种，根据加工用途分期分批采摘；三是确立地位，突破规模，把梅子产业纳入国民经济发展计划，并作为骨干产业来抓。

最后，利用梅子产业拉动就业，推动乡村产业发展建设，全力推进乡村产业振兴的发展。一是强化科技，力创名牌。建立一支得力的梅子产业发展科技队伍，大胆引进科技人才，充分发挥科技人才的作用，为农民种植梅子提供产前、产中和产后服务。二是注重引进优质新品种，改造梅子树老品种，提高梅子的内在品质，缩短梅子树挂果期，同时引进外地甚至国外具有现代化水平的梅子加工设备和先进的加工工艺，为创名牌奠定硬件基础。三是将梅子产品打造为旅游主产品，在深加工、精加工上下功夫，根据人们的心理、口味和市场需求来研制新产品，改进包装，使产品内在质量和包装不断上档次，以名牌精品占领市场。四是实行企业联合，发挥整体优势，形成产业优势发展，推动当地就业，以正确的营销战略，积极开拓梅子产品市场。

### 三、构建良好生态，推进可持续性发展

大理州立体气候特征明显，生态环境优越、物种资源丰富、区位优势明显，而且大理风光秀丽、气候宜人，不仅有素负盛名的"风花雪月"四景，区域内著名风景名胜景点更是多达130多处，从大理州旅游资源的空间分布来看，共约500个旅游资源点在大理州12个县市境内均有分布。全州始终践行"绿水青山就是金山银山"的理念，用生态"底色"描绘发展"绿色"，统筹推进苍山洱海一体化保护和城乡区域协同高质量发展，用实干交出了人与自然和谐共生、生态环境韧性十足的"生态文明答卷"。随着大理生态法规体系的不断完善，全州建立起洱海保护治理重点工作以及生态文明建设的保障性资金等一系列维护生态可持续发展的项目。

第一，构建良好生态，为乡村生态振兴提供基本要素保障。

大理州坚持深入贯彻习近平生态文明思想，并实行最严格的生态环境保

护制度，加强生物多样性保护，这推动了全州生态环境质量的持续改善，包括动植物重新出现与循环发展。其中，绝迹多年的小熊猫、林麝等国家级野生保护动物重现苍山，消失已久的水质风向标海菜花在洱海连片开放，天蓝、水清、地绿的美丽大理更加令人心驰神往。尤其是在洱海保护精准治理方面，大理州坚持系统治湖、科学治湖、依法治湖、全民治湖，强力推进"七大行动""八大攻坚战"和"六个两年行动"，扎实推进洱海山水项目等工程，洱海水质、水生态、水环境持续改善，洱海流域"山水林田湖草沙"系统治理取得全新进展，实现了从"一湖之治"向"流域之治""生态之治"的根本性转变。① 同时坚持以壮大绿色经济、筑牢生态之基为主线，锚定打造世界一流"绿色食品品牌"示范区，成立洱海流域农业绿色发展研究院，积极推动传统农业绿色化、有机化、数字化转型，高原特色现代农业产业不断发展壮大；聚焦新能源电池、硅光伏两条重点产业链，积极推进绿色铝产业延链补链，抓住时机打造一批先进制造和高新技术项目的稳步推进，使清洁能源成为新的产业支撑。全州深入建设生态格局，为乡村生态振兴提供基本要素保障，实现生态保护与开发建设的并行发展。

第二，推进可持续性发展，构建乡村生态振兴高质量发展格局。

大理州政府围绕把大理打造成为名副其实的历史文化名城、国际旅游名城、世界一流"绿色食品品牌"示范区的三个基本定位，坚持走以绿色为底色的高质量发展之路，深入推进苍山洱海一体化保护治理。加强城市化建设与详细管理，提升城市内在品质，同时，以环境承载为底线要求，高效利用区域优势资源，推进制造业振兴，发展文化旅游、绿色生态农业及数字经济等新业态新产业，积极打造世界级文旅产业和绿色食品产业，建设特色鲜明的产业聚集高地。全州坚持立足于特色产品，强化旅游吸引力高质量高效率推进世界级田园综合体和国家级乡村振兴示范园打造，实现生态发展可持续。

**四、传承文化底蕴，激发文创活力**

大理州是一个依山傍水、人杰地灵的高原盆地，地处云贵高原与横断山

---

① 州市看点｜大理州着力推进生态文明建设 走好以绿色为底色的高质量发展之路［EB/
OL］. 云南省生态环境厅官网，2023-01-28.

脉接合处，拥有丰富的自然资源和得天独厚的人文景观，其民族传统文化极为丰富且极具特色，因此，这造就了大理独特的白族音乐文化。在大理数千年的历史沿革中，繁衍生息于此地的少数民族，如白族、彝族、傈僳族等创造了灿烂丰富的传统文化，并且囊括了服饰、语言、民俗、歌舞、建筑、宗教等众多领域。而且在全球文化趋于一同的当今时代，民族文化的传承和保护应当与生物多样性保护处于同等重要的地位。

一是传承文化底蕴，激发大理文化空间创造力。

大理历史悠久、文化灿烂、民族风情浓郁，素有"文献名邦""亚洲文化十字路口的古都""东方日内瓦"的赞誉，深厚的历史文化底蕴赋予大理独有的人文魅力和发展优势。1982 年，国务院公布了首批 24 个国家历史文化名城。大理以其不争的"我国古代区域中心、保存文物特别丰富并且具有重大历史价值的城市"，列入了首批国家历史文化名城。① 如大理白族的大本曲，它是大理音乐文化中的典型代表，主要流行于洱海一带，并辐射到宾川、剑川等地区。大本曲作为云南大理白族传统民间音乐文化系统中不可或缺的内容，它的曲本格式、唱词内容、唱腔流派以及伴奏风格已经形成一套完整的说唱艺术，并且白族大本曲凝聚了白族民间音乐的精华，汇聚了大理白族人民的智慧和创造力，是大理白族千百年传承下来的艺术文化精髓，代表了大理白族的文化特色。坚持传承如白族大本曲多类型的大理文化要素，对于创设大理的文化空间，实现特色文化保护有重要作用。

二是激发文创活力，创新乡村文化振兴途径。

大理坚持"以文促旅""文旅双赢"彰显融合影响力。大理不仅仅是历史文化名城，也是著名的旅游胜地。"苍山不墨千秋画，洱海无弦万古琴""风花雪月地，玉洱银苍景"是大理最真实的写照。绚丽多姿的民族文化与优越的自然生态相互依存，星罗棋布的文物古迹、风貌依旧的传统村落、赓续传承的非物质文化遗产，形成了独具特色的大理文化生态。截至 2022 年年底，大理市共有各级非物质文化遗产代表性项目 80 项，代表性传承人 230 人。大理三月街、白族绕三灵、白族扎染技艺、白剧、白族民居彩绘、白族

---

① 国家历史文化名城：大理［EB/OL］. 大理州人民政府门户网站，2023-03-20.

三道茶、大本曲、下关沱茶制作技艺已被列入国家级非物质文化遗产代表性项目。① 大理州近年来还推出了一系列的文创产品，其中包括大理石杯垫、大理石悬浮灯、大理石条纹围巾、大理石蛋糕、大理石巧克力、挂坠、盲盒等各式各样、造型独特的文创产品，这些大理石文创产品，可食、可穿、可赏藏，苍山大理石留下了鬼斧神工的艺术"画作"，如今也成了大理的文化名片之一。文创产品不仅增加了旅游收益，而且宣传了大理的特色文化和创新了乡村文化振兴的多样途径。

## 第四节 "文创+"赋能乡村——喜洲文化生态保护传承助力乡村振兴

大理市喜洲镇是云南省著名的历史文化名镇和重点侨乡之一，是电影《五朵金花》里金花的故乡，也是大理国家级风景名胜区、国家级自然保护区和国家级历史文化名城的重要组成部分。喜洲镇位于大理市北端，距大理州、市政府所在地下关 32 千米，全镇国土面积 161 平方千米，下辖 13 个村委会。全镇旅游收入占经济总收入的 25%。② 喜洲古镇于 2016 年 10 月被国家住建部、财政部、发改委评选为首批国家级特色小镇，自此开展特色小镇的建设工作，2017 年又被选入云南省创建全国一流特色小镇名单。③

大理喜洲位于大理苍洱旅游区的腹心地带，拥有集中发展文化旅游的优势区位，通过凝聚其独特的历史人文资源、自然生态资源，推动农文旅一体化发展，成为驱动大理乡村振兴的重要力量。近年来，喜洲镇以传承喜洲传统历史文化为核心，建设了"非遗+文创+旅游"的发展模式，搭建了很多让游客了解本土文化的宣传交流平台。

---

① 国家历史文化名城：大理［EB/OL］. 大理州人民政府门户网站，2023-03-20.

② 蒋小华，卢永忠. 大理喜洲旅游小镇可持续发展模式分析［J］. 中国商贸，2011（8）：176-178.

③ 王之凡. 大理市喜洲镇白族特色小镇发展路径研究［J］. 乡村科技，2018（22）：17-18.

　　喜洲镇是大理国家级风景名胜区、国家级自然保护区、国家级历史文化名城和中国优秀旅游城市的重要组成部分，无论是文化、建筑、风俗等均具有鲜明浓郁的民族特色，发展以旅游资源开发为主的特色产业型小城镇具有得天独厚的优势。一是历史悠久。距今有一千多年的历史，是南诏古国中留存下来的古城之一，是大理文化的发祥地之一。镇内保存着许多文物古迹，有国家、省、州、市四级文物保护单位9个。二是建筑底蕴厚重。镇内有在中国乃至世界建筑史上独树一帜的一大批明、清、民国到当代各时期各具特色的白族民居建筑群，为全国少有的白族民居风貌，具有极高的保护和开发价值。喜洲具有代表性的民居建筑群有杨品相宅、严家大院、董家大院、赵府建筑群等。三是蝴蝶泉公园闻名天下。蝴蝶泉风光秀丽，泉水清澈，独具天下罕见的奇观（蝴蝶会）。随着反映白族生活的影片《五朵金花》的传播，蝴蝶泉这一奇异的景观更是蜚声遐迩、驰名中外。四是拥有全国最大的白族村——周城。周城是云南最大的一个自然村，地方不大，名胜古迹不少，村内有银相寺、龙泉寺、本主庙；村后靠山有神摩洞等景致。在周城，可以领略到丰富的民族扎染制品。① 因而，喜洲根据这得天独厚的交通区位，重点发展了以旅游开发保护为主的特色产业链条，为创设文化生态保护区提供了重要的要素条件之一。

　　喜洲作为西南茶马古道的节点，其商业发展自古以来就十分繁盛。建筑布局体现在聚落的街巷、边界等空间领域，总体上呈现出较强烈的秩序感，形成了喜洲相对规则严谨的聚落。商业贸易的繁荣同时也带动了政治与文化的多变，包括"喜洲商帮"的东南亚贸易，回流了西方文艺复兴时期的巴洛克建筑风格，其与元代传入云南的天主教一起共同加速了这种风格在聚落中的扩张。而早在南诏时期，儒教、道教、佛教就已经传入了喜洲，并出现了"三教合一"的千年宗教建筑——寺上村的大慈寺。在南宋末年，追随于蒙古元军的回民在忽必烈入侵云南后，有些也定居于此，他们又带来了伊斯兰文化，这种伊斯兰宗教信仰除了催生了清真寺建筑外，也影响了喜洲聚落的建

---

① 蒋小华，卢永忠. 大理喜洲旅游小镇可持续发展模式分析 [J]. 中国商贸，2011（8）：176-178.

筑装饰风格，以上诸多的宗教信仰在喜洲聚落形态上产生了独特的异质。① 而且大理市喜洲镇作为大理的国家级风景区，不仅拥有丰富的历史文化旅游资源，而且还拥有诸多的乡村生态旅游资源，喜洲的万亩良田与苍山洱海的交相辉映，构成了人与自然和谐的田园风光，并且周围还有海舌公园、蝴蝶泉、天龙洞和花甸坝等绮丽的自然景观。

与大部分东部地区不同的是喜洲独具风情的民族特色，生活文化体验价值极高，同时也是传统与现代的交会点。来到喜洲镇，就可以欣赏到至今依然保存完好的许多古建筑，如严家大院、董家大院等110幢"三坊一照壁"古白族民居、各种牌坊、照壁、门第，身着民族服装的本地人，还可以品尝当地特色美食，有生皮、乳扇以及上过"舌尖上的中国"的喜洲粑粑。走进严家大院，"一进四重院""三坊一照壁""四合五天井""走马转角楼"的建筑布局精准体现着白族民居的特点，斗拱飞檐镶嵌着景德镇的陶瓷，八字形大门寓意着"纳八方之财"，无不展现着当年"喜洲商帮"之首的雄厚实力。② 此外，大理市喜洲镇依然保留着白族绕三灵和白族扎染技艺、白族居民彩绘等国家级非物质文化遗产，具有很高的保护和开发价值，也为喜洲古镇增添了不少魅力。喜洲镇不仅保留了传统的文化特色，而且也发展了具有现代艺术风范的文化，其历史上吸引了诸多文人墨客，如马可·波罗（Marco Polo）、杨慎、徐霞客、徐悲鸿、老舍等都与喜洲结下了不解之缘。喜洲古镇及邻近村落，保持着田园环抱的历史特征，人居环境优异，是中国田园栖居乡镇的典范。

特有的区位优势、丰富的旅游资源、浓厚的民族特色使大理喜洲镇在发展建设文化生态保护上有着特有的优势条件，喜洲镇坚持以建设美丽乡村，积极响应全面推进乡村振兴为核心，建设以政府主导、科学规划，深度挖掘、丰富内涵，保护为主、拓宽格局为路径的发展模式，探究其驱动乡村振兴的真正内核。

---

① 李建华，夏莉莉. 文化生态层级理论下的西南聚落形态：以大理喜洲聚落为例 ［J］. 建筑学报，2010（S1）：55-57.

② 喜洲村：漫步金花故里 每一步都是与历史的对话 ［EB/OL］. 大理州人民政府门户网站，2023-07-13.

一是政府主导，科学规划。

近年来，喜洲古镇在发展中承载了旅游增收的重任，但是也出现了一些问题与困境，其一是遗产价值诠释得不够充分。严家大院博物馆内有关喜洲商帮历史文化展陈水平有待提高。由于遗产阐释的内容和手段单一，以及缺乏必要的标识和游览路线引导，普通游客对喜洲白族民居文化遗产的整体价值认知有限，造成遗产阐释与旅游体验一定程度上的脱节。其二是遗产保护与利用呈现出极大的不平衡性。虽然严家大院、喜林苑、宝成府等商帮故居得到良好修缮和利用，但赵府"五重堂"等古宅的保护工作仅仅止步于挂牌保护，年久失修，存续情况令人担忧。① 而且，由于古镇旅游开发投资大，政府往往采用的是 PPP 模式来融资，因而，推动企业的加入可以让小镇的商业管理效率更高，但企业因为追求经济效益可能会做出影响地方环境的决策。因此，为了保护古镇的生态、文化环境等资源，在开发过程中，政府要起到主导和监督作用，不能转让了经营权就撒手不管，当遇到多种问题时，政府必须坚持科学规划、保护优先的原则，保护古镇的原真性、整体性、可读性和永续性，把保护工作做全做细，任何时候不能为了获取经济利益而牺牲古镇资源。

为此，大理市印发制定管理措施，全面加强古镇保护。相继出台了《大理白族自治州人民政府关于加强历史文化名城（镇、村、街）保护管理工作的通知》《大理白族自治州人民政府关于加强海西建设项目规划管理的意见》《大理市历史文化名城名镇名村建设项目管理办法（试行）》等相关文件，全面加强对历史文化名城、名镇、名村保护范围内项目规划控制管理工作。针对喜洲编制了《大理市喜洲镇历史文化街区保护（详细）规划》，规划中划定了喜洲历史文化街区的保护范围、建设控制地带，并对地块性质及指标条件等进行了科学的研究和编制，有效地保护大理市喜洲历史文化街区的历史文化遗存，保护和延续地方传统风貌与人文环境，挖掘历史文化内涵、提

---

① 活化利用 | 遗产诠释与社区发展：透视云南喜洲古镇白族民居保护与利用［EB/OL］.文博中国，2020-03-14.

升整体环境品质。① 同时，按规划严格实施，推动旅游、设施、农业生产等不同职能明确分区，加强分区控制，使旅游、生产、居民能各得其所，环境、社会、经济能持续协调发展，保证旅游小镇有序运转，使旅游资源得到永续利用。

二是深度挖掘，延伸内涵。

喜洲古镇与大理市其他古镇都属于白族建筑，在学习其他小镇建设经验的同时，也要有自己独树一帜的特色，避免同类产品的替代。作为民俗特色小镇，白族文化就是小镇的灵魂，有了灵魂才有生机与活力。在特色发展与创新当中要围绕白族文化特点而开展②，建设以旅游产业为主导产业，文创、农业为扩展产业，深入挖掘白族民俗文化，如白族三道茶、白族扎染技艺、白族传统节日等，可以赋予其新的内容，通过举办民俗文化节、参观蓝染工坊，让游客参与进来，了解白族历史文化。

对于喜洲旅游小镇资源的开发，要始终把生态和文化资源的保护放在首位。由于喜洲具有千年历史，经历了不同的经济发展阶段，已经遗失了一些重要的历史风貌。因此，为了给旅游者一个正面的旅游形象，必须加大对古镇的风貌改造和保护，对于具有特色的传统民居和古建筑、重要历史遗迹应该通过各种措施加强保护，以免被破坏。对于已有破坏性的资源，应该实行抢救性保护，并加以重点改造。开展资源的充分保护，其中包含了两层含义，一是保留传统；二是对外来文化的采借与融合。因而，在开发中，一方面，应正确看待民族文化的传统与现代化的关系，要充分认识旅游发展带来的变迁的可能性，采取必要的措施，保持其传统的民族特色，减少和避免旅游带来的负面影响。另一方面，又要看到文化的发展性，通过旅游业的开展加强当地居民对本族传统文化的认同，并通过对文化资源的合理采掘，促进民族文化的传承和现代化，实现民族文化旅游开发的社会文化效益。多措并举，鼓励调动各部门做好喜洲自然景观和文化资源的保护，以充分利用喜洲古镇

---

① 资源优势变经济优势，大理喜洲历史街区保护和利用"两不误"［EB/OL］. 建筑杂志社，2022-08-30.
② 王之凡. 大理市喜洲镇白族特色小镇发展路径研究［J］. 乡村科技，2018（22）：17-18.

人文旅游资源稀有性、历史久远性的优势，展现其特有的原始风貌，促进喜洲旅游业可持续发展。

三是创新运营，拓宽产业格局。

旅游业是喜洲的核心带动产业，旅游业发展要求有足够的设施、设备和消耗物资，能有效带动第三产业发展。因此，喜洲在旅游小镇建设中应注意发挥旅游作为一个综合性产业联动性很强的特点，根据旅游业发展调整布局使旅游业与餐饮、娱乐、住宿、客运、商贸等服务业有机结合起来，带动第三产业的快速发展，并充分利用旅游带来的人流、信息流、资金流、物流，培育新的经济增长点。要围绕旅游业发展需要，大力扶持具有民族特色的扎染、民族服饰和大理石工艺品等旅游商品，大力发展乡村游、农家游，将旅游业发展与农业产业结合起来，积极发展特色农业和观光农业。① 同时，以党建为引领，积极推进喜洲古镇弘扬悠久历史文化、特色商帮文化、精巧建筑文化等，并落实打造了一批"五朵金花"党建特色站，推动农文旅融合发展。

旅游产业的发展都需要依托于良好的交通条件和配套服务。因而，积极改善交通，尽快推动打造升级喜洲镇与大理市以及昆明的外部交通联结，积极完成街巷道路的复古和硬化。在区域内实现"五线"入地工程，抓好镇区水、电、垃圾处理等基础服务设施的建设，还需健全完善吃、住、行等六大要素为一体的体系。在接待配套方面，要强化优质民宿、酒店的设施建设，重点打造特色客栈、民俗旅馆和主题特色旅游的服务档次和水准，逐步形成高、中、低档相结合的接待能力，纵观整个喜洲镇的旅游景观、服务水平，推动其争取达到 4A 级景区的标准。同时，也要争取省政府旅游小镇建设基金，进一步加大对喜洲旅游小镇民族、历史文化遗存保护的投入。在生态教育上也要下功夫，倡导生态旅游，实现人与自然和谐相处，因此，要加强对经营管理人员、居民的生态教育，促进小镇的生态环境、人文环境和自然景观与环境保护协调发展，并加强景区承载量研究，对环境容量实行严格控制。也就是说，喜洲镇可以利用淡旺季和步道调控游客流量，对游客实行空间和时间上的划区引导，实现开发与保护并行。

---

① 蒋小华，卢永忠. 大理喜洲旅游小镇可持续发展模式分析 [J]. 中国商贸，2011（8）：176-178.

喜洲镇积极将生态治理与产业发展有机结合，实现了助推建设大理文化生态保护区的目标之一，同时，喜洲通过建立生态补偿机制促进了生态治理的市场化，也符合乡村振兴战略的具体要求。因此，喜洲要推动可持续发展，同时成为滇西旅游吸引点之一，就应当保护其独特的地方特色，在展开旅游开发中，坚持"保护优先、合理开发"的基本准则，实施可持续发展战略，使喜洲旅游小镇的经济发展、历史文化与生态环境统一协调起来。在挖掘和整理旅游小镇遗存的原真文化的同时，积极保护喜洲旅游小镇的空间形态、山体水系、建筑群体环境、地方历史建筑以及具有民族特色的人文景观，并将这些具备原真性和完整性的文化资源展现出来，成为探索大理州文化生态保护区建设的有效途径，探索走可持续发展道路的有效方式以及探索全面推进乡村振兴的有效案例。

# 小　结

全面推进乡村振兴，扎实推动乡村产业、人才、文化、生态、组织振兴是全面建设社会主义现代化国家的重大历史任务。民族地区作为全面推进乡村振兴的重点难点，聚焦于文化生态保护的核心理念，着力凝聚民族文化，坚持巩固文化认同，在保持民族文化生态的前提下，通过复杂的社会实践，实现了拓展丰富内涵、重组功能及要素、开发适应性特征以及创造经济效益的目标。

大理紧扣乡村振兴战略的核心要求，以独特区位优势、浑厚历史底蕴、丰富文化遗产等为依托，着力开展建设文化生态保护区，经国家文化部（现文化和旅游部）批准设立了国家级大理文化生态保护实验区。大理文化生态保护实验区是以本地群众建设要求、文化遗产保护准则和经济发展需要为开发原则，同时以保护非物质文化遗产为核心，对历史文化积淀丰厚、存续状态良好、具有重要价值和鲜明特色的大理地域文化形态进行整体性保护而设立的特定区域。2017年5月，《大理文化生态保护实验区总体规划（2016—2030）》经文化部（现文化和旅游部）批准实施，整个保护区的保护范围总面积 29459 平方千米，行政地域范围包括全州 12 个县市，囊括全州所有人口。于 2023 年 1 月大理文化生态保护区正式成功建立，并成了当前云南首个国家级文化生态保护区。

大理文化生态保护区的建设取得了一系列的成效：一是助力解决了非物质文化遗产在整体性保护实践中存在的一些问题，积极落实了国家对文化生态保护区建设的重视与具体要求，使财政投资真正落到实处，打造了一个浓厚的文化原真性得以留存且与现代科技发展步伐接轨的发展氛围；二是在媒体化的时代，人们的生产生活方式发生了许多改变，活态的非物质文化遗产的传承与弘扬方式也需要随着时代背景发生变化，在新媒介支持下的文化遗产能够得到更完善更新颖且更具经济价值的建设途径；三是建设文化生态保护助推了乡村振兴战略在各方面的具体实践，从内部环境的建设与开发到外部环境的推进与拓展，其在生态、文化、旅游、经济效益等多层次多类型的不同方面反哺了全面推进乡村振兴的效力与动力，使如"非遗+旅游""生态+产业""农业+文化"等融合型项目真正取得了飞跃性的成果。

# 第二章

# 大理非物质文化遗产保护传承利用助力
# 乡村振兴

非物质文化遗产承载着中华民族的文化基因。乡村振兴是中国式现代化的鲜明底色，是农业农村现代化建设的重点。因此，要因地制宜找准突破口，在推动非遗传承保护创造性转化、创新性发展过程中，更好地赋能乡村全面振兴。

## 第一节　大理非物质文化遗产的多样性

大理是习近平总书记誉为"记得住乡愁"的地方，自然生态良好、民族风情浓郁。大理基于它得天独厚的自然地理环境以及经过历史的长期积淀和发展，非物质文化遗产被赋予了鲜明的地方特色和时代烙印。另外大理是一个物产资源丰富、多民族共同繁荣发展的地方，大理的 12 个县市拥有不同的非遗资源，在这样一个历史条件下，非物质文化遗产随着时间的推移而生生不息和被人们牢记，也随之显示出其与乡村振兴发展的多样性。

### 一、传统手工技艺与作品

大理白族扎染是体现大理特色的名片之一，在与其他各民族交往交流交融之中，借鉴其他各民族的技艺又形成了刺绣、甲马，由此衍生出来的还有具有大理特色的白族服饰。扎染是白族最具特色的手工艺品。扎染一般分为五个程序，分别是扎花、浸染、出缸、拆线、漂洗。其中扎花是缝扎结合，以缝为主；浸染环节需要反复多次，每浸染一次，颜色就会加深一层，经过多次浸染之后，布匹就会形成多层次的晕纹，显得美观大方。白族在与其他民族的不断交往中，吸收借鉴其他民族的技艺形成了独具特色的刺绣。大理州刺绣种类丰富，有着自己独特的艺术风格，图案纯朴、色彩艳丽、构图简洁、针法多样、绣工精致，主要种类有传统彝族绣花服饰、绣花裹背、绣花鞋、绣花鞋垫、绣花背包、绣花手机套、绣花壁挂字画、绣球、蝴蝶鞋、狮子鞋、围裙、桌围等。①

大理鹤庆的银器锻造技术、泥塑手艺、彩绘手艺、火腿制作技艺等，吸引着成千上万的游客前来观赏和学习，这些手工技艺代代相传，在保留古法的同时不断融入时代气息，在保护中传承，在传承中利用，不断改变着大理人民的生产生活，同时也助推大理人民实现乡村振兴。

**二、传统民俗与节庆**

大理州的节庆与民俗是非遗的一个重要组成部分。大理州的民俗与节日盛多，在与各民族的交往交流交融中所保留和传承下来的本主节、绕三灵、火把节、插秧会、田家乐等，由于历史演进的影响和地域差异，每个县份上的节日民俗都有细微的差别，但这些民俗节庆都是为求"五谷丰登""国泰民安""风调雨顺"，影响着人们的生产生活。这些民俗节庆历史都较为悠久，与人们的日常生活息息相关，是大理地区独具特色的非物质文化遗产之一。

民族节庆活动影响不断扩大，文化遗产保护传承和文化市场监管得到加强。2023年1月，大理文化生态保护实验区通过文化和旅游部评估验收，正式公布为国家级大理文化生态保护区。随着民族节庆活动的影响不断扩大，大理的地方还以此推出相关政策，发展旅游业，吸引海内外游客，促进文化传播，同时也促进经济发展。

**三、传统音乐与舞蹈**

艺术也是人们生活的一种体现，表现着人们的喜怒哀乐。大理的洞经古

---

① 张震方. 基于旅游发展的云南特色小镇民族文化应用研究：以大理喜州古镇为例［D］. 昆明：云南师范大学，2020：23-25.

乐融合了儒、释、道和本主教文化，发展历史悠久，被称为"一块音乐的活化石"，体现出白族人在艺术文化方面的极大成就。① 另有流行于白族群众的霸王鞭舞、八角鼓、双飞燕、帽子舞、扇子舞、龙狮舞等，这些舞蹈一般都不单独表现什么具体内容，属于一种情绪舞，多数情况下是穿插在各种传统民间节庆文艺活动或白族本主庙会活动中进行，体现出大理喜洲人民的和谐生活与乐趣。另外彝族跳菜、白族吹吹腔等，无不体现着大理地区生动活泼的生活景象。

**四、传统文化中的农耕、商帮与教育文化**

大理地区民族传统文化、佛教文化、马帮文化、红色文化、青铜文化、高原特色农业文化等文化资源丰富。这些文化都是在历史发展过程中形成并保留下来的。在清末至民国时期成为三大商帮之首的喜洲商帮，在促进与其他国家和地区的政治经济交流中也促进了商帮文化和教育文化的发展，促进了各民族团结。喜洲商帮建设的淑川女子学校和苍逸图书馆解决了当时女子入学难的问题，于当地学生、群众读书学习；抗战时期建立的私立中学大理二中等，促进了大理喜洲教育文化的发展。②

大理州的非物质文化遗产是其身份识别的外显依据，也是其群众集体文化记忆的特殊载体。非物质文化遗产的保护传承和发展为大理地区的经济和文化繁荣打下坚实的基础，所体现出来的文化底蕴和人文景致为乡村振兴和非物质文化遗产保护、传承、利用及二者的结合提供了机理。

## 第二节 大理非物质文化遗产保护、传承及利用的探索

关于"非遗"，人们往往侧重于对于个别少数民族的，特别是濒临消亡

---

① 张震方. 基于旅游发展的云南特色小镇民族文化应用研究：以大理喜洲古镇为例 [D].
   昆明：云南师范大学，2020：23-25.
② 张震方. 基于旅游发展的云南特色小镇民族文化应用研究：以大理喜洲古镇为例 [D].
   昆明：云南师范大学，2020：23-25.

的、人口基数小的民族文化的抢救。这是"非遗"保护的一个重要方面，但同时也体现出了一个问题：如何突破个别民族、局部区域、特定时间、某个行业的"非遗"，在中华民族的宏大叙事中，去发掘对 56 个民族的大家庭成员有普遍影响，在全国大部分地区普遍覆盖，不分男女、贫富、行业、信仰等差别在全社会广泛适应的"非遗"。在长期的实践中，大理非物质文化遗产的保护、传承及利用形成了一套科学系统、可复制可推广的体系。

### 一、完善工作机制体制

2011 年 6 月 1 日，《中华人民共和国非物质文化遗产法》正式颁布实施，大理州的非物质文化遗产保护工作亦由基础性工作的起步阶段进入依法保护、科学保护的发展阶段。大理州的非物质文化遗产是大理人民世代相传并视为其文化遗产组成部分的各种传统文化表现形式，以及与传统文化表现形式相关的实物和场所，包括传统口头文学以及作为其载体的语言，传统美术、文学、音乐、舞蹈、戏剧、曲艺和杂技，传统技艺、中医药和历法，传统礼仪、节庆等民俗，传统体育和游艺。它们通过口传心授、口耳相传，承载着民族的精神和情感，是民族精神和传统文化的载体和象征。这些非物质文化遗产经过千百年的历史传承，成为一种"活态"文化，并在逐渐拉动着地方社会经济的发展。

大理州先后制定了《大理州非物质文化遗产项目保护与管理暂行办法》《大理州非物质文化遗产项目代表性传承人认定与管理暂行办法》，下发《大理国家级文化和生态保护实验区年度实施方案相关建设指导意见》和《大理州关于进一步加强非物质文化遗产保护工作的实施方案》，颁布了《大理州非物质文化遗产保护条例》，使民俗非遗保护有章可循，科学规范。另外还成立了以州政府和地方政府主管领导为组长的保护工作领导小组；组建了大理州非物质文化遗产保护工作专家评审委员会，建立专家咨询和评审制度；组建了市非物质文化遗产保护中心，具体实施非物质文化遗产保护工作。各区、县（市）积极响应，相应成立领导小组，组建非物质文化遗产保护中心。全州统一部署、统筹规划、紧密配合、整体推进，为大理州非物质文化遗产保护工作有序开展打下扎实的基础。

## 二、建立四级名录体系

大理历史悠久、文化灿烂，各族人民创造了丰富多彩、弥足珍贵的非物质文化遗产，体现着各民族的生命力和创造力。目前，大理州有四级非遗项目 723 项，其中国家级项目 18 项，位列全省第一；有四级非遗项目代表性传承人 2344 人，其中国家级 12 人，数量居全省第三。文化遗产保护得到加强，新增全国文物保护单位 11 项，57 个古村落入选中国传统村落保护名录。2017 年新增省级非物质文化遗产 28 项。

文物保护、非遗申报等工作扎实开展。古生戏台等 4 个单位被列为省级文物保护单位；大理栽秧会、喜洲粑粑、火把节等 18 个项目被列入非物质文化遗产保护名录。白族扎染技艺和白族绕三灵被列入国家级保护名录，30 余人被各级评选为非物质文化遗产项目代表性传承人。白族吹吹腔是我国较为稀有的独具艺术特色的少数民族剧种，它较好地保留了原生态文化和地域性文化特色，至今已有 500 多年历史。耳子歌、力格高、白族吹吹腔先后入选国家级非遗名录。诺邓火腿制作传统技艺成功入选省级非遗名录。白族刺绣等 3 项民族文化被列入省级非遗保护名录。鸡街乡彝族刺绣是云南省级非物质文化遗产，鸡街乡入选"云南十大刺绣名镇村"。彝族大刀舞入选云南省第三批非物质文化遗产名录。傈僳族刀杆会、龙潭苗族刺绣入选大理州第四批非物质文化遗产名录。2017 年彝族大刀舞入选省第三批非物质文化遗产名录，苍山崖画临摹和省级非物质文化遗产传承人申报工作全面完成。单剑川全县就有 57 个非遗项目被分别列入国家、省、州、县保护名录，其中国家级 3 项、省级 6 项、州级 5 项、县级 43 项；有国家、省、州、县代表性传承人 391 名，其中国家级 2 名、省级 30 名、州级 15 名、县级 344 名。鹤庆银饰锻制技艺也被国家文化部（现文化和旅游部）命名为国家级非遗传承项目。非物质文化遗产保护项目增加到 19 个、非物质文化遗产代表性传承人增加到 156 人；2017 年广泛开展民族团结进步示范区创建和少数民族文化抢救保护工作，非遗保护项目增加到 21 个、非遗传承人增加到 168 人；2018 年新增国家级非物质文化遗产代表性传承人 2 人、省级非物质文化遗产项目 2 个，非遗保护和文艺精品创作迈上新台阶，基层群众文体活动蓬勃开展；2019 年国家、省、州命名非遗项目鹤庆银器锻制技艺传承人 7 人；2020 年全县非物质文化遗产保护项目增加到 22 个、非物质文化遗产代表性传承人增加到 189 人。①

### 三、提升保护传承方式

一是建立传承发展基地。

遵循"保护为主、抢救第一"的原则。全州各县市非遗项目保护单位扎实开展濒危非遗代表性项目和代表性传承人抢救性记录工作，累计已完成 200 多项各级非遗代表性项目和代表性传承人的视频资料采集拍摄；全州建成 7 个非遗综合传习中心，153 个传习所、传习点，88 个各类传承基地，传习设施总数达到 200 多个；建成 5 个非遗博物馆、2 个国家级生产性保护示范基地、2 个省级保护传承基地；年均组织 130 场由项目保护单位和代表性传承人牵头的非遗进校园、进社区活动；每年组织非遗代表性传承人 100 多人次参加省内外非遗展览，同时举办州内非遗展览，展演活动 50 多场次，融合非遗代表性项目的展演活动 1000 多场次；在省内外各级各类媒体和新媒体平台，对大理州非遗保护工作进行报道，累计完成 200 多期宣传展示。加强文物保护和非物质文化遗产保护传承，加大古城、古镇、古村落、古建筑保护力度。州群艺馆、数字图书馆、博物馆改扩建及非遗博物馆建成投入使用，4 个县市文化馆被评定为国家一级馆，新增 2 个省级非遗保护传承基地，文艺精品创作取得新成效。2014 年先后在中央美院和北京民族文化宫成功举办"滇西奇葩——剑川木雕艺术展"，与中央美院签订战略合作协议，在剑川设立"教学实践基地"。

遵循"合理利用、传承发展"的原则。全州现已成立 13 个非遗保护机构，其中州级 1 个，县级 12 个。② 支持刺绣、彩绘、泥塑等一批非物质文化遗产传承基地建设，实施白族大本曲抢救性记录保存工程，荣获"全国非物质文化遗产保护工作先进集体"称号。在职在编非物质文化遗产保护机构工

---

① 相关数据来源于中国非物质文化遗产网. 中国非物质文化遗产数字博物馆. https：//www. ihchina. cn/project_ details/14338.

② 大理市人民政府. 大理市政府工作报告［R/OL］. 大理市人民政府官网，2018-01-19.

作人员有 30 多人。此外，教育、人社、民宗、文联、妇联等部门以及各县（市）文化馆、图书馆和大理州群众艺术馆、大理州白剧团等单位，还有多名工作人员在从事非物质文化遗产保护工作。成立了州非物质文化遗产保护工作专家委员会，负责指导民俗文化等非遗保护实践工作。建成非遗保护利用设施 233 处，国家级生产性保护示范基地 2 个，国家级大理传统工艺工作站（下设大理、鹤庆、剑川 3 个基地）、非遗馆 6 个、综合传习中心 9 个、传习所（点）178 个、非遗工坊 37 个，11 个省级民族文化生态保护区规划通过评审。经过多年建设，非遗保护在大理旅游、脱贫攻坚、乡村振兴、传统工艺振兴中的作用日益凸显。

在大理州两级法院、高等院校、县、乡合作之下，打造大理州政法机关助力乡村振兴创新实践示范基地，走上集开放型实训基地、开放型手工坊、乡村旅游、红色旅游为一体的乡村振兴之路。配套建设染织技艺传习坊、编织技艺传习坊。派出代表性师生、专家、非遗传承人来此调研实践，帮助村民包装、打造产品，教授绘画、编织、刺绣等技艺。兼具"体验式"培训的功能，让农民产生浓厚兴趣，并主动报名参与，为民族绘画培养出许多"新鲜血液"。探索让此地成为群众共建、共享乡村振兴成就地，乡情、乡愁、乡规的寄存地；开拓本地群众留得住、城市人口待得住，围绕本地产品作文创，沉浸体验销售增加收入的"红兴之路"。①

2011 年至今，全州共获得中央和省级项目补助经费 6000 多万元，其中保护实验区专项经费 3500 多万元，主要用于传习所建设，非遗进校园、进社区和整体宣传保护工作。近年来，各县（市）、乡各级通过资金补助、免费提供用房、场地等方式，为传承活动创造条件，一批非遗重点保护利用设施建成。如大理州政府投入 1000 多万元建成大理州非物质文化遗产博物馆，大理市投入 400 多万元建成大理市非物质文化遗产博物馆，云龙县投入 1600 多万元建成云龙白族吹吹腔艺术博物馆，总投入 3500 万元的南涧县跳菜传承中心已于 2020 年 10 月竣工并投入使用。

二是建立专题博物馆。

---

① 云南高院：【助力乡村振兴】红兴之路［EB/OL］. 大理乡村振兴，2021-11-18.

大理州非物质文化遗产博物馆位于大理古城，博物馆以大理白族自治州境内具有代表性的国家、省、州、县四级非物质文化遗产保护名录及传承人展示为主题，分为5个展厅（包括神话故事、传统技艺、白族本主文化等），分别展示了大理白族本主节、刺绣、剪纸、甲马、绕三灵、霸王鞭、洞经古乐、扎染、传统节庆、下关沱茶技艺等多种大理非物质文化遗产。为研究传承大理非物质文化遗产提供了基地，为海内外游客了解大理开启了另一扇窗口。异彩纷呈的非物质文化遗产，生动地展现了大理各族人民千百年来历史发展的轨迹。它们是大理文化记忆的重要承载体，也是大理文化的根基和各族人民共有的精神家园。

大理州非物质文化遗产博物馆设有序厅、"乡愁纪念册""精神家园的守护人""白族民间艺术的瑰宝""千锤百炼的技艺"等8个展厅以及一个非遗活态展演舞台，重点展示大理州具有代表性的非遗项目和传承人，以及相关实物制品、传承人作品。通过定期开展形式多样的白剧等民间艺术展演、传承培训活动，同时运用全息幻影成像、电子地图、多媒体展示、微缩场景、玻璃钢人像、3D画面等综合陈列手段，丰富了展览的内涵和外延，展现了大理各族人民在历史发展和生活实践中的聪明智慧和卓越创造。同时，以丰富多彩的展品展现了大理非遗的独特魅力；以形式多样的活态展演，体现非遗见人见物见生活的特色；以非遗传承培训为核心，发挥了博物馆的职能特色；以休闲体验为辅，丰富了博物馆的文化服务功能；以先进的博物馆智慧系统为观众提供智能化的参观服务。

另外为增强群众文化自觉性和保护意识，云龙县功果桥镇党委、镇政府在相关职能部门和社会各界人士的大力支持与帮助下建成了以白族吹吹腔艺术为主要内容的专题博物馆"白族吹吹腔艺术博物馆"。

三是组织各类展览、展演和展示。

大理州积极发掘民间传统艺术人才，开展文艺精品创作活动，组织开展各类文化活动。成立白族吹吹腔艺术协会，结合协会实际，积极发掘、整理白族吹吹腔历史文化史料和实物，配合功果桥镇文化旅游体育广播电视服务中心举办各类活动、培训，积极参与上级各类吹吹腔研讨活动，为白族吹吹腔的传承和保护做出了积极的贡献。功果桥镇文化旅游体育广播电视服务中心、白族吹吹腔文化艺术博物馆和白族吹吹腔文化艺术协会三个单位充分利用各自优势，认真发挥各自职能，相辅相成开创了功果桥镇"三驾马车快马扬鞭合力助推文化振兴"的大好局面。平均每年举办元旦、春节、火把节、重阳节等节日节庆活动。举办九三街系列大型活动，包括书法、绘画、摄影展，每年举办"白族吹吹腔权重文艺汇演"。吹吹腔经典剧目《火烧磨房》荣获云南省首届传统戏曲展演"优秀会演奖"和"传承奖"；新编小戏《春风送暖》荣获云南省"彩云奖"。

着力办好天峰山歌会、朝山节、火把节等彝族踏歌会，出版发行《洞经音乐》，搜集整理鹿鸣民间故事，做好民族传统文化大凹奈村彝族朝山拜、鹿鸣村谢龙节、七夕山歌会、洞经古乐传承保护与发展、彝族文化"芦笙舞"的传播与发展（葫芦笙舞、拼伙节等传统民族文化）、"大营龙窑土陶""大营赶灯会""刺绣""刺绣""哑巴节""落地烧传统酿酒""开山节""开秧节"民族节庆。举办雕梅技能大赛，进一步为农村实用技术人才和非物质文化遗产人才搭建平台，增加非物质文化遗产传承传授技艺名额。①

四是组织非物质文化遗产"走出去"。

大力培养民族文化传承人，开办民族文化传习班、讲习所，倡导"双语"教学，开展民族文化"六进"活动。加强民族文化遗产保护，做精民族传统工艺。深度挖掘民族文化、民风民情的精神内涵，促进传统工艺与产业发展的融合，形成了白族扎染、白族刺绣、喜洲粑粑等特色产业，喜洲扎染还登上了巴黎时装周等国际秀场，深受海内外游客的喜爱。搞活民族节庆文化。依托"三月街"民族节、本主节、火把节等民族传统节日，用群众喜闻乐见的方式开展民族团结宣传周和宣传月活动，编制《白曲心洱海情》《初心不忘使命担》等白族大本曲，把党的路线方针政策宣传到千家万户，不断增进各民族间的团结交流，营造浓厚的民族团结氛围。② 南涧县文化事业繁荣发展，彝族舞蹈《三道弯》走向全国，获全国电视舞蹈大赛十佳节目奖、"羞妹"

---

① 中共洱源县委组织部. 洱源：念好"三字诀"，以人才振兴助力乡村振兴 [EB/OL]. 大理乡村振兴，2023-02-09.
② 培育"五朵金花"，开创乡村治理新模式 [EB/OL]. 大理乡村振兴，2022-03-24.

组合获云南省第四届青歌赛原生态唱法银奖。①

### 四、非物质文化遗产传承人的示范引领

非遗保护传承的关键点在于传承人的保护和队伍的建设。大理州通过申报认定国家级、省级、州级、县级代表性传承人，在政策、资金等方面给予支持，积极创造良好的传承条件，鼓励传承人开展传承活动，培养后继人才，壮大传承队伍，有效解决了传承人青黄不接、"人亡艺绝"的困境。同时，结合乡村振兴，推动非遗与旅游融合发展，传承人通过自身技艺与市场有机融合，不仅提升了对非遗的认知，进一步增强了文化自信，同时增加了收入，传承的动力和后劲不断增强。大理非遗保护传承将紧紧围绕保护区建设，着力提高系统化保护水平，加大非遗存续自然环境、人文环境保护；着力提高保护传承水平，持续开展非遗展示推广和普及教育工作；加强对重点区域的保护，促进非遗与旅游、非遗与乡村振兴融合发展；增进对外交流，不断提高大理非遗的认知度和影响力；结合国家战略和地方发展规划，有效衔接，推进保护区建设。在非物质文化遗产保护传承方面，大理州大力培养民族文化传承人，开办民族文化传习班、讲习所，组建白族扎染协会、洞经音乐和唢呐表演队，举办大本曲弹唱、扎染技能、白族三道茶表演培训班等，倡导"双语"教学，推进民族语言、民族歌舞进校园。②

#### （一）守扎染星星之火

张仕绅，"民族扎染厂厂长""国家级非遗传承人"。张仕绅先生总结创新了传统扎染的扎法、花色品种，后来接任周城民族扎染厂厂长一职，把扎染厂从原来的籍籍无名发展成海内外的知名企业，产品远销到日本、美国等10多个国家、地区和国内各大城市，为扎染的传承与发展做出了巨大的贡献。张仕绅先生家里已经变成一个小型的扎染陈列馆。他家二楼挂着各种精品扎染工艺品和一些普通扎染商品，其中还有一些张仕绅先生生前亲自创作的如"麒麟图"这样的扎染精品。③

---

① 大理乡村振兴. 发展跳菜产业 盘活非遗经济［N］. 云南日报，2023-04-18（7）.
② 云南大理保护传统古村落成效显著［N］. 光明日报，2022-01-13（4）.
③ 张有油. 白族扎染 守住方寸清欢［EB/OL］. 我想静静团队（微信公众号），2018-08-25.

由于张仕绅先生创办的民族扎染厂因为种种原因倒闭，段树坤、段银开夫妇将扎染厂买下来，改名为璞真扎染厂，这在当时不仅是周城村规模最大的批量生产的企业，也成为第一个展示扎染的旅游景点。2006年，白族扎染技艺被列入了国家非物质文化遗产名录，段树坤、段银开夫妇也分别被评为省、州级白族扎染代表性传承人，2015年，璞真综艺染坊被命名为国家级生产性保护示范基地。2003年以前，周城的扎染产品还十分单一，仅是生产桌布、床单一类的产品。随着与文艺青年的交流，他们开始创作出了一批创新的产品，比如扎染围巾、扎染帽子等。这批创新产品风靡周城，甚至在丽江等地也卖得很好。段树坤也十分重视创新，在他的扎染厂里，创新的产品占到40%。然而段树坤告诉我们，自己更喜欢传统的扎染，因为传统的纹样更复杂，工艺更复杂，制作一件传统扎染产品往往需要更多的时间。但现在的人追求简约时尚，传统的东西不能满足很多人的审美，所以，扎染还得两条腿走路，既坚持挖掘和保护传统，又要不断地适应时代，走创新发展的道路。段树坤夫妇认为，作为扎染技艺的代表性传承人，自己还应该肩负起传承扎染的责任。怀着这种信念，段氏夫妇在买下扎染厂之后，又筹备开办了璞真扎染博物馆。璞真扎染博物馆是第一家扎染主题的博物馆。近几年，旅游业发生了很大的变化，开始向体验旅游、生活旅游发展，璞真扎染博物馆也首次开创了扎染体验。段树坤将小作坊做成生意，后来为了适应发展，又将其做成产业，为了白族扎染的发展，开始做无形的事业。①

白族扎染技艺国家级代表性传承人段银开在博物馆开办白族扎染培训班，并向参训村民发放"技能学习补贴"。让更多村民学扎染，是对这门手艺最好的保护。留住乡愁，不仅要留住青瓦白墙，也要让老村子的文脉"活"起来。段银开在守住乡愁文化，在非物质文化遗产的保护传承和利用中起到了非常重要的作用，同时也带领乡亲们走上了乡村振兴的道路。②

白族扎染传人张翰敏和彝绣传承人段宛君与上海市民分享她们引以为豪的非遗作品，以及励志向上的追梦历程。张翰敏生长在被誉为"扎染之乡"的大理白族地区喜洲周城。她创立了"蓝续"，这个蕴含着梦想的品牌在大理

---

① 张有油.白族扎染 守住方寸清欢［EB/OL］.我想静静团队（微信公众号），2018-08-25.
② 保护中国传统村落 让乡愁有"乡"可寻［EB/OL］.新华网客户端，2023-04-21.

这片多元、包容、自然的土地上筑梦成长。成长在大理彝族地区的段宛君从小就因耳濡目染，爱上了民族服饰的华丽与精美。她成立了公司，把热爱变成了事业。她的团队里有上百名彝族农村妇女，开始拿起手中的针线，一起接过传承非遗文化的接力棒。团队中还有聋哑人、残疾人等群体，他们的生活也有了保障。传承与复兴，热爱与守护，段宛君用半生的时间表达着对民族刺绣永久不变的热爱。非遗沙龙的主角张翰敏和段宛君正是来自项目帮扶的女性非遗带头人代表，她们精湛的非遗作品让顾客和周边社区居民感受到了中国非遗文化浩瀚博大的历史沉淀。两位非遗传承人还通过手作体验，让参与者亲身感受非遗之美。彝绣传承人段宛君带来了彝族绣娘手绣的"蕙质兰心"玉兰花杯垫体验包，教授非遗爱好者用平绣针法，通过象征着积极向上、蓬勃发展的吉祥纹样，绣出上海的市花玉兰花。白族扎染传承人张翰敏则教授咖啡扎染体验，从大理白族扎染传统技法出发，采用星巴克门店回收的咖啡渣进行染色，将可持续发展的理念与非遗手艺巧妙结合，扎染出云染、珍珠花、鱼鳞纹等精美纹样，呈现独一无二的美。①

（二）银器锻造促振兴

寸发标，中国工艺美术大师、国家级非物质文化遗产鹤庆银器锻制技艺代表性传承人。走南闯北，走村串寨，对于鹤庆银匠来说有着背井离乡、历经千山万水的艰辛，有着和各民族同胞共居共学、共事共乐的温暖，也有着鹤庆银器锻制技艺和各民族手工艺之间不断交流融合迸发出的绚丽璀璨。他们每到一个地方，都非常尊重当地的民族文化，虚心地与当地人学习手艺，制作的银饰里也会融入当地的一些民族特色。在祖辈手艺的基础上，一路学到了居住在滇、川、藏、青、甘等地的各少数民族的手工技艺，新华村小银匠也成了交换信息、交流手艺、文化交融的使者。从最早的"小炉匠""走夷方"，走村串寨深入各少数民族地区，为各少数民族同胞现场加工手工艺品，汲取各民族的文化精髓，最终形成了富有深厚中华文化内涵的"鹤庆银匠"品牌。20世纪90代末，随着新华村旅游业的兴起，银匠们开始回到家乡，通过家族传承、以师带徒"一户一品，前店后坊""散户+公司"等方式，让这

---

① 在星巴克上海首家非遗概念店邂逅非遗传承之美［EB/OL］. 中新网上海，2023-03-15.

一民间工艺发扬光大，精美的鹤庆新华银器成为全国各地到此旅游的游客们必买的"伴手礼"。如今，借助电商以及短视频直播带货，新华银器小镇的银器通过网络热销全国，银器产业线上线下蓬勃发展，也因此吸引了来自浙江、广东、海南等地的"新新华人"来到这里创业生活，共居共学、共事共乐。各民族共同团结进步、共同繁荣发展，像石榴籽一样紧紧抱在一起，共同谱写出鹤庆民族团结进步的和谐幸福欢歌。①

母炳林，国家级非遗项目鹤庆银器锻制技艺代表性传承人、中国工艺美术大师。在国家级非遗项目鹤庆银器锻制技艺代表性传承人、中国工艺美术大师母炳林的工作室里，在传统银工艺上呈现出赤霞流云艺术效果的木纹金制成的各种工艺品和器皿格外引人注目。在稻城的11年，母炳林主要制作藏族的银器和饰品，1997年回到新华村，当时新华村正在开发旅游，面对的是来自四面八方的客人，所以开发适应时代和市场发展需求的产品成为行业发展所需。2011年，母炳林研究的"木纹金"材料合成技术，是在金银铜镶嵌、镏金、贴金等金属手工艺上创新、提升的一种新工艺，大大提升了传统工艺的精细程度。"木纹金"工艺制作的茶具系列等产品，成为当下新华银器小镇较为畅销的"爆款"产品。近年来，一些热爱银器锻制技艺等手工艺的"新新华人"也来到新华村，在产品的设计创新和传统银器锻制技艺的结合上，他们与银器小镇的大师、匠人们互相交流和提高，创新出了受市场欢迎的银和瓷、漆、景泰蓝等多种非遗技艺融合的产品，共同为银器小镇的银器产业注入不竭的活力。2018年，陕西省西安市的王海军带着铜瓷技艺来新华银器小镇寻访老铜瓷艺人，开办了阿军手工坊，将铜瓷技艺与传统手工技艺相融合，不断设计制作出新的银铜器文创产品。河北省沧州市的胡海涛2017年来鹤庆考察纯银高档茶具产业，并留在鹤庆创办了古韵堂，他充分融入鹤庆匠人之中，面对客户的需求，将新华技艺与原创设计相结合，目前在北京上海都有分店。②

---

① 云南鹤庆新华银器小镇敲出交往交流交融新乐章［EB/OL］.鹤庆县人民政府网站，2023-05-15.

② 云南鹤庆新华银器小镇敲出交往交流交融新乐章［EB/OL］.鹤庆县人民政府网站，2023-05-15.

李福明，大理传统工艺工作站鹤庆基地负责人、鹤庆银器锻制技艺代表性传承人，经常开展"让传统工艺走进现代生活"的主题，让大家了解鹤庆精美银器，在此过程中，他不仅学到了丰富的银器锻造知识，也学到了一门手艺，增加了自己的收入，也带动了大家的收入。鹤庆基地建有李小白文化传承有限公司。在鹤庆银器锻制技艺州级代表性传承人李福明带领下，开展了项目调查、图谱收集整理、传承人群培训、研发设计等活动。积极探索传统金属工艺突破发展瓶颈的有效途径，努力实现传统金属工艺的振兴和创造性转化、创新性发展，吸引更多关注传统金属工艺传承与发展的高校、传承人及企业广泛参与到大理传统工艺工作站建设中。鹤庆基地吸引了专业设计团队研发银壶，发展出铜包银、福禄、细刻花壶、壶承建水、泡壶等系列产品，直接带动新华村及附近乡镇千余人就业，积极运用电商销售平台，年均创造800多万元的经济价值，推动了民间传统工艺振兴和乡村经济社会协调发展。

李焰刚，从事银器加工多年，技艺熟练。但由于缺少美学和设计方面的培训，他只能按照样品制作银器，缺少自主设计和创新能力。意识到自身瓶颈，李焰刚加入了李福明负责的大理传统工艺工作站鹤庆基地。自2017年11月成立以来，工作站先后培养银器锻制从业者600余人次。在工作站与高校师生的交流培训中，李焰刚开阔了视野，充实了理论知识。他创作的"竹丝扣银"杯和"旅行套装"银泡壶等新产品，推向市场后好评如潮。如今，李焰刚已经成为一个11人团队的负责人，职业生涯翻开了新的篇章。除了传统工艺工作站，鹤庆县还将许多企业打造成了劳务品牌培训基地和转移就业示范基地，鼓励务工人员从日常中学、从工作中学。据介绍，在创建劳务品牌的过程中，鹤庆县择优认定了一批培训质量高、就业效果明显的培训机构，建立了多工种、广覆盖的品牌培训基地，通过送训上门、校企联训、典型示范等方式，提升培训的质量和水平。同时，及时制定劳务品牌行业技术标准和诚信准则等，提高劳务品牌的职业技术含量。①

曹立国，祥云县沙龙镇青海营村曹氏银器的第五代传承人。1978年，14岁的曹立国跟随石壁村的姑父杨玉清挑着担子做小炉匠，开始学徒生涯。学

---

① 技艺精湛　就业路宽（劳务品牌促就业⑦）［N］. 人民日报，2022-01-05（14）.

艺期间曾到过楚雄、昭通、青海、西藏、新疆等地，刚开始为当地群众修补铜锣锅、铜脸盆等，后来边学边做，为当地少数民族群众制作银首饰佩饰、生产生活器皿。在四川省甘孜县，他拜当地银器加工的师傅学习银器加工。在少数民族地区，相对封闭的地理环境、世代佩戴首饰的传统，使得银器加工工艺得以延续至今。1990 年，曹立国回到祥云办起了祥云县曹氏手工艺品加工厂，根据顾客需要，加工生产各种银器饰品。2011 年，在祥云县残联的支持下，加工厂先后开办 3 期残疾人手工艺品加工培训班，学员们虽然腿脚不方便，但虚心学习，有的学员结业后，就留了下来，一心学一门手艺养家糊口。2016 年，曹立国创办云南小炉匠文化传播有限公司，传承银器制作技艺。如今，他的公司生产的产品种类达到 400 多个，每年的总产值达到 100 余万元。曹立国借助传统技艺，融入现代设计理念，先后设计制作出"大展宏图""马到成功""玉兔东升"等银器加工系列产品。2018 年，祥云县非遗保护中心推荐曹立国和他的长子曹晓龙先后到浙江师范大学参加文化部（现文化和旅游部）、教育部组织的"中国非物质文化遗产传承人群研修研习培训计划研修班"学习培训，从中汲取艺术精华。回到家乡后，曹立国参与了当地各种庆典活动的吉祥物设计，也先后获得"祥云技能名匠""大理州银器制作技艺代表性传承人""云南省第一届云岭技能工匠"称号。2018 年 11 月，他的公司成为"大理文化生态保护实验区小炉匠民族银器制作技艺传习所"。长子曹晓龙高中毕业后，在家跟随父亲从事银饰品加工制作，同时负责银饰品网上销售，青海营村曹氏银器有了传承人。青海营村的小巷里，不时传出叮叮当当的声响，那是曹立国带着他的家人和师傅们，一锤一锤敲打着自己的幸福生活。①

　　陈云红家里祖祖辈辈都从事铜手工艺品加工，主要有手工铜器炊锅、锣锅、炒锅、铜壶、牛虎铜案等。到他已经是第四代了，如今还注册了"铜之魂"商标，产品销往海内外，带动了本地村民创业致富。铜器加工行业已成了一把"金钥匙"，并辐射到周边村庄，为秀邑及周边村庄打开了乡村增收的致富门。在铜器产业发展过程中，充分发挥村党支部战斗堡垒作用，深度挖

---

①　小炉匠的幸福追求 [N]. 大理日报，2021-03-30 (7).

掘铜器加工产业发展潜力，通过党建引领、党员带动、手工艺人参与的方式，积极探索家庭式生产、集聚化经营的产业模式，激发大家致富的内生动力。按照乡村振兴规划建设"铜"器小镇，致力将铜产业发展成为秀邑村的"一村一特""一村一品"，让大理的铜产品走向全省、走向全国，在乡村振兴中脱颖而出，成为大理州乡村振兴的基石。①

（三）雕刻振兴新图景

在"中国木雕艺术之乡"剑川县，木雕师傅数不胜数，他们技艺娴熟，走南闯北，以技立身。杨元松就是千千万万木雕师傅中的一名，怀揣一颗拼搏创新、感恩奋进的心，勤勤恳恳、孜孜不倦，开创剑川彩绘木雕之先河，带动当地群众尤其是特殊困难群体传承木雕技艺，过上幸福美好新生活。为了更好助力脱贫攻坚，帮助更多困难家庭解决就业和增收难题，杨元松继续在技能培训上下功夫。在上级党委、政府和县残联的关心支持下，2017年以来，他积极扩大残疾人木雕技能培训班的招生范围，先后多次组织符合条件的残疾人开展木雕技能培训。勇毅前行明匠心，凭借精湛的雕刻技艺、勇于开拓的创新思维和强烈的社会责任感，杨元松的作品多次在省州县各级评比中获奖，2017年9月，还被县人才办聘为"剑川乡贤"，同年12月被剑川县人民政府评为"剑川白族高级传统工匠"。2017—2019年，杨元松创建的艺晨工作室被列为省州县残疾人就业示范点，2020年剑川县松缘彩艺木雕厂被大理州扶贫办命名为扶贫明星企业。2021年年底，他通过直播带货终于带领企业"扭亏为盈"。"现在，我们正着手筹备招收新员工，并计划举办新一轮残疾人木雕技能培训班。"②

段四兴，剑川木雕国家级非遗代表性传承人。历经千年发展，剑川木雕形成了特有的艺术风格，在明清时期名扬四海。近至大理宾川鸡足山，远至北京紫禁城，剑川木匠走南闯北，也把技艺传向了四方。在段四兴等人的努力下，剑川县从事木雕人员达两万余人，培养了一批懂技艺、能创新的技艺传承人。为了传承技艺，段四兴在家乡开起了木雕传习院，广招四方学徒，

---

① 鹤庆秀邑村：小产业促进大发展［EB/OL］. 鹤庆县人民政府网站，2022-01-06.
② 段红池. 杨元松："剑川木雕"的亮丽风景线［EB/OL］. 大理乡村振兴，2022-05-12.

鼓励学生将流行因素植入剑川木雕，开发创意作品，为古老的剑川木雕注入活力。"雕得金龙腾空飞，刻出雄鸡报五更，凿成百鸟枝头唱，镂花引蜜蜂。"这首传统小曲唱出了剑川木雕灵动传神的技艺，也唱出了如今剑川木雕传承的生机与活力。①

赵树林，剑川木雕项目省级代表性传承人。在陈永发、杨郁生、何佩珍等老师的教导下，学习了民族艺术传统图案、工艺美术基础知识和初级木雕技艺。几年来通过绘画、木雕理论的学习和实践，他对剑川传统木雕技艺的传承和发展有了更深的感悟，为从事木雕传统工艺打下了较好的基础。1992年经过考核，他成为剑川县民族木器厂中的一员，进厂后师从段国梁、尹德全师傅，通过在实践中不断学习，逐步掌握了剑川木雕传统工艺技法的精髓。设计制作了《甘露观音》《三塔金翅鸟》《阿嵯耶》等一批典雅、古朴具有鲜明民族特色的旅游工艺品，填补了剑川木雕旅游工艺品市场的空白。1992年赵树林参加云南民族博物馆《胜利大会师》大型人物壁画、圆雕《孔雀太阳鼓》及民族风情壁画《阿细跳月》等木雕作品的设计制作；1996年在民族木器厂举办的两期木雕培训班任教，共培训了180多名学员。赵树林在继承传统的同时，不断吸收新的理念，并将其融入木雕工艺品的创作设计之中，产品深受各界喜爱。近年来其作品在参加各部门组织的各种大赛中多次获奖。如参加设计制作的木雕作品《魁星》作为剑川沙溪寺登街复兴工程庆典大会礼品，赠送给国际友人受到好评；木雕作品《清明上河图》获"第九届中国（东阳）木雕竹编工艺美术博览会金奖"，获省文化厅举办的第五届"全国非遗展"优秀作品展示奖，获第二届中国民族工艺美术珍品展"神工·百花奖"金奖。多年来，赵树林在自己创办的剑川县艺林木雕工艺厂采取以厂办班的形式，每年培训学员10多名，先后培训了100多名木雕能手，既传承了剑川木雕的传统工艺，又吸纳了农村富余劳动力，提高农民收入，拓宽农民就业机会，收到了较好的社会效益，为弘扬和传承剑川木雕传统工艺做出了积极贡献。②

张瑞龙，白族甲马省级代表性传承人。甲马于汉晋时期从中原内地传入

---

① 张帆，李茂颖. 寺登村的古朴韵味 [N]. 人民日报，2022-09-12（7）.
② 剑川木雕：赵树林 [EB/OL]. 剑川县文化馆公众号，2023-02-15.

云南，白族甲马颇具代表性。甲马是一种具有神秘色彩的民间木刻版画艺术，主要用于民间祈福消灾祭祀，以古朴的手工制作方式传递乡愁记忆。张瑞龙主动破局，赋予传统甲马新的活力。在文旅融合的大潮中，像张瑞龙一样的手艺人积极适应时代变化，在创新发展中守护这份用墨水刷出的烟火气。他们以"万物皆可刻"的理念，创作了甲马拎包、甲马 T 恤、甲马冰箱贴、甲马手机壳等文创产品，备受年轻人的青睐。[①]

（四）多彩文艺促振兴

鲁丽华，南涧彝族自治县一名基层文艺工作者，长期从事非遗传承保护和基层文艺工作。在南涧彝族自治县，"彝族跳菜"是极富当地民族特色的国家级非物质文化遗产，深受群众喜爱。鲁丽华组建跳菜队，深入基层为群众表演、教学，积极参加文化下乡惠民演出等活动，在保护和传承非遗、传播民族文化的同时，丰富了乡村文艺生活，助力了乡村振兴。在此期间，她和她的团队不仅为非遗的保护与传承发挥了自己的作用，而且随之也带来了良好的经济收入，促进了乡村振兴。[②]

自学空，南涧县跳菜名队哀牢巅峰艺术团的负责人，他的艺名叫"杨三"，来自南涧县宝华镇光乐村委会斗嘴大村一个地地道道的彝族农民家庭。他自幼生活在打歌跳菜盛行的彝族村落，从小喜欢打歌。初中毕业后，他因经常参加当地各种民俗活动而声名鹊起。2009 年，经南涧籍歌手高洪章介绍，杨三认识了萨顶顶。当年杨三参与的南涧"一咕噜"（酒歌）组合，与萨顶顶在云南卫视青歌赛中的配合表演获得圆满成功，杨三成为萨顶顶的音乐团队成员，成为她《天地合》全球巡演乐队成员。十年来，杨三到过英国，上过春晚，见识了各个舞种的顶尖人才，他的演出水平和思想境界也得到了很大的提高。2011 年，他被南涧县民族文化工作队聘为临时演员，接受专业的培训，到国内外各大舞台进行表演。作为一名跳菜传人，杨三开始思考如何让跳菜"活"起来，如何在更加用心地传承、教授好"跳菜"技艺的同时增加收入来解决传承人的后顾之忧等问题。他创办了哀牢巅峰艺术团，承接

---

① 非遗里的喜洲 [EB/OL]. 大理融媒，2023-06-30.
② 鲁丽华代表：以文艺力量助力乡村振兴 [EB/OL]. 新华网客户端，2023-03-08.

以宴席跳菜为主的各种演出，一心一意做起跳菜营生。杨三的跳菜队伍全部是农民，闲暇时他带领队伍外出表演跳菜，活跃在广大农村，为举办婚宴、寿宴及周岁宴等喜宴的人家跳菜助兴。杨三的跳菜队不仅在南涧深受欢迎，还经常应邀到昆明、下关及周边县市，甚至到贵州、缅甸等周边省份和国家开展演出。通过亲身实践，杨三深知"跳菜"带来的经济收入，是推动"跳菜"有效传承的内驱力。因此，在带好自己队伍的同时，积极发动其他跳菜传承人组建跳菜队，有不少传承人看到杨三取得的成效，也纷纷召集四邻八村的跳菜艺人组建跳菜队。南涧跳菜起自民间，在传承发展中，多以口传心授为主，搬上舞台、形成文化品牌后，南涧县采取多种方式进行传承与保护。为了传承南涧民族民间文化，南涧文旅局、南涧职业技术高级中学、南涧跳菜艺术团联合举办跳菜艺术班。聘请南涧跳菜非物质文化遗产传承人鲁发琨为班主任，由县文化体育局指派专职教师，并制订相应的教学计划，对南涧职业技术高级中学学生进行全面的民族民间歌舞教学，南涧职业技术高级中学作为南涧县跳菜艺术演员的培训基地，学生对跳菜艺术及南涧民族民间歌舞进行系统的学习。除了在学校开设跳菜艺术班专门培养外，南涧县还借助各类传承人在学校、乡村教授南涧跳菜。

鲁朝金，从 1992 年开始陆续参加国家、省、州、县各级的舞台跳菜表演，2009 年，鲁朝金获得"国家级非物质文化遗产代表性传承人"称号，从此，每年他都要按要求进行培训。其间，他还组建了 30 多人的"南涧拥政民间跳菜队"，开始进行有偿服务。截至 2020 年 5 月，南涧县有跳菜各级代表性传承人 27 人，其中，国家级 1 人、省级 5 人（已故 1 人）、州级 4 人、县级 17 人。这些传承人通过组建跳菜队、招收徒弟等多种方式，将南涧跳菜艺术播撒在南涧彝乡大地上。南涧县便将跳菜文化品牌和无量山生态旅游、樱花谷观花游、高原特色生态农业等品牌有机结合，打造三产融合、多业叠加新业态，通过打造"南涧跳菜"系列文化产品，促进文化富民增收。①

查永章、张玉香夫妇自 2007 年开始学习跳菜表演，后来成立跳菜文艺队，十多年间培训出了 20 名跳菜队员。不仅如此，夫妇俩还带着他们的跳菜

---

① 杨泽新，杨训波．跳菜跳出致富路［EB/OL］．大理乡村振兴，2020-07-31．

队跳出南涧，到各地进行跳菜表演，10 年来他们跳遍了楚雄、丽江、景东等周边州县市，不仅能一直从事自己喜爱的跳菜表演，还能和乡亲们靠跳菜过上好生活！国家级非物质文化遗产代表性传承人鲁朝金一年中就有 200 多天时间奔波在外，要么进行跳菜培训，要么带着 30 多人的跳菜队到县内外进行跳菜表演。这是南涧跳菜新时期发展的一个生动缩影，也是南涧文化富民的生动写照。南涧跳菜正从最初的民间流传的舞蹈艺术，发展成为农村跳菜队、特色农家乐经济增收的好渠道。南涧立足"南涧跳菜"民族文化资源，按照"文化搭台，旅游唱戏"的思路，大力发展乡村旅游，促进文化和旅游的深度融合，深入实施百支跳菜队伍、百家跳菜名店、百名跳菜艺人、百座跳菜舞台、百个跳菜名村的"五个一百"工程，让建档立卡贫困人口在文化旅游业发展中得实惠。民族文化也逐步实现了从"乐民、育民"向"惠民、富民"方向发展。南涧县是世界上独一无二的"中国民间跳菜艺术之乡"。南涧跳菜起源于原始母系社会，盛行于唐朝民间，雅称"奉盘舞"，俗称"抬菜舞"。在南涧民间，逢办宴席上，引菜人和抬菜人从厨房到餐桌，合着音乐的节拍，舞着跳着将菜一盘一盘地送到餐桌上，是南涧彝族同胞为尊贵的宾客而跳的一种礼节性舞蹈，堪称"东方饮食文化之一绝"，可分为"宴席跳菜"和"舞台跳菜"两类。2003 年，南涧被文化部（现文化和旅游部）命名为"中国民间跳菜艺术之乡"，2008 年，"南涧跳菜"列入第二批国家级非物质文化遗产保护名录，2015 年，南涧跳菜"跳"进英国皇宫中，"跳"上春晚。①

　　李六妹，洱源霸王鞭州级代表性传承人，斯甘俏艺术团团长。李六妹从小受到前辈的影响，喜爱文艺，15 岁开始拜杜瑛老师为师学习白族歌舞，1990 年加入幸福大队农村业余演出队，至今从事文艺活动已经 30 年，先后参加过白剧、白族歌舞的学习，还在洱源县文化馆进行过专业学习，得到多位老师的指点和帮助。2013 年成立斯甘俏艺术团，因表现突出被推选为艺术团团长。艺术团成立后，立足于农村白族文化事业的发展，开展各式各样的特色培训和演出活动，深受群众欢迎；以白族歌舞、白剧小戏、小品、吹腔小戏、白族唢呐器乐演奏为主，并主动传承、培训、演出，受到广大群众的喜

---

① 龚静阳，白家伟．南涧：跳菜成脱贫增收新路径［EB/OL］．大理乡村振兴，2018-08-10.

爱。艺术团除了平时在农村有喜庆节目演出外，还积极弘扬传播民族文化。
2013年6月，到浙江宁波、内蒙古包头进行了为期25天的演出，同年参加了
中央电视台"美丽湿地中国行"栏目的演出拍摄活动，受到中央电视台导演
的高度评价；2015年参加了上海第十三届民博会、"土风计划"白族歌舞传
承；2016年参加了深圳民博会、昆明周末文博会的演出；2017年三次受邀到
北京、上海等地进行旅游产品宣传……艺术团成员不仅遍布全县，还为大理
州的各文艺团体培养了许多骨干。艺术团在她的带领下，依托农村文艺人才
队伍，坚持走产业化发展路子，通过整合农村演艺演出资源，传承和发扬地
方特色文化，打造文艺精品，创新经营管理模式，不断发展壮大。同时，艺
术团还促进了民族团结，很好地保护和传承了白族文化，为丰富当地民间群
众业余文化生活及提高群众经济收入起到带头作用，为乡村振兴做出积极贡
献。李六妹还积极参加省州县组织的群文业务骨干培训，不断充实提高自己
的文艺修养，创作了《我是洱源呢》、女子八角鼓《喜来巧梳妆》、大本曲表
演唱《家风颂》、小白剧《耍马金花霸王鞭》等一批文艺精品，先后获得
"第十一届璀璨之星 全国青少年春节联欢会"大理赛区美育金牌指导教师奖、
"大理州三八红旗手"等荣誉。①

云龙白族吹吹腔又称"唢呐戏"，距今已有500余年历史，以唱、吹为
主。唢呐为剧种特色乐器，为省级非物质文化遗产保护名录。云龙县功果桥
镇下坞村党总支书记、白族吹吹腔剧团传承人张国藩，促进了非遗的保护和
传承。在传承的过程中，张国藩接受培训、吸纳新人和在农村地区开展巡演，
为非遗传承人培养接班人，也让更多的人了解到白族吹吹腔。②

常泽香，2013年被认定为大理州第三批非物质文化遗产项目漾濞县"彝
族打歌"代表性传承人。带领鸡街乡彝族打歌队到中央、省、州、县等舞台
亮过相，还曾在全国青年歌手电视大奖赛中获过奖。独具特色的彝族打歌，
使漾濞县鸡街乡声名远播。鸡街彝族打歌属"腊罗"支系，彝语称为"额

---

① 李美溶．大理州2人入选2022年度乡村文化和旅游带头人支持项目［EB/OL］．大理文
旅，2023-03-28．
② 左东敏．白族吹吹腔戏曲《共同努力抗疫情》开启防控新格局［EB/OL］．大理乡村振
兴，2020-02-14．

克"。据清代《景东直隶厅志》记载，打歌在当时已广为流传，每逢春节、小年（农历正月十五）、火把节或婚嫁、聚会，人们都会围成圈彻夜踏跳。常泽香介绍，鸡街彝族打歌由笛子吹奏主旋律，芦笙打节奏，舞刀者伴舞，男半圈女半圈围绕打歌，跳至高潮时有转身拍手、下蹲、跳跃等幅度较大的动作，节奏也随之加快，伴随着节奏，男女之间互相对唱，形成特有的打歌调。近年来，为了突出舞台表演效果，常泽香在 16 步的基础上，还加入前三步碰刀、后三步转刀、三跺脚碰刀等新内容。在鸡街乡，但凡红白喜事、庙会、生日和节庆活动都要打歌，常泽香和她带领的打歌队长期活跃于各种民俗活动，只要有人邀请，常泽香都会带着队伍前往参加，用彝族人独特的表演方式，跳出彝族人如火的性格、张扬的生命活力，表达对生命、自然的尊重和自己的民族情感。①

李汝明，苦姜坡傈僳族文艺队队长，是大理州州级非物质文化遗产傈僳族打歌代表性传承人。在李汝明的记忆里，父亲李贵生从小就背着他参加各种傈僳族的节庆、婚礼打歌活动，7 岁开始就跟着爷爷、父亲学习传统傈僳族打歌和"器奔"的弹奏，12 岁开始学做"器奔"，13 岁时已熟练掌握傈僳族打歌的 12 种步法、"器奔"弹奏的曲调和"器奔"制作技艺。他在重新温习打歌技艺的同时，开始学起傈僳文字、谱曲、写词和编导，并在原有的步法上，将傈僳族弦琴弹奏与踢、跺、闪、撞巧妙结合起来，还把一些傈僳族古歌融入其中，编导出《嗨呱呱瓦器器》《火塘情》等代表作品，使得傈僳族打歌更具民族特色，更加丰富多彩。县、镇级文化部门得知后，给予他大力支持，由他牵头组建起苦姜坡傈僳族文艺队，在家里开设了傈僳族打歌传习所，每周一定期进行传习活动。在他的努力下，苦姜坡傈僳族文艺队从 14 人发展到 45 人，并经常代表县里参加省州组织的文艺汇演，先后获得过一、二、三等奖及各种荣誉奖 10 余次。两年前，漾江镇文化站在村里选址建盖文化活动传习场所，李汝明主动将他家的空地无偿贡献出来。经过两年的打造，一个集舞台、传习室、器材室为一体的文化活动场所建成了。李汝明组织文艺队正全力以赴投入由他创作的《嘎迟尼》（幸福跟党走）舞蹈排练中。②

---

① 彝族打歌"达人"：常泽香［N］. 大理日报，2022-11-08（7）.
② 大山深处走出的非遗传承人［N］. 人民网，2021-03-13.

海润朝是云南省第六批非物质文化遗产"傈僳族爬刀杆"的代表性传承人。农历二月初八,漾濞县漾江镇金盏村傈僳族刀杆节如期而至。"刀杆节"是傈僳族群众自然崇拜的产物,更是傈僳族群众不畏艰险的民族精神的体现。"上刀山,下火海"是刀杆节中主要的习俗表演,再现了山地民族翻山越岭的生活经历及攀藤负葛的卓绝精神,举办刀杆节就是为了更好地保护传承优秀传统文化。关于刀杆节的来历,在民间有这样的传说:为纪念一位对傈僳族恩重如山的古代汉族英雄,傈僳族人民把这位英雄献身的忌日定为自己民族的传统节日,并用"上刀山、下火海"等象征仪式,表达愿赴汤蹈火相报的感情。"上刀山,下火海"包括点花、点刀、耍刀、迎花、设坛、祭刀杆、竖杆、祭龙、上刀、折刀、下火海等步骤。"上刀山"是将 36 把锋利的长刀,刀口向上分别用藤条横绑在两根 20 多米高的木头上,扎成刀梯。表演者空手赤足,脚踩刀刃攀上顶端,并在杆顶依次进行开天门、挂红、撒谷等表演。"下火海"是表演者下刀杆后踏入通红炽热的炭火中,表演绝技。①

(五) 食品加工促振兴

云龙县的诺邓火腿远近闻名,在"舌尖上的中国"栏目中,目睹了制作诺邓火腿的一系列程序。古人是智慧的,现代人在古人的基础上继承创新,让这一技艺传承下去,发扬文化精髓的同时也在促进乡村振兴。

杨武松是云龙县诺邓火腿厂的负责人,也是诺邓火腿制作技艺省级非遗传承人。从小耳濡目染的他掌握了诺邓火腿传统的腌制技艺并结合现代科学技术进行改良,获得了多项发明专利。20 多年来杨武松团队共腌制 30 余万条火腿带动村民养猪、种植饲料。②

"新农人"徐琨斌先后创办了"诺邓一腿""诺邓金腿"品牌,以"电商+扶贫车间+合作社+农民"的模式帮助更多困难群众增收,年用工量达 6000 人次左右,间接带动周边村民 1.5 万多人就业。徐琨斌也因此成为当地著名的致富带头人。

(六) 指尖经济促振兴

李娟娟,刺绣县级代表性传承人,对祥云刺绣产业发展进行现场指导,

---

① 勇者的传承仪式傈僳族"上刀山下火海"[N]. 大理日报, 2023-04-04 (7).
② 诺邓村:千年白族村里话振兴 [EB/OL]. 新华网客户端, 2022-06-30.

提升刺绣人才的综合素质，并教会大家"打籽绣"针法。在祥云禾甸、米甸、普淜、东山等深山里，在淳朴的白族、彝族、汉族等民族妇女的手中，有一种令人惊叹的指尖文化——民族刺绣，一种藏在大山深处的"指尖经济"，悄然打开了一条民族手工技艺特色的乡村振兴之路。"刺绣搭桥开富路，非遗入校好传承。"非遗"出彩工程"培训有利于妇女同志致富增收掌握新的技能，为民族手工业发展撑起半边天奠定良好的基础。作为云南省旅游名村，大营村民族工艺品种类繁多，妇女手工技艺基础良好。祥云县文体局、祥云县非物质文化遗产保护中心结合旅游扶贫工作的深入开展，依托大营村丰富的民族特色刺绣资源，把大营村打造成祥云县少数民族传统手工技艺保护传承基地。县乡两级不断创新刺绣学习培训载体，通过"传承人+学校+村民"的叠加培训法，形成了"请进与走出共抓、集中与个体并存、作坊和空间互动、传承与探索同步"的非遗"出彩工程"培训"祥云模式"。

钱吉新是县级非遗传承人，她的刺绣创意、技法各方面都比较突出，绣品经常被带到其他乡镇、州县展览，受到了广大消费者喜爱。研究彝族刺绣技法，成品挂到微信、快手、抖音等平台售卖，也是增加收入的小技巧。年近50岁的钱吉新是玩微信、快手、抖音的"高手"。当地，许多绣娘的绣品都委托钱吉新在"线上"寄卖。仅培训当天，就卖出价值4000余元的绣品。[①]

彭开会，刺绣非物质文化遗产传承人。她把刺绣传给更多村民，让乡亲们一块学，一起绣，一同卖，形成产业，进而宣传州城文化，带动州城的发展。为更好地传承刺绣非遗文化，依托州城镇的钟鼓楼、文庙和武庙、南薰桥等传统历史文化和红色文化底蕴优势，发展好文旅产业，促进州城经济社会发展。州城镇党委政府积极申报项目，多方统筹资金，在文庙和武庙成立了刺绣传习所，并邀请彭开会奶奶担任老师教授村民刺绣工艺与文化。刺绣传习所开展大型佳习教学活动，越来越多的村民感受到了刺绣的魅力，加入了传承刺绣的队伍。"老当益壮，宁移白首之心"，彭奶奶一直想为村民们绣出一条"产业路"，想依托州城镇钟鼓楼、文庙和武庙、南薰桥等厚重的历史

---

① 王林玲，王洁．龙潭乡：举办刺绣培训 传承民族技艺［EB/OL］．大理乡村振兴，2021-08-26.

文化和红色文化古建筑，结合传习所教学优势，建立刺绣文化展览馆，把自己的 100 余幅作品摆放进去，把乡亲们的作品放进去，作品对外出售，形成产业链。让广大村民在传承刺绣非遗文化中，能增收致富，获得发展。为此她将继续努力，继续拼搏。①

熊桂存，刺绣县级代表性传承人。刺绣引路，贫困户变传承人。熟练的针法、高超的技艺、精美的绣品，是刺绣让她脱胎换骨，不仅让她家脱了贫，还成为全县为数不多的 7 个刺绣代表性传承人之一。据熊桂存介绍，彝家人自古就有刺绣的传统，祥云县非物质文化遗产保护中心以问题为导向，针对绣娘设计能力弱、市场信息不足等短板，充分利用地理条件优势，深挖刺绣技术资源，大力培养传承人。有了资源和平台，积极上进的熊桂存，刺绣的技术和绣品的质量不断提高。她"吃水不忘挖井人"，一边努力学习，一边热心帮助别人，从贫困户变成了祥云县刺绣非遗代表性传承人，还学会了快手和微信销售，让非遗产品插上了电商的翅膀。

按照"一村一品"的发展思路，坚持把打造新产品、提升"祥云印象·云南源"非遗制品品位作为文旅发展的重中之重来抓，不断做实刺绣等"指尖经济"，走品牌化路子。实施"绣娘工程""锦绣计划"和"巾帼脱贫行动"，出台支持农民工返乡创业的优惠政策，通过互助社、小额信贷、创业就业等资金扶持方式，扶持妇女创办微型企业。大营村成立了集刺绣技术培训、生产、销售为一体的祥云县盛营商贸有限公司，涌现出杨左会、王翠松等一批妇女手工产业创业带头人。通过"党支部+妇女+刺绣"手工产业，不仅持续巩固了脱贫攻坚成果，还解决了留守妇女、留守儿童、留守老人的遗留问题，为推动乡村振兴打下了坚实的基础。据了解，祥云县以大营村为原点，依托 1 名省级、6 名县级刺绣非遗代表性传承人的技术资源，积极引导彝族、白族等少数民族妇女从分散生产转向产业化、规模化、市场化发展，辐射带动县内妇女从事民族手工刺绣、民族服饰加工，形成了"开发设计—生产加工—市场交易"的完整产业链。围绕"刺绣出山"项目的实施，通过"旅游+产业+乡村振兴"的方式，引进新理念新技术，促进祥云非遗手工技艺与时

---

① 揭楚江. 彭开会：绣娘"老当益壮"，欲带村民绣出"产业路"！［EB/OL］. 大理乡村振兴，2022-03-29.

尚高端产品完美结合，创建了"云乡舞绣"祥云非遗刺绣品牌。针尖上的刺绣，带着独有的魅力在时光中穿梭，伴随着祥云古远的传承，长久不衰。

布扎是剑川白族民间传统工艺品。每逢端午节，小孩都在胸前挂一串布扎，用以驱邪镇恶，以示对美好生活的追求。刘丽湖，剑川县省级非物质文化遗产传承人、省级工艺美术大师、"云南民族民间刺绣高手"。她创办了布扎刺绣培训班，参加培训的妇女制作合格的布扎刺绣产品，如花瓶、荷包、葫芦、生肖的小挂件饰品，这些产品将会直接由公司收购，最终形成一个长期稳定的产业，广大农村妇女们也能靠手艺吃饭，拓宽就业渠道，增加收入。① 如今随着市场的需求，布扎成了剑川较有特色的旅游产品，深受游客喜爱，市场前景广阔。

刘茂菲，省级非遗代表性项目白族服饰传承人。她每天坐在大理市上关镇兆邑村的云绣服装专业合作社大厅里与社员们一起刺绣，那枚小小的绣花针在她灵巧的双手下，将五颜六色的丝线绣出一幅幅栩栩如生的图案。以大理云绣服装专业合作社为平台，通过开展刺绣技艺培训、绣片外包等方式，带动周边群众，特别是建档立卡贫困户加入刺绣行业中，走出了一条"五彩斑斓"的致富路。刘茂菲的工作室被列为大理生态文化实验区白族服饰传习所。刘茂菲一边招纳学徒亲自教授传统刺绣技艺，一边面向有刺绣技艺的同村妇女举办培训班，提高她们的刺绣技能。为了让更多的人加入刺绣行业中，带动周边农村妇女增收致富，合作社成立以来，刘茂菲定期开展技能培训，把自己所学的知识、掌握的技艺教授给社员。她在每个村民小组都安排了一名已认可手艺的联络员，每次接到订单，先分发给各村联络员，进行培训并制定标准，再由联络员组织村里的妇女刺绣。刘茂菲用指尖上的白族刺绣艺术传承，带领白族绣娘走向了美好生活。②

冯楠，一名当地的中学教师，但一直坚持剪纸的她，也把这门技艺用在了工作上，在编排学校各类文体活动的节目时，冯楠有意识地将剪纸的艺术和技巧穿插在了表演之中。如今，她的剪纸技艺得到了学校的认可和推广，她在去年防控新冠疫情期间创作的《同气连枝》《中国平安抗疫必胜》等充

① 杨亚丝. 金和村妇女：学好手艺走富路［EB/OL］. 大理乡村振兴，2017-12-20.
② 她带领贫困妇女绣出一条"五彩斑斓"致富路［EB/OL］. 云南网，2020-08-11.

满正能量的作品受到了师生的好评。冯楠还受大理州教育局邀请，给全州各小学兼职美术教师进行了剪纸艺术培训。为了能让更多的人了解剪纸文化，2020年年底，冯楠还和三位巍山籍艺术家在巍山县南诏博物馆举办了"艺语·初心——梓里四人艺术联展"，展出了自己创作的《南诏古都》《和谐回村》《金玉满堂》《一碗人间烟火》等各类题材的剪纸作品，让观展人深深体会到了剪纸艺术的魅力。

大理州各县市实施乡村文化人才培养工程，扶持农村非遗传承人、民间艺人收徒传艺，积极发展新型文化企业、文化业态、文化消费市场，举办扶贫工坊彝族手工刺绣传习培训。为推动党史学习教育走深走实，结合少数民族聚居的乡情、多姿多彩的民族文化和历史悠久的传统手工艺，从群众需求入手，加强非物质文化遗产的挖掘、整理、研究、保护、发展和传承工作，增强人民群众的获得感幸福感，不断铸牢中华民族共同体意识。

（七）泥塑、土陶促振兴

李兴成，宾川县兴成雕建工艺厂厂长。他是大理州第三批非遗项目（白族泥塑）代表性传承人，也是第三届云南省工艺美术大师。李兴成是宾川县大营镇排营村人。排营村历史文化悠久，民族文化灿烂。由于从小受文化艺术的熏陶，他从十五六岁开始，就和父亲学习泥塑雕刻。之后，李兴成又向宾川县非物质文化遗产的代表性人物继续学习泥塑。经过专业的指导和刻苦的学习，李兴成声名鹊起，逐渐成为年青一代的代表人物。他曾经获得中国首届传统泥塑现场技艺大赛银奖，多次获得云南民族民间创意大赛金奖、银奖。他曾到美国纽约福德寺进行民族画国画彩绘，还为缅甸设计了魁星阁楼，把民族传统文化技艺传播出去。2015年9月，李兴成成立了宾川县兴成雕建工艺厂非公党支部，吸纳7名党员参加。为继承和发扬泥塑、雕建等文化瑰宝，由宾川县兴成雕建厂非公党支部牵头，开办了宾川县兴成雕建青少年艺术培训班。在当下脱贫攻坚战役中，李兴成加入了脱贫攻坚队伍。他借助自己所开设的木工班、电焊班、泥塑班等技能培训班帮助贫困户脱贫。他常常走村入户，到贫困户家中，动员他们参加培训，学习技能。同时，为打消贫困户对培训费用的顾虑，李兴成向他们保证免去所有的学费和培训费，唯一的条件就是贫困户必须认真跟班学习。培训结束后，李兴成将木工班、电焊班中的优秀学员推荐到上海打工。带动一方人富起来，单靠一方面是不行的，方式方法要多样化。他除了给予贫困户技能上的培训支持，还经常给他们讲一些成功的经验和故事。从思想上改变他们，带领他们靠自己的双手脱贫致富。①

段建华，家住云龙县宝丰乡，是当地远近闻名的"狮象鹿马"——"白族泥塑"［2011 年州（市）级非物质文化遗产项目］县级代表性传承人（2011 年云龙县第四批），已从事"狮象鹿马"制作 34 年。在云龙县长新、白石、检槽、关坪、宝丰、旧州、诺邓等地，白族民间一直延续着一种亲友相互馈赠祭祀供品"狮象鹿马"的习俗。在当地人看来，狮子能镇住煞气，象代表着吉祥如意，鹿象征着后代能够当官吃俸禄，马象征着成功和脚力。段建华 20 多岁就拜宝丰当地"狮象鹿马"的老艺人学艺，潜心学习并逐步全面掌握了"狮象鹿马"的制作技艺，开始独立"经营"接受乡邻的"订单"。他很喜欢在"狮象鹿马"制作过程中的那种"创造"的感觉，不断把自己对"狮象鹿马"的理解融入塑形过程中，这让他的"狮象鹿马"很受乡邻喜爱。②

大理土陶制作是白族民间别具民族特色的一项民间技艺。它与人民群众的生产生活息息相关，融合了汉族土陶技艺的精华，是白族人民日常生活中的重要技艺。大理的土陶技艺主要分布在大理市凤仪东山一带，部分分布于挖色，以东山村委会下东山、敬天、慈航、米总为主。喜洲古镇老街上"喜陶"的店主杨劲旅就是一个典型的土陶技艺青年传承人。目前，他经营着一间土陶工作坊和一间大理土陶工艺品店——"喜陶"。杨劲旅擅长薄胎制作与拉胚、粘接，对烧制技艺颇有研究，从事土陶行业以来秉承"结合传统，追求创新"的制陶理念，加强土陶工艺创新，组织创意、设计、生产符合现代审美需求、现代生活需求、现代消费者需求的土陶制品。回顾自己的陶艺成长路，杨劲旅总不忘提及那次改变他一生的际遇：他接触到了大理当地陶艺制作，和当地师傅买了泥料结合以前的学习资料开始自学慢轮制陶及手捏制

---

① 李凤旗．李兴成：心系贫困户的白族泥塑传承人［EB/OL］．大理乡村振兴，2019-01-25．
② "狮象鹿马"与段建华［N］．大理日报，2023-02-14（7）．

陶,拜州级非遗传承人赵正标为师,学习盘泥条、盘片、施釉、烧窑,掌握了大理土陶的烧制技艺,系统地学习了大理白族土陶一整套的制作工艺流程,由陶艺爱好者转变为一名制陶人。在他看来,大理土陶首先要让人真正用得起、用起来,才有可能去谈保护与传承。在杨劲旅看来,现在的年轻人更爱交流,更爱动脑筋,现在土陶行业已经不再是曾经各自开个工作坊闭门造车的年代了,行业内的人时常会在一起交流,碰撞灵感,创新产品。①

(八)砖瓦、彩绘促振兴

"青砖黛瓦、粉墙画壁"是大理白族民居建筑装饰的一大特色。白族民居建筑通常会在墙体、砖柱和贴砖上刷灰勾缝,墙心粉白,画上各种形式的山水、花鸟等,这就是大理白族的民居建筑彩绘。大理白族民居彩绘被列入国家级非物质文化遗产名录。杨添瑞,自幼喜爱美术书法、音乐舞蹈,1972年初中毕业后在修理四厂工作,其间多次被大理市文化馆借用组织文艺创作表演活动,使他有了更多的实践和学习的机会,练就了很好的功底。在白族民居建筑彩绘中,他找到了人生乐趣和价值。1984年退职后,其从事泥塑、木雕石刻和园林建筑、建筑装饰等设计制作施工,做过下庄村、太和村等十多个村的本主造像、海东罗荃寺三世佛造像、下关洱海宾馆民族院门楼照壁等,得到各界好评。1989年应四川乐山文化局的邀请,参加大理古塔济复队修复乐山灵宝塔,修复成功。之后,他喜欢上书法、国画,到外地参观学习,多方吸收,不断地充实自己,提高自己的技术水平和设计能力。他花更多时间积极参加中老年人艺术团体举办的各种活动,为大家编导白族舞蹈,设计白族演出服饰,他认为白族服饰的花边,与民居装饰图案有共通之处,虽到晚年,他仍继续发挥自己的民间艺术才能为大家服务,并乐在其中。②

把民族传统文化融入砖瓦,不断丰富古建砖瓦的文化内涵,宾川县金牛镇仁和村委会石榴村的康建洪从一个小泥瓦匠成长为年销售额达数千万元的宾川康洪古建艺术砖瓦厂的董事长。康建洪从小就跟父辈们学烧砖瓦,掌握了娴熟的砖瓦烧制技术,不用开窑靠闻气味和看煤烟就能判断还在烧制的砖

---

① "80后小伙"杨劲旅的陶艺人生〔N〕.大理日报,2021-03-09(7).
② 杨添瑞 在白族民居彩绘中乐享人生〔N〕.大理日报,2021-01-12(7).

瓦的质量，他烧制的砖瓦质量非常好，也很受市场欢迎。他还喜欢看，喜欢学，哪里有新奇的砖瓦，不管远近，他一定会亲自去找寻查看，回家后查资料，绘图做模，试做新产品，一来二去，他对民族文化和传统砖瓦的结合有了浓厚的兴趣，最终促成了康建洪在后来逐步走上了专一发展古建砖瓦的创业路。先后研发了古钱币、八仙、十二生肖、福禄寿喜、飞禽走兽、茶具、墙砖地砖等系列产品 400 个，申报获得专利 50 项，注册商标 3 项。公司再次进行新一轮技术更新，引进国内先进的砖瓦全自动生产线一条；2020 年，第三条砖瓦全自动生产线投产，系列产品达到 700 多个，热销全国各地和东南亚各国。把文化融入泥巴，烧出古朴自然的墙砖檐瓦、神奇灵动的飞禽走兽、品味高雅的手工艺品，于是泥土也有了灵性，砖瓦也有了生命。独特的雕刻工艺与民俗民族文化的结合，拓展了砖瓦的升值空间，给砖瓦产业注入了新的活力。大胆改革、勇于创新也让康建洪收获了一份又一份的惊喜，他和他的企业先后荣获"大理州乡土拔尖人才"、云南省文产办授予"突出贡献奖"、"2013—2015 年度科技创新工作先进个人"、大理州文化产业重点企业等荣誉称号。①

非物质文化遗产的保护传承发展离不开传承人的努力，大理州各县市通过出台相关政策法规、大规模资金投入，给非遗传承人提供保障，让传承人有动力、有信心，促进了乡村振兴，更好实现共同富裕。

## 第三节　大理非物质文化遗产传承利用助力乡村振兴的实践

近年来，大理州围绕"遗产丰富、氛围浓厚、特色鲜明、民众受益"的建设目标，秉承"见人见物见生活"的理念，不断拓展非物质文化遗产产业链，凸显优秀非物质文化遗产的社会效益和经济效益，带动群众就业增收。

### 一、开展"非遗+"模式

第一，"非遗+精准脱贫"助力群众脱贫致富。

---

① 从泥瓦匠到企业家［N］. 大理日报，2021-03-23（7）.

以白族扎染、鹤庆银器、剑川木雕等传统工艺项目为依托，实施"非遗+精准扶贫"；以手艺精湛的代表性传承人为带头人，在全州建成非遗工坊37个，采取"公司+学员+工坊"的形式培训贫困群众掌握非遗技能、从事非遗产品生产销售。其中，永平县龙竹酒制作技艺传习所带动彝族群众就业增收；弥渡花灯戏、南涧跳菜等传统戏剧歌舞类非遗项目成为群众脱贫致富的新路子。

祥云县文体局、祥云县非物质文化遗产保护中心结合旅游扶贫工作的深入开展，依托大营村丰富的民族特色刺绣资源，把大营村打造成祥云县少数民族传统手工技艺保护传承基地。县乡两级不断创新刺绣学习培训载体，通过"传承人+学校+村民"的叠加培训法，形成了"请进与走出共抓、集中与个体并存、作坊和空间互动、传承与探索同步"的非遗"出彩工程"培训"祥云模式"。围绕"刺绣出山"项目的实施，通过"旅游+产业+乡村振兴"的方式，引进新理念新技术，促进祥云非遗手工技艺与时尚高端产品完美结合，创建了"云乡舞绣"祥云非遗刺绣品牌。针尖上的刺绣，带着独有的魅力在时光中穿梭，伴随着祥云古远的传承，长久不衰。① 对祥云历史文化研究颇深的祥云县文联主席李雪介绍，一代代祥云人很自然地进行着草帽民俗文化的传承，祥云草帽既时髦，又文雅，早已远近闻名。尤其是近几年来，随着市场的拓展，无论在加工技术、材料选择、草帽款式、企业服务上都有了很大的改善和创新，经民工纯手工精心编织的天然环保的祥云草帽登堂入室，身价陡增，深受人们喜爱。据了解，自脱贫攻坚工作开展以来，祥云县不断拓展贫困群众增收致富的渠道，采取"党支部+草帽厂+贫困户"的方式，形成以云南驿镇草帽加工集散地为核心，辐射带动全县多个乡镇的发展。祥云的草帽不仅满足了当地的需求，还销往全省各地以及四川、江西、广西，有的还远销泰国、缅甸、越南等国外市场。②

因势利导，采取"生产性"保护措施，将刺绣作为一个特色文化产业培育，让非遗文化成为群众增收产业，助推脱贫致富，也让刺绣技艺在传承中

---

① 大理广播电视台. 祥云：刺绣出山，打通指尖上的振兴路［EB/OL］. 大理广播电视台，2021-05-12.

② 杨丽芳."小草帽"闯出脱贫致富"大世界"［EB/OL］. 大理乡村振兴，2020-05-15.

得到保护，实现保护与开发的双赢。刺绣产业在传承过程中瞄准市场需求，主动与市场接轨，组建了刺绣传习馆，成立了彝族刺绣协会。通过创新，推出了彝绣荷包、香囊、纸巾盒、手机套、旅行挂包、壁挂、字画等各种民俗与时尚相结合的装饰品，并开展非遗文化展览体验、表演等，深受消费者青睐，逐步建立刺绣产业化、市场化发展新路子，让传统技艺活起来。积极开展民族文化进校园、民族刺绣技能培训等活动，在乡村学校少年宫开设彝族刺绣传习馆，努力让非遗文化进学校、进课堂，让彝族刺绣代代相传、生生不息。①

剑川县坚持物质脱贫与精神脱贫并重、扶贫与扶志扶智并举，始终把在脱贫攻坚中开展"自强、诚信、感恩"主题实践活动与开展特色宣讲工作紧密结合，将"精神扶贫"贯穿于脱贫攻坚的始终。② 剑川县依托县阿鹏艺术团，组建"剑川白曲宣讲团"，用鲜活的"白曲"形式，在群众中广泛宣传脱贫攻坚政策，真正做到入耳、入脑、入心，积极消除贫困群众"等靠要"思想，激发贫困群众的内生动力。发挥优势，创特色宣讲团。剑川县是白族文化积淀最深厚、传承最古老、分布最集中、特点最鲜明的地区，白族人口占全县总人口的90%左右，是全国白族人口比例最高的县，群众保持着说白族话、唱白族调的习惯。白曲是深受广大白族群众喜爱的民间传统文艺活动，具有广泛的群众基础。剑川县高度重视脱贫攻坚政策宣讲和激发群众内生动力工作，利用当地文化资源，以剑川阿鹏艺术团为主要力量、各乡镇白曲艺人为补充，成立了"剑川白曲宣讲团"。宣讲团用通俗易懂、群众乐于接受的方式宣传宣讲脱贫攻坚政策，把党的声音传递到群众家中、田间地头和生产一线，用群众的话讲理论，用身边的事说政策，取得了较好的宣传效果，深受广大群众喜爱。丰富载体，让宣讲见实效。内容新、形式新，政策宣讲才能常讲常新。"剑川白曲宣讲团"紧跟脱贫攻坚形势，适时创作内容新、形式活的"地方版"脱贫攻坚宣讲作品。先后创作了民族歌舞剧《脱贫攻坚"顶贼扎"》、小品《懒汉脱贫》、白族调《移风易俗能增收》《自力更生来脱贫》《扶贫教咱走富路》等一批脍炙人口的宣讲曲目。"剑川白曲宣讲团"在借鉴

---

① 银针"挑"出脱贫路 彩线"绣"来小康梦 [EB/OL]. 人民网，2019-02-19.
② 白曲声声响 政策入人心 [EB/OL]. 剑川县委统战部，2020-01-03.

吸收外地宣讲经验的同时，结合自身实际，建立健全学习培训、调查研究、集体备课、编写曲子、宣讲评估、信息反馈等一整套工作制度，不断强化宣讲队伍的管理，着力提高队伍素质，确保宣讲工作精彩有效。宣讲团将紧扣各级党委政府关于脱贫摘帽的安排部署，紧扣当前脱贫攻坚中贫困群众在内生动力激发上存在的问题来创作曲目、开展宣讲，在传承优秀民族文化、丰富群众文化生活的同时，充分发挥好教育群众、引导群众、凝聚群众的重要作用。用传统的白曲、白族调等形式，把脱贫攻坚政策、自强诚信感恩内容讲得准确深入，讲得生动活泼，讲得明白透彻，增强脱贫攻坚宣讲的针对性、实效性、吸引力和感染力，让理论朴素自然、通俗易懂、深入人心、寓教于乐，教育引导贫困群众树立自强不息、诚实守信、脱贫光荣的思想观念和感恩意识，不断激发贫困群众投身脱贫攻坚的内生动力，坚定贫困群众脱贫致富的信心和决心。①

云龙县在非遗助力乡村振兴过程中，多方联手，关心残疾人、妇女的脱贫致富，让残疾人、妇女等参与到非遗的保护传承过程中，为残疾人、妇女脱贫致富，培植新的经济增长点，开辟了新门路、新通道，让残疾人在脱贫路上有了新"拐杖"。②

在非遗扶贫就业工坊实施过程中，也存在一些问题。比如，贫困人口覆盖范围还不够大；又如，一些地方，对于本地区非遗所蕴含的文化内涵挖掘不足；再如，传统工艺等的创造性转化、创新性发展不足；等等。这些问题，都需要认真研究、解决，以此推动非遗扶贫就业工坊持续壮大，在巩固拓展脱贫攻坚成果和乡村振兴中继续发挥作用。

第二，"非遗+旅游"推动县域农文旅深度融合发展。

大理州因地制宜，先后探索出"非遗+景区""非遗+特色小镇""非遗+民宿"等诸多融合发展模式，剑川木雕艺术小镇、鹤庆新华银器艺术小镇、喜洲白族特色小镇和周城白族扎染艺术之乡等非遗特色小镇和非遗村建设成效显著，文博游、非遗体验游、非遗研学游蓬勃发展。全州共建设 10 个"非

---

① 白曲声声响 政策入人心 [EB/OL]. 剑川县委统战部，2020-01-03.
② 周瑜洁，张艳霞. 巧手编出花草墩 致富有了"登山拐" [EB/OL]. 大理乡村振兴，2020-07-21.

遗+旅游"示范点，有效带动了示范点及周边村镇的经济发展，非遗资源成为旅游业发展的新要素。"非遗+旅游"能以那么多种方式打开，一大原因是"活态属性是非遗市场化的前提"。推动"非遗+旅游"，需要有效激活内在潜能，因为非遗具有融合的可燃性。庙会、节庆等民俗本身无法形成产业，但与旅游结合就吸引了众多游客，又如祭祀、剪纸、打铁花等项目，通过旅游产业的添薪加火，甚至成了一地的文化地标。

　　非遗与旅游的融合不仅增强了游客的文化体验，同时也为非遗"活"起来开辟了新路径。例如，云龙县支持社团组织举办以文化、旅游为主题的民族传统节庆活动，打响"生态云龙""文化云龙""美食云龙""乡愁云龙"四大旅游品牌，实现旅游增收。鹤庆县持续推动文旅融合建设，奇峰、东坡、金翅鹤等一批富有特色的文旅生态村诞生，举办了"奇峰梨花节""耍海节"等民族文化节庆活动。依托银器文化，加快推进新华银器小镇建设，大力发展夜间文旅经济，鼓励"沉浸式"和"夜游"的文化消费，举办各民族共聚共乐的周末篝火晚会，打造省级夜间文旅消费集聚区，助推文旅产业融合发展，助力乡村振兴。① 创新提升石宝山歌会节、剑川木雕文化艺术节等民俗节庆活动影响力，推动文化旅游深度融合发展。依托每年的二月八太子会、火把节、石宝山歌会节三大民间节庆活动，组织旅游体验活动，在丰富白族民俗文化体验活动内涵的同时，最大限度提高村民参与度，增强群众对依托旅游产业实现共同富裕的信心。② 打造"多元业态"旅游品牌。深度挖掘洱源历史文化、民族民间文化和"梅"文化底蕴，先后举办梅花文化节、古梅树拍卖会、茈碧湖海灯会等活动；依托特色非遗资源，推出洱源唢呐乐、凤羽砚台制作技艺、洱源霸王鞭、里格高等非遗项目，发展文化观光游、文化体验游、文化休闲游；依托农业种植，以"软乡村、酷农业、融艺术、慢生活"理念，用"嵌入、渐入、融入"的模式打造了退步堂、乡愁公园、"空中稻田剧场"、白驹过隙、垛木屋美术馆、凤羽画廊等新景点，打响洱源"农业+文

---

① 李艳娟，李镜泷，张炳全．云南鹤庆新华银器小镇敲出交往交流交融新乐章［EB/OL］．中国网，2023-05-06.

② 剑川县沙溪镇寺登村：做足乡愁文化提升体验价值［N］．云南日报，2022-11-03（3）.

化+创意+旅游"多元业态旅游新品牌。①

大理璞真白族扎染博物馆在白族扎染技艺国家级代表性传承人段银开带领下，以民族文化旅游景点的形式，投入大理旅游环境中营运，接待来自世界各地参观体验的客人，为周城村提供了工作岗位，这些员工既是传统技艺传承者，同时也是乡村旅游市场的受益者。璞真白族扎染博物馆"展产研学售"的一体化格局，使其不断发展壮大，目前博物馆以 3A 级景点为目标，把白族扎染技艺的保护与合理利用结合起来。集合博物馆、技艺传承体验馆、产品研发部、板蓝根染料制作观赏区为一体的乡村旅游特色景点"扎染家园"，吸引更多的游客参观体验，也为周城村创造更多就业岗位，更好地辐射和带动周边经济发展。

第三，"非遗+产业"振兴传统工艺。

习近平总书记在广东考察时强调："发展特色产业是实现乡村振兴的一条重要途径，要着力做好'土特产'文章，以产业振兴促进乡村全面振兴。"②总书记形象而深刻地指出："各地推动产业振兴，要把'土特产'这 3 个字琢磨透。"③ 这为我们推动乡村特色产业提质增效、扎实推进乡村振兴指明了方向。

一是坚持规模化之路，推动集中集约发展。大理州发挥资源、文化和区位优势，围绕主导产业和产品发展，推动县域产业集中集约发展，壮大传统产业规模。以市场主体为龙头、项目带动为载体、政策扶持为推动、品牌培育为重点，传承发扬民族特色手工艺文化，形成"小产品大产业"的发展格局。产业分工不断细化，产业链条不断延伸，积极开拓国际市场，引导产业人才回归，优化创业条件，引导鼓励在外谋生的艺人回乡开展民族手工艺品加工开发。二是坚持组织化之路，激发多元主体活力。大理州坚持党建引领，以组织建设激发市场多元主体活力，按照"多元整合、交互支撑"的发展思

① 林燕. 立足资源优势 加快文旅融合：洱源县发展旅游业促增收 [EB/OL]. 大理州乡村振兴局，2022-12-23.

② 发展乡村特色产业 全面推进乡村振兴 [EB/OL]. 新华网，2023-12-08.

③ 习近平：加快建设农业强国 推进农业农村现代化 [EB/OL]. 中国政府网，2023-03-15.

路，做到党建工作、中心工作和重点工作统筹规划、齐头并进，驱动经济社会全面发展。发挥党的制度优势，大力推动民族特色产业发展，由县委、县政府主要领导挂帅，协调行业部门和社会力量推进特色小镇建设。发挥县工商联作用，搭建政府与商会协会等行业组织沟通联系的桥梁，开展先进典型评选。建立青年创业创新协会，组织青年投身非遗手工艺品、农特产品、教育培训、民族文化传播等特色产业。三是坚持融合化之路，推动县域经济转型。积极推进产业融合、产城融合、数字融合，实现县域经济转型发展。围绕民族特色产业推进一二三产业融合。在文化内涵上凸显青瓦白墙，建设体现白族风貌的特色小镇；在产业链条上围绕民族特色，形成融餐饮、住宿、休闲、观光、购物等为一体的新型业态；在生态环境方面做好水文章，打造 2 千米亲水景观带，提升县城绿化品位。用好数字信息技术。以信息技术助力民族特色产业发展，实现线上线下融合。坚持品牌化之路，打造品牌竞争壁垒。以区域公共子品牌为抓手，推动农业供给侧改革和农村电商发展，打造民族特色品牌竞争壁垒。创建公共特色品牌。以当地特色、民族文化、历史人文等为基础，大力创建农村产品区域公共品牌，以"1+N（9+9）"的模式创建重点产业和扶贫产业子品牌。建立专业化、标准化的品控体系，做好"三品一标"认证。通过官方网站、微博和公众号，以及抖音、火山小视频等自媒体推广品牌，形成一套品牌形象手册，一套品牌产品宣传手册，一套品牌使用管理制度的"3 个一"品牌规范。①

　　云龙县诺邓火腿食品厂厂长杨伍松说，他从小就跟爷爷学习制作火腿的技艺，还是诺邓火腿制作技艺省级非遗传承人。有了特色农产品，就要把特点变成亮点，进而转化成卖点，将"小品种"升级为"大产业"。特色产业从起步到成熟，还有很长的路要走。从家庭作坊向集约化生产转型，推动"土特产"精深加工，打造特色农产品品牌，把产业增值收益更多留给农民。云龙县成立了"一县一业办"的产业办公室，为农业产业发展保驾护航。品牌建设做得好，就能带动特色产品市场竞争力提升。不断创新联农带农机制，形成经营主体和农户在产业链上优势互补、分工合作的格局。"家庭车间"是

---

① "五化"协同走好乡村产业振兴之路［EB/OL］. 大理乡村振兴，2021-01-08.

发挥农民在农业产业中主体地位的一种模式创新。这一利益联结模式将村里的闲置房改造成发酵房，既能缓解公司土地紧张的问题，实现扩大再生产的需求，也能将一部分利益让渡给周边村民，调动农民主动参与的积极性。①

大理州非遗代表性项目中有传统技艺类项目264项，目前，以"金木土石布"为主的非遗产业已成为富民强州的重要产业。"鹤庆银匠""剑川木匠"双双荣获第三届全国创业就业服务品牌。此外，大理传统工艺工作站采取政府支持下的"高校+文化企业+代表性传承人"的协同创新模式，先后培育了"李小白"手工银壶、"璞真""蓝续"扎染、剑川黑陶等知名非遗品牌。② 产业振兴是乡村振兴的物质基础。新华村党总支坚持把兴产业、促增收作为第一要务，立足本村自身优势，大力发展银铜器生产加工、乡村旅游、特色农业种植等多元产业融合，建立"一会三中心"保障机制，形成"一村一品、一村多品"的生产态势。目前，新华村已成为西南地区最大的民族工艺品加工基地和旅游商品集散地。③

## 二、发展文化创意产业

非物质文化遗产传统技艺类代表性项目具有文化资源与经济资源的双重优势，是发展文化创意产业的宝贵资源，是文化遗产保护与经济发展融合的示范领域。大理州实施文化产业发展规划，促进文化与旅游、科技、特色产品加工等融合发展，重点打造大理创意经济园区和剑川狮河木雕、鹤庆银器手工艺传承等文化产业园区，加大文化遗产保护力度，实施好可移动文物普查。加强非物质文化遗产保护传承和利用，推动文旅融合发展，加快文化产业园建设。④

如今大理州的很多乡镇都形成"一镇一品""一村一品"的新形态，村

---

① 郭芸芸，杨瑞雪，姚媛. 高山河谷探新路：云南云龙县高原特色农产品转型升级之路[N]. 农民日报，2023-05-27（7）.

② 卞晓茜，周应良. 大理州拓展非遗产业链 带动群众就业增收［EB/OL］. 大理乡村振兴，2022-05-18.

③ 鹤庆草海镇新华村党建领航风帆劲乡村振兴蓬勃起［EB/OL］. 大理乡村振兴，2021-12-23.

④ 龙佑铭. 贵州非物质文化遗产保护和发展刍议［J］. 贵州民族研究，2019，40（8）：65.

民们在家门口实现了就业，传承传统技艺的同时，摆脱贫困，实现共同富裕。白族扎染、剑川木雕、鹤庆银器、甲马、布扎、剪纸、刺绣、泥塑等民间特色文化资源形成一大批具有非遗特色的文创产品、衍生品，在各县市已形成规模化的文化产业，带动乡村人口就业和一方经济的增长。

"鹤庆银匠"劳务品牌的建立，对传承匠心、树立匠名、吸引匠人起到了积极的作用。以市场为导向，以美术工艺为基础，在银器制作、加工、销售上形成产业链，塑造品牌，打响产品知名度，产生辐射效应，集聚人才。走出了一条市场化运作、一体化服务、规模化输出的劳务品牌新路子。一个集劳动密集型和传统手工艺为一体的劳务品牌，正逐步形成并日趋完善。品牌的建立在整体上增强了鹤庆对外劳务输出的市场竞争力，增加了外出务工人员的经营性收入和工资性收入。[1]

大理历史文化积淀深厚，手工匠人众多，以传统技艺类、传统美术类、传统医药类为代表的传统手工艺资源较为富集，分布广泛。对传统手工艺是以保护其技艺的真实性、完整性和传承性为核心，借助生产、流通、销售等系列手段，将这部分非物质文化资源有效地转化为文化产品或文化服务，使传承人群从中受益，改善生活水平，最终自觉投入技艺传承的事业中去。生产性保护的过程即是推动非物质文化遗产融入现代社会的过程，通过坚持保护优先、利用服从保护的原则，对传统手工艺工艺流程和核心技艺进行有效传承，实现非物质文化遗产保护与区域经济社会的协调发展。

为推进非物质文化遗产资源的合理利用以及促进当地人口的经济发展，大理州积极探索非遗与旅游融合发展：一是重点挖掘大理丰富的传统技艺类非物质文化遗产。以白族扎染、鹤庆银器、剑川木雕、下关沱茶、刺绣、白族布扎等传统工艺项目为切入点和龙头，培育非遗特色产业。目前，大理市、剑川县、弥渡县、祥云县、云龙县等"非遗+公司+基地"的生产经营模式逐步形成，带动当地群众脱贫致富，成为地方旅游的新吸引点。二是在保护传承非遗、丰富群众文化生活的基础上，注重与村落保护、旅游发展、公共文化体系和"一带一路"建设的融合，大力发展非遗特色旅游，组织非遗品牌

---

① 叶传增. 技艺精湛 就业路宽［N］. 人民日报，2022-01-05（14）.

活动，培育非遗特色产业。推出了大理三月街民族节、剑川石宝山歌会、弥渡花灯艺术节等特色节庆文化活动。三是发掘整理了白族三道茶、彝族跳菜、下关沱茶制作技艺、彝族打歌、朱苦拉咖啡制作技艺、火腿制作技艺、银饰锻制技艺等一批非遗代表性项目融入旅游活动，营造丰富了大理州文化型旅游产业的内涵。四是在全州建成200多个非遗传习所、传习点、综合传习中心，建成2个国家级生产性保护示范基地，2个省级保护传承基地。这些传习点和基地多数分布在全州广大农村，日常承担了传习培训、展示宣传的功能。同时，伴随近年来研学体验的热潮，每逢节庆和寒暑期，传习所和基地都会迎来大批游客，以沉浸式的参与体验，来感受大理民间传统文化的美感。大理白族调、土陶制作技艺、白族布扎、白族服饰、面塑、刺绣等传习所每年均会接待上门学艺的游客，成为正式学徒后接受系统专业的教学培训，有力带动了大理乡村旅游的探索发展。而仅白族扎染技艺和剑川木雕两个国家级生产性示范基地，年均游客接待量达到26万人次，同时作为高校教学实习实训基地，平均每年接待56所高校3000多名师生的调研学习，为大理民间传统工艺的传播传承做了积极努力。五是建成大理州非遗博物馆、璞真白族扎染博物馆、云龙白族吹吹腔博物馆等非遗主题博物馆，通过系统收集、整理、展出精品实物，举办活态展演、组织互动体验，成为乡村旅游的新亮点。六是研发了白族布扎、剑川黑陶、白族瓦猫、鹤庆银器等一大批具有非遗特色的文创产品、衍生品投入民宿、度假区、景区等休闲社交场所，实现大理传统手工艺、非遗产品、文创产品在供需渠道上的对接，广受游客喜爱。

2017年11月11日，大理传统工艺工作站在大理州非物质文化遗产保护中心正式挂牌成立，下设大理、剑川、鹤庆三个基地。以白族扎染技艺、剑川木雕、鹤庆银器锻制技艺为代表的国家级非遗代表性项目，积极与中央美术学院、云南艺术学院、英国哈勒姆大学等合作，进行产品项目研究与研发、技术改良，对传统工艺进行了创造性转化、创新性发展的探索。新华村、周城村、甸南村等地困难群众在基地的带动下，积极参与技能培训，通过"非遗+公司+基地+农户"的模式，在家门口实现了就业，通过传承祖辈留下来的精湛手工艺，实现自身的脱贫致富。据不完全统计，大理传统工艺工作站自 2017 年建站以来，大理、剑川、鹤庆三个基地直接带动周围农村近万人就业脱贫，已累计创造了 8300 多万元产值。基地还与残联和人社部门积极合作，面向残疾人群体、边疆少数民族群体展开对口帮扶，请代表性传承人授课，培训他们掌握一技之长。

剑川基地建有兴艺木雕文化有限公司。骨干技师们在剑川木雕国家级代表性传承人段四兴带领之下，三进独龙江，手把手教授零基础的贡山县各族群众传统手工木雕技能，从选料、打磨到设计、雕刻，毫无保留地传授给参训学员。实现就地取材、掌握技艺、家乡就业的"非遗+脱贫"三部曲，用自己勤劳的双手雕刻独龙江畔村村寨寨的幸福生活。企业在贡山县累计培训独龙族、怒族、藏族、傈僳族学员 200 多人，每年创造近 300 万元的经济总量，惠及怒江州贡山县各族群众。依托旅游文化、生物资源、木器石雕、民族文化等优势资源，引进一批大中型企业到剑川投资兴业，实施好"沪企入剑"。木雕成了富民增收的一项惠民大产业。

引导文化资源向基层倾斜，引导文化生产要素优化整合，加快建设白族文化研究中心、白族风情实景演艺剧场、白族农耕文化体验等项目，推动双廊、喜洲向高端文化创意小镇转型，努力打造一批艺术、民族、文化相结合的优势文化创意新业态。实施文化精品工程，加强文物文献文史工作，建设伙山艺术家村等一批文化名家工作室，促进民间文化社团发展，围绕民族历史和本土现实题材，推出一批讲述大理故事、传播大理声音的精品力作，不断提高大理文化影响力，努力建设"艺术之都、文化之城"。①

### 三、培养非遗传承人及梯队建设

一是注重"选育"，壮大本土"非遗"人才队伍。

以传统工艺振兴为抓手，发挥民族地区和深度贫困地区传统工艺项目潜力，变"软实力"为"硬支撑"。建设传统工艺工作站，紧紧围绕木雕、布扎、石雕等传统工艺，探索创新"企业+传习所（基地）+贫困户"文化扶贫模式，带动贫困群众技艺创新、就近就业、增收致富。加强对非遗传承人的

---

① 大理市人民政府. 大理市政府工作报告 2019 年工作建议 ［R/OL］. 大理人民政府官网，2019-03-12.

管理，与传承人签订传承责任状，组织专人对各级非遗传承人传承情况进行督查，并于年底进行考核，充分发挥传承人的作用。加大对非遗人才队伍的支持帮助力度，出台相关《名匠评选实施办法》，评选出名匠，成立企业名匠工作室，由名匠带头负责，分领域、分片区走村入户开展技能培训。

二是注重"搭台"，让技能人才有授艺"舞台"。

结合大理州的产业布局，按照发挥特长、就近工作、带动能力强的原则，积极为乡土人才发挥作用搭建平台。建立木雕文化园区、石雕文化园，建设木雕旅游小镇，组建专业人才合作社、协会；成立木雕、石雕等生产加工销售公司，成立民俗音乐、民俗歌会、白族布扎、石雕等传习所，充分发挥传习所的积极作用，引导、鼓励传习所开展各类非遗项目的传承、保护、宣传等工作，组织布扎、木雕、石雕、白曲、阿吒力民俗音乐培训班，举办非遗艺术博览会暨非遗文化节，组织非遗传承人开展旅游产品创意雕刻大赛、传统古建筑艺术成果展、民间绝活技艺展示等系列活动。

三是注重"带动"，引导人才在脱贫攻坚一线顶干。

在大理州开展"人才顶在脱贫攻坚一线、干在脱贫攻坚难处"脱贫带富行动。立足州情，依托木雕、石雕、布扎、土陶等优势非遗项目，整合行业、专项、社会、金融、对口帮扶等各类扶贫资金，组织实施"一村一品"工程，培育壮大木雕、石雕、布扎、刺绣、土陶等特色文化产业，辐射带动贫困群众增收致富。鼓励支持贫困群众以入股文化产业合作社、龙头企业、集体组织等形式，完善"企业+基地+贫困户""企业+合作社+贫困户"模式，加快推进文化旅游基础设施建设，推动旅游与当地特色农产业、手工艺品融合，旅游业与美丽乡村、特色小镇建设、精准扶贫等融合发展，形成扶贫就业、产业发展和文化振兴的多赢格局。依托非遗艺术团、非遗传承人等组建的"白曲宣讲团"，围绕宣讲习近平新时代中国特色社会主义思想，创作白曲、小品等精品节目，在州内进行白曲宣讲。通过走出去和请进来的方式组织开展美术工艺、工匠技艺、农村实用技术等方面的专题培训，为本土人才和基层群众分类开展订单式培训、定向培训，提升本土人才"吸优"和"传技"的能力。成立大理传统工艺工作站基地，着力加强青少年非遗传承弟子培养，开展非遗进校园进课堂活动，传承后劲不断增强。

四是注重"创新"，焕发非遗产业强大生机。

积极探索"非遗+"模式，大力促进非遗文化融入现代生活，进而助推非遗文化产业升级发展，实现民族文化传承由"输血"向"造血"转变，让传承千年的文化遗产为脱贫致富带来新生机，助力脱贫攻坚。创新"非遗+文旅"模式，在沙溪兴教寺内打造匠心手作馆、阿吒力民俗音乐展馆，在工作站设置非遗展，计划在剑川古城内通过与依文集团合作打造剑川古城茶马古道乡愁街，通过搭建线下展示和体验非遗文化平台，提升文化内涵和品质。探索"非遗+文创"，开展特色农副产品和文化旅游小商品包装设计，推出乳饼、稗子酒、黑陶等产品的新包装。通过与中央美术学院合作，成功研制出首款土陶烧烤盘和首套黑陶"甲马"，拓展剑川传统工艺新种类。举办剑川县"手工剑川·走进生活"旅游商品创意大赛，推出的木雕果盘、布扎生肖小件等20多件作品大批制作并在市场上畅销。①

## 四、新媒体技术运用

首先，推动非遗生产与经营创新。

"内容+电商"已成为互联网平台主流的商业模式，近年来"直播+非遗+电商""直播+非遗+综艺"等新媒体运营模式具有吸引年轻人的天然优势，迎合了年轻人的文化消费习惯和媒介使用方式，搭建了非遗与年轻人联系的桥梁，大大提升了非遗的知名度。

第一，重视非遗垂直细分领域的深耕细作，强化内容运营，挖掘非遗文化内涵，重视人文表达，加强对非遗项目人物故事、项目渊源、价值、观念和仪规等内涵的挖掘与传播。

第二，提升非遗传播的互动性和趣味性，充分利用非遗项目的奇特性、趣味性等特征，通过非遗话题制造、非遗新媒体创新创意大赛等形式，变被动传播为主动传播，鼓励用户通过"非遗+直播""非遗 VLOG""非遗小游戏""非遗小程序"等形式创造更多的可能，实现由"蹭流量"向"制造流量"转变。②

---

① 非遗之花绽放在剑川脱贫攻坚一线［EB/OL］.云南网，2020-04-21.
② 杜颖.非遗助力乡村振兴的多维体系建构［N］.中国社会科学报，2023-03-01（8）.

第三，提高非遗资源创造性转化、创新性发展的智能创作能力。充分捕捉非遗受众的兴趣、审美偏好、价值取向和消费能力等个性化特征，通过大数据勾画出不同受众的文化需求，采用"算法决策+非遗场景式"的创作模式，创作出符合受众审美偏好、能引起受众精神和情感共鸣的非遗作品。①

2021年是中国巩固拓展脱贫攻坚成果同乡村振兴有效衔接的起步之年，值此之际，世界旅游联盟联合世界银行和中国国际扶贫中心开启旅游助力乡村振兴新篇章，共同发布《2021世界旅游联盟：旅游助力乡村振兴案例》。世界旅游联盟联合中国国际扶贫中心和世界银行，多渠道向社会各界征集了120个相关案例，并根据可量化的效果、创新性、可复制性、积极的社会影响、可持续性等标准，最终确定了全国31个省区市的50个典型案例并集结成册，形成了著作《2021世界旅游联盟：旅游助力乡村振兴案例》。沙溪镇着力打造具备智慧化、数字化服务的景区：运用大数据、云计算、物联网、AI技术等，进行了数字化沙溪建设，推出了"沙溪行囊"小程序，打造了刷脸智慧民宿，运用5G+AR的技术还原了非物质文化遗产——白族乡戏。② 工艺创新，技艺融合，鹤庆银器产品创新与时俱进。搭载"互联网"，创新销售渠道，通过电商和直播销售，精美银器产品更快、更广地赢得消费者，在"互联网"中探寻致富路，在银器销售的"加速度"中迎来了美丽蝶变。③

其次，创新非遗传播方式。

新媒体是新的技术支撑体系下出现的媒体形态，被称为"第五媒体"，其互动性强、传播精准度高，但同时也存在着传播议题分散、系列化水平不高等现象，需要从传播媒介、传播对象和传播展示形态等方面进行全面创新。第一，充分利用5G技术，把短视频、直播等新媒体和报刊图书、电视电影、演艺舞台等传统媒体相互融合，形成多层次覆盖、全方位联通、多角度展示的立体融媒体传播体系，坚持政府引导、市场主导，以"官媒+自媒体"的形

① 马锁霞.非物质文化遗产助力乡村振兴体系建设探析［J］.产业创新研究，2022（5）：42.
② 大理乡村振兴.大理一地入选《2021世界旅游联盟：旅游助力乡村振兴案例》［EB/OL］.大理文旅，2021-11-11.
③ 李艳娟，李镜泷，张炳全.云南鹤庆新华银器小镇敲出交往交流交融新乐章［EB/OL］.中国网，2023-05-06.

式建立多区域、多层级的传播矩阵，重点吸引社会大众力量形成非遗传播合力。第二，立足于新媒体传播互动性、整合性、多元性的优势，兼顾传播者、信息、媒体、受众和效果五个传播要素，充分发挥社交网络媒体的主阵地作用，建立以非遗类别为横向轴，以数字电视、数字电影、微博、微信、短视频、直播、云游戏、小程序等媒体类型为纵向轴的传播矩阵，对非遗十大类型进行专题式、系列化传播。第三，拓展非遗新媒体传播形式，利用社交平台改变受众单向、被动接收信息的现状，推动传播主体由单一化组织向多元化转变，被动接收向人际、群体、组织和大众传播的多元整合转变与升级，从过去提供单一场景的标准化内容向满足受众从不同场景、不同情境中获取个性化内容转变，实现人际、群体、组织和大众传播的共振效果。第四，夯实我国非遗传播的互鉴路径，构建非遗海外传播网络，积极开展以非遗为主题的对我国港澳台以及对国外交流传播的活动，打造"国内传播+国际传播"的新媒体矩阵，提升非遗的国际传播力与影响力。①

## 第四节　青出于蓝 布里生花——璞真扎染助力乡村振兴

党的二十大报告提出，要加大文物和文化遗产的保护力度。要全面推进乡村振兴，扎实推动乡村产业、人才、文化、生态、组织振兴。要发展乡村特色产业，拓宽农民增收致富渠道。近年来，大理市农村特色产业发展蹄疾步稳，"一县一业""一镇一特""一村一品"的格局逐步形成，果蔬、中药材、乳业等特色产业优势日益彰显。在大理，一幅产业旺、文化兴、百姓富的乡村振兴图景正在全面展开。

苍山一片雪，洱海无尽蓝，这是云南大理的标志性风景。而居住在大理的白族人民，用一项流传千年的技艺，将纯净的白和温润的蓝结合得美妙动人。"苍山十九峰，峰峰有水；大理三千户，户户织布，家家有染缸。"在大理古城往北23千米的周城村里，白族老人们正穿针走线，在布上细细扎花，

---

① 马锁霞. 非物质文化遗产助力乡村振兴体系建设探析［J］. 产业创新研究，2022（5）：42.

这是白族古法"扎染"的重要步骤之一。千百年来,扎染的蓝与白,早已浸润成白族人生活的底色。2006年,白族扎染技艺被列入第一批国家级非物质文化遗产保护名录。

扎染,是流传于云南大理白族民众中的一种古老染织技艺,以白棉布为原料,天然植物为染料,通过扎花、浸染、漂洗等工艺制作而成。位于大理市喜洲镇的周城村更是拥有"白族扎染之乡"的美誉,扎染曾是这里家家户户都会的传统手艺。

璞真白族扎染博物馆是中国第一个白族扎染博物馆,博物馆由白族民居建筑"三坊一照壁""四合五天井""扎染源流""扎染世家""精品展示""繁花似锦""扎染体验馆"等构成基本陈列,游客可以进行参观休闲、学习体验、技艺培训、学术交流、文创产品研发销售。博物馆在保护传承扎染技艺、促进大理旅游事业和经济社会的发展等多方面发挥了积极作用。2014年,璞真白族染坊被命名为国家级生产性保护示范基地,2016年被命名为云南省非物质文化遗产保护示范基地,2017年被命名为国家级"大理传统工艺工作站大理基地"。2016年大理州命名段树坤为扎染传承人,2018年段银开被命名为国家级白族扎染技艺代表性传承人。

走进位于云南省大理白族自治州大理市喜洲镇周城村的璞真白族扎染博物馆,天空仿佛在这里幻化成了一种新的颜色:那是一种轻盈的、美丽的色彩,是飘扬在空中与蓝天白云混为一色的扎染布的颜色,是大理人最爱的"大理蓝"的颜色。500年前,周城段氏的先祖创建了璞真染坊。在悠久的历史长河中,染坊几经起落,风雨飘摇。改革开放后,染坊才得以恢复。随着国家对非物质文化遗产的保护,白族扎染技艺列入了国家非物质文化遗产保护名录。为了进一步发展扎染事业,在璞真综艺染坊的基础上,2015年5月,注册了大理市璞真白族扎染有限公司,法定代表人为段氏传人段树坤。此外,还建成了建筑面积达1970多平方米的白族扎染博物馆,为弘扬民族文化、传承扎染技艺搭建了一个更具品位的平台。

璞真扎染在继承优秀传统技艺的同时,积极研发能满足市场需求的各类产品。目前,拥有的产品大致分为以下系列:男女服装系列、床单系列、桌布系列、窗帘系列、壁挂系列、扎染包系列、餐巾杯垫系列、扎染匹布等。

此外，璞真扎染充分利用"国家级非物质文化遗产白族扎染技艺生产性保护示范基地"和白族扎染博物馆的平台，为游客提供博物馆参观、扎染体验等具有民族特色的旅游项目。

段树坤生长在大理市喜洲镇周城村的一个白族扎染世家，从小在家庭耳濡目染的影响下，对扎染产生了浓厚的兴趣。在父母亲的悉心教授下，他15岁时就掌握了扎染的基本技能。1989年，段树坤进入原周城扎染厂工作。由于当时的工资比较低，干一天也就二三十块钱，低微的收入对于已是一个孩子父亲的段树坤来说，维持家庭生活都十分困难。当时段树坤家有80多岁的奶奶，母亲在他成家一年后突发心脏病与世长辞，两个弟弟尚未成年，作为长子的他义不容辞地担当起了家庭生活的重担。为了生存和发展，1999年，段树坤毅然辞掉了扎染厂的工作，拿出家里千辛万苦积攒的2000多元钱，恢复了祖上创建的"璞真扎染坊"。夜晚设计绘图制模板印花，白天浸染姐妹们扎好的布，夜以继日地干，虽然收入较在工厂里高得多，但仍然没有从根本上摆脱家庭的困境。段树坤是一个思想比较活跃开明的人，他经过反复的思考和长期的市场调查，得出扎染要赢得市场，必须走创新扎花技艺和产品款式的路，来满足不同人群的需求的基本结论。从而，他反复地探索和研究，在继承了他和妻子段银开两个家庭优秀传统扎花技艺的基础上，抓住扎花是扎染流程中的关键环节，抢救、挖掘、整理、新创扎花针法和扎法达30多种，创新了多层次染色工艺，首次在市场上推出了多种扎法和多层次染色，以及比较时尚的服饰和制品，新产品的推出赢得了市场，在很长一段时间内，到璞真扎染坊批发扎染服装和制品的顾客呈排队之状，有的客人为几天批不到扎染服饰还与他置气。通过几年的艰苦努力，他捞到了人生中的"第一桶金"，为发展扎染事业奠定了一定的经济基础。2008年，当时已停厂多年的原周城民族扎染厂要改制转让。段树坤与爱人商量，要做大扎染事业，买下民族扎染厂是个难得的机遇，虽然现在资金有困难，可以把仅有的房产做抵押向银行贷款。只要规模扩大了，生产经营得好，偿还借贷不会有什么困难，也不会影响到家庭生活。在他妻子还没想清楚的时候，段树坤就匆匆赶到周城，经过几天的谈判，最终以295万元买下了原周城扎染厂。买下扎染厂后，段树坤将原来的染坊搬到了厂里。这时家里能用于扎染生产的周转资金已经没有了，市场也发生了很大变化，原来十分畅销的扎染制品处于停滞状态，经济收入急剧下降，工人的工资也不能按时发放，银行还贷一天天在催，家里抱怨声不断，一度让段树坤束手无策。如何更好地使用占地四亩多的场地，是按部就班从事扎染生产销售呢，还是寻找一条新的发展路子？这些问题在段树坤脑袋里困扰了几年。直到2012年，他认识到白族扎染技艺是国家级非物质文化遗产，夫妻二人是州级、省级白族扎染代表性传承人，自己还是共产党员，弘扬民族文化、传承扎染技艺是传承人的基本职责。为此，他决定克服经济的暂时困难改造陈旧简陋的厂房，建盖白族扎染博物馆。2012年年底，经多方筹集资金近400万元，建起了具有白族民居建筑特色的"三坊一照壁""四合五天井"院落，收集、整理、挖掘、抢救几近失传的传统图样1800多张、模板3600多块、传统扎染品700多件，使这一大批珍贵藏品得到很好的保护和保存。

建立白族扎染博物馆，起初只是段树坤的一个朴素的想法，对于如何定位博物馆的性质，如何进行陈列展览、内容设计及办理博物馆的相关手续等，可以说全然不知。直到2015年，他聘请了曾在大理市从事文博工作30多年的张绅老师，帮助打造博物馆。在完成白族扎染博物馆的性质定位和《陈列展览大纲》编写、馆藏物品整理、陈列展览内容设计和申报资料等之后，于2015年3月，在原注册的"璞真扎染坊"基础上，注册了"大理市璞真白族扎染有限公司"，同年5月，经云南省文物局备案批准，开办了璞真白族扎染博物馆，并按《陈列展览大纲》确定的"扎染源流""扎染世家""珍品展示""繁花似锦""琳琅满目""活态体验展示"等篇章进行精心设计和布展。在张绅老师的精心策划下，璞真白族扎染有限公司把静态展示的白族扎染博物馆作为旅游参观的平台，将活态扎染体验与之紧密地结合在一起，推向旅游市场，以达到丰富旅游文化内涵、促进非物质文化遗产的保护传承、拓展白族扎染销售渠道、促进经济社会发展的目的。

2015年年底，一个集国家级白族扎染生产性保护示范基地和独具民族特色的扎染技艺为一体的中国第一个白族扎染博物馆正式建成，为大理增添了一个有浓郁民族文化特点的旅游景点。大理璞真白族扎染博物馆占地5000多平方米，建筑面积1970平方米，由白族民居建筑"三坊一照壁""四合五天

井""扎染源流""扎染世家""精品展示""繁花似锦""扎染体验馆"等构
成基本陈列。此外,扎染学习体验、技艺传授、扎染学术研讨、对外交流和
扎染旅游商品销售是博物馆开展的业务范围之一。目前,璞真白族扎染博物
馆已成为云南民族大学、昆明理工大学、云南艺术学院、大理大学等省内高
校实习实训基地和怡美国际旅游集团的研学社。自博物馆对外开放以来,每
年接待游客参观体验,为社会提供就业岗位,使保护传承发展扎染事业有了
一定的经济保障,对当地的经济社会和旅游业的发展起到了一定的推动和促
进作用。

段树坤的妻子段银开,从小生长在云南大理喜洲镇周城村白族扎染世家,
在奶奶和母亲的指导下,五六岁就学会了一般的扎花技术,12 岁时就掌握了
扎染的基本技能,1989 年以熟练工人的身份进入周城民族扎染厂工作至今,
一直从事扎染工作。她与同是扎染世家的丈夫结为伴侣,并在继承两个家庭
优秀传统扎花技艺的基础上,抢救、挖掘、整理、新创扎花针法和扎法达 30
多种,极大地丰富了花色的纹样,促进了扎染事业的发展。2009 年,段银开
被大理州人民政府命名为白族扎染技艺代表性传承人,2010 年 6 月被云南省
文化厅、云南省民宗局命名为扎染代表性传承人,2015 年被命名为"大理州
民间艺术大师"、云南省百名民族民间传统文化突出人才,2016 年 3 月被评为
云南省"工艺美术大师"。自命名为省级传承人至今,段银开在大理市举办扎
染培训班 13 期,培训 198 人次,并接待来自深圳、广州、昆明、北京、上
海、新加坡等国内外大中小学生学习体验扎染近千人次。段银开通过参与
"海峡两岸非物质文化精品展""第三届中国非物质文化遗产博览会""丝绸
之路国际博览会"等多形式多层次的展示,扩大了对扎染的宣传。由段银开
扎染制作的"飞天""杨枝观音""福禄寿喜"等壁挂,在展示评奖中获得过
多项金奖和银奖。其中"杨枝观音""飞天""奔牛图"壁挂作为珍藏品被云
南省博物馆、大理市档案馆收藏,"奔牛图"被国家工艺美术馆收藏。目前,
夫妇二人多方筹集资金 800 万元,收购了与璞真白族扎染博物馆毗邻停厂多
年的原周城奶粉厂,规划进一步完善扎染博物馆,扩建扎染学习传承体验馆、
建立非物质文化遗产代表性传承人大师馆,为进一步继承和创新扎染技艺,
设置白族扎染保护传承研发部、建立民族民俗文化演绎区,扩大板蓝根种植

基地，使其成为既满足扎染染料的来源，又成为参观"璞真白族扎染园"的一道园林绿化景观。现已经完成了改扩建项目建议书的编制，计划投入3000余万元资金，力图把"璞真白族扎染博物馆"和"白族扎染生产性保护示范基地"一并打造成为独具民族文化特色的3A级旅游景点，以创造更多的就业岗位，让从事扎染事业的人得到更多的实惠，让扎染技艺的保护与传承变成更多人的自觉行动，从而达到保护利用与传承发展、带动地方经济发展的目的。①

璞真扎染，让周城当地人民加入非物质文化遗产的保护传承与利用中来，在此过程中，增加了自己的收入，实现了在家门口就业的愿景。璞真扎染给很多的人带来了希望，在促进大理地区乡村振兴过程中发挥了重要的作用。

## 小　结

文化振兴作为乡村振兴的重要内容和有力支撑，也是乡村振兴的灵魂工程。实施乡村文化振兴战略，关键就是要让乡村文化建设真正融入农民的日常生活之中，使之成为日用而自觉、成风而化俗的日常道德、行为方式，而非架空在村民之上的"文化形式主义"。习近平总书记强调，"要让活态的乡土文化传下去，深入挖掘民间艺术、戏曲曲艺、手工技艺、民族服饰、民俗活动等非物质文化遗产。要把保护传承和开发利用有机结合起来，把我国农耕文明优秀遗产和现代文明要素结合起来，赋予新的时代内涵"②。以非遗赋能乡村文化振兴，既可以在非遗传承与创新中彰显中华优秀传统文化的勃勃生机，也可以在资源挖掘与利用中激发乡村振兴的内生动力，是以中国式现代化全面推进"三农"问题解决的重要选择。

乡村文化振兴是一项需要多方推进，惠及广大农民却又极其复杂且耗时

---

① 段氏家族．段氏传家宝：非物质文化遗产大理璞真扎染［EB/OL］．段氏家族微信公众号，2020-06-09.
② 中共中央党史和文献研究院．十九大以来重要文献选编：上［M］．北京：中央文献出版社，2019：151.

长的工程，既需要在中国共产党的领导下做好顶层设计，又需要从基层着手，发挥非遗的文化效能，推动农民自主参与到非遗的保护与传承当中，由点及面，自觉担负起乡村文化振兴的时代重任，让非遗既能引领乡村精神文明建设，又能作为乡村文化建设载体赋能乡村文化振兴，更好满足人民群众的精神、文化需求。非遗赋能是适合中国国情、具有中国特色的乡村文化振兴之路，也是推进中国乡村现代化的合理选择。

实现中国式乡村文化振兴不仅需要借鉴前人经验，更需要充分考虑国情，做出中国式现代化选择，因地制宜进行科学规划，走中国式乡村文化振兴道路。非遗既是社会历史的见证也是感情联结的纽带，乡村民间文化是其精神根脉，文化人本主义是其基础内核，中华优秀传统文化是其重要源泉。非遗赋能中国式乡村文化振兴的过程还存在乡村文化主体力量单薄、文化服务乏力、非遗专业人才缺乏及文化资源利用不足的问题。在提升文化主体自信、加强规划精准服务、培育人才建设梯队、文旅融合创新发展等方面着力，将有力推动非遗赋能乡村文化振兴。

第三章

# 大理文旅融合助力乡村振兴的实践

## 第一节 大理文旅融合的优势条件与创新探索

2022 年国务院印发的《"十四五"旅游业发展规划》提出,推动文旅融合发展,贯彻落实新发展理念,坚持文化和旅游融合发展,加快推进旅游业供给侧结构性改革,繁荣发展大众旅游,创新推动全域旅游。① 之后,文化和旅游部等六部门联合印发了《关于推动文化产业赋能乡村振兴的意见》②,明确了创意设计、文旅融合等 8 个文化产业赋能乡村振兴的重点领域。党的二十大报告进一步强调:"坚持以文塑旅、以旅彰文,推进文化和旅游深度融合发展。"因此,文化产业与旅游产业的进一步融合,不仅彰显着人们对于美好生活与精神文明的更高层次追求,也体现着乡村文化振兴与文旅交融的必要性、必然性。③

大理是习近平总书记誉为"记得住乡愁""舍不得离开的地方"。④ 文旅融合是大理对外开放最亮丽的一张名片,也是大理最具发展潜力的新兴产业。

① 国务院关于印发"十四五"旅游业发展规划的通知 [J]. 中华人民共和国国务院公报, 2022 (5): 28-46.

② 沈啸,杨丽敏. 文化和旅游部等六部门印发《关于推动文化产业赋能乡村振兴的意见》 [N]. 中国旅游报, 2022-04-07 (1).

③ 张祝平. 文旅融合赋能乡村文化振兴:目标定位、逻辑理路与路径选择 [J]. 艺术百家, 2023, 39 (2): 58-65.

④ 云南大理以文化为引领 促进文化旅游融合发展 [EB/OL]. 中华人民共和国文化和旅游部, 2018-11-19.

大理州牢记习近平总书记嘱托，立足自然生态、历史、人文、民族风情和谐共存的资源优势，坚持"文化立州""旅游兴州"发展战略，着力打好文化牌，将文化旅游产业纳入全州六大重点产业之一，给予重点扶持和发展，在文化与旅游融合发展方面积极探索。近年来，大理结合自身发展优势，整合多方面的资源，立足多层次、多视角、多领域综合探索发展路径，将文化与旅游深度结合，与其他产业协同发展，通过采取抓强项补短板的模式，有效地促进了大理的繁荣发展，取得了全州 11 个贫困县、34 个贫困乡镇、541 个贫困乡村全部脱贫的好成绩。① 面对文旅发展的新形势、新特征，立足新发展阶段、坚持新发展理念、构建新发展格局，以改革创新为动力，加大优秀文艺作品、优秀文化产品和优质旅游产品开发建设，从而实现乡村振兴的全面发展。

### 一、大理文旅融合的优势条件

一是文旅资源丰富多样。

大理历史文化悠久，依靠其得天独厚的自然资源、独特的人文风情、优越的地理位置，旅游资源丰富独特，集自然之美、历史之韵、人文之情"三位一体"，素有"文献名邦""高原明珠""东方瑞士"之美誉，成了享誉中外的旅游度假胜地，拥有"国家历史文化名城""国家级风景名胜区""国家级自然保护区""中国优秀旅游城市""最佳中国魅力城市""中国十佳休闲旅游城市""国家全域旅游示范区""国家级旅游业改革创新先行区"等众多国家级旅游名片，旅游人次逐年增加，整个产业发展态势良好，已经成为大理支柱性产业，对大理的发展至关重要。

目前大理州共有 36 个国家 A 级旅游景区，130 多处风景名胜，其中 5A 级旅游景区 1 个，4A 级旅游景区 18 个，3A 级旅游景区 16 个，2A 级旅游景区 1 个，114 个中国传统村落，3 个国家级历史文化名城，3 个国家级自然保护区，5 个国家级森林公园。大理崇圣寺三塔文化旅游区让游客了解三塔的文化、大理的历史；张家花园景区通过"三坊一照壁"白族民居、大本曲、三

---

① 杨一薇．砥砺奋进的五年　大理脱贫攻坚硕果累累［N］．大理日报，2020-10-15（1）.

道茶表演等方式，让游客领略白族建筑文化；蝴蝶泉景区将"阿鹏金花"的白族爱情故事，开放式供游客体验共享；喜洲古镇的商帮文化、双廊古镇的白族民居，这些独具大理文化特色的地域已逐渐成为新的大理旅游目的地。已建成 16 个特色小镇，国际一流和全国一流特色小镇分别为 2 个，大理星级酒店超过 80 家，拥有上千家的民俗客栈。丰富的旅游资源为大理提供了强劲的经济动力，推动了第三产业的发展，同时解决了当地人口的就业问题，间接地加速了大理"乡村振兴"战略的步伐。

二是文旅项目支撑有力。

大理围绕打造"世界级田园综合体、中国最美乡愁带"，坚持"保护第一、生态第一、活化第一"规划原则，定位"风花雪月大家园、乡愁中国新画卷"，启动洱海海西国家级乡村振兴示范园、喜洲田园综合体创建，完成示范园总规及田园综合体概念策划与总体规划，整合项目资金统筹推进示范园项目建设，启动凤阳邑、沙栗木庄、中和邑 3 个重点示范村建设，打造特色亮点。制订《2022 年大理市乡村振兴"个十百"示范工程建设实施方案》，按照"先建后补、以奖代补"的原则，以海西片区为重点，启动了喜洲乡村振兴示范镇、3 个精品村、21 个美丽村庄（省级美丽村庄 15 个、州级美丽村庄 3 个、市级美丽村庄 3 个）创建工作。

表 3-1  大理市在建 19 个文旅项目①

| 序号 | 乡镇 | 项目名称 | 位置 | 总投资（万元） |
|---|---|---|---|---|
| 1 | 大理镇 | 云南白药大理健康养生创意园 | 崇圣寺南侧 | 250000 |
| 2 | 大理镇 | 大理茶博院项目 | 大理镇阳和村 | 300000 |
| 3 | 大理镇 | 大理州大理古城基础设施提升改造项目（大理书院） | 大理镇玉局路 | 20300 |
| 4 | 大理镇 | 大理钜融城 | 感通别墅以东 | 200000 |

---

①  大理市在建 19 个文旅项目总投资 212.94 亿元 ［EB/OL］. 大理市人民政府官网，2021-11-17.

续表

| 序号 | 乡镇 | 项目名称 | 位置 | 总投资（万元） |
|---|---|---|---|---|
| 5 | 大理镇 | 大理论坛苍山国际度假村 | 大理镇上末村、清碧溪以南 | 600000 |
| 6 | 大理镇 | 大理苍海·云境旅游综合体 | 苍海高尔夫球场内 | 70000 |
| 7 | 大理镇 | 大理弘圣寺塔环境整治项目 | 弘圣寺塔 | 1100 |
| 8 | 大理镇 | 大埋土宫·苍山别苑、遗产酒店 | 天龙八部影视城以北 | 207485 |
| 9 | 大理镇 | 大理银水帝都密湾旅游文化项目 | 大丽路以西、甘家村以北 | 200000 |
| 10 | 太和街道 | 大理弃碗正念中心（心理康养项目） | 洱闽般滨村7组 | 3700 |
| 11 | 太和街道 | 太和城遗址公园项目 | 太和村村委会太四自然村 | 1200 |
| 12 | 双廊镇 | 双廊艺术小镇建设项目 | 双廊镇 | 100705 |
| 13 | 喜洲镇 | 蓝织馆 | 原老沙村村委会 | 1000 |
| 14 | 喜洲镇 | 喜洲镇庆洞村传统村落保护项目 | 喜洲镇庆洞村 | 1430 |
| 15 | 喜洲镇 | 喜洲镇赵府修缮及活化利用 | 大理旅游古镇开发有限公司 | 2300 |
| 16 | 凤仪镇 | 大理栖凤谷生态农场 | 大理市凤仪镇三哨村村委会羊四子小组 | 3480 |
| 17 | 凤仪镇 | 大理敬天窑土陶文化体验项目 | 大理市凤仪镇东山村村委会敬天社 | 500 |
| 18 | 银桥镇 | 大理银桥国际旅游度假养生项目 | 大理市银桥镇双阳村以西无为小区以北 | 164000 |

| 序号 | 乡镇 | 项目名称 | 位置 | 总投资（万元） |
|---|---|---|---|---|
| 19 | 银桥镇 | 大理木田养山酒店 | 大理市磻曲村 | 2200 |
| 合计 | | | | 2129400 |

大理市区域内在建的文旅项目有 19 个，总投资约 2129400 万元（约212.94 亿元）。项目主要分布在大理镇、双廊镇、喜洲镇、凤仪镇、银桥镇、太和街道。其中，大理镇区域有 9 个项目，太和街道区域内有 2 个项目，双廊镇为双廊艺术小镇项目，喜洲镇占 3 个项目，凤仪镇和银桥镇各占 2 个项目。作为传统的文旅项目聚集地，大理镇区域内文旅项目总开发用地约 2700多亩，总投资约 184 多亿元，占据大理市文旅市场近一半的比例，且多为重大项目，大多分布于苍山景观大道沿线。

大理茶博院项目，总体涵盖茶产业、酒店产业、康养产业等业态，具体包含大理茶博物馆、茶马古道文化展示馆、高端精品茶加工厂、六善酒店、康养中心等建设内容，是大理着力打造的"一带三道"中茶马古道子项目之一，也是大理的重点文化旅游项目。项目的启动，将助力大理茶文化传承和茶产业复兴，成为引领全省普洱茶产业和洱海流域产业转型发展的沪滇合作示范项目及大滇西旅游环线上的精品项目。

大理王宫文旅基础设施综合体项目，是由大理古城华侨城实业有限公司投资建设的云南全域旅游的重点项目。项目以"贯古通今，赋能大理，整合区域"为主要设计策略，拟打造一个大理古国·理想境界，形成独具地域特色的文旅综合体。整体规划方面，以古大理国王宫布局为根基，植入最具大理古国特色的文化元素及场景，建成后将与天龙八部影视城、苍山地质公园、地质博物馆、洗马潭索道一起共筑一个集自然、古国、武侠、市井于一体的世界级旅游度假地，同时提炼当代文化内涵，形成大理文化旅游新名片。

理想小镇智慧湾桥（丽思卡尔顿酒店）项目，是百悦（大理）旅游开发有限公司开发的文旅小镇，将把握在服务和融入大理市"两城一区"样板田、"漫步苍洱核心区"、"美丽湖区公园城市"目标定位中面临的新机遇、新优势，以生态旅游、观光农业、红色教育、民俗文化、农耕文化、乡愁文化等为核心，依托境内苍山国家步道、茶马古道、洱海生态廊道和茫涌溪、阳溪优质资源，在精品旅游线路打造、半山酒店建设上做积极探索，推动"生态+""旅游+"发展。此外，大理那山那海还将规划建设白族医药康疗项目、白族文化艺术展示园区、白族文化创意艺术街区、智慧花园等相关配套产业。作为与白族文化紧密结合而打造的大理文化旅游项目超级 IP，项目的落地将助力大理突破传统民俗文化旅游发展瓶颈和云南旅游文化业转型升级。

将南涧无量山樱花谷项目列为州级 4A 级景区创建储备名单，支持景区旅游设施提升改造前期经费 30 万元；2022 年补助支持弥渡县密祉镇永和村全国乡村旅游重点村创建、香山公园 3A 级景区创建项目前期、弥渡县红岩镇马厂箐生态停车场建设等经费 140 万元；支持漾濞石门关国家 4A 级景区旅游基础设施提升建设项目前期建设等经费 80 万元；支持云龙县诺邓景区旅游基础设施建设项目前期经费 40 万元；补助洱源县凤羽镇凤辉公园旅游公厕建设资金 20 万元；给予大理市喜洲镇喜洲村、鹤庆县草海镇罗伟邑村、弥渡县密祉镇永和村创建全国乡村旅游重点村创建资金 300 万元；奖补剑川县千狮山 4A 级景区成功创建以奖代补、沙溪·石宝山国家 5A 级旅游区项目前期、老君山片区旅游基础设施前期建设、剑川古城 3A 级景区基础设施建设等项目资金 510 万元。

三是文旅精品线路特色鲜明。

大理文旅行业全力拉伸文旅产业新链条，构建文旅多元融合发展新态势，培育市场发展新环境，一批文旅新产品、新业态、新模式纷纷涌现。旅游景区景点游、爱情游、乡村游、生态游、研学游、体育游等旅游新模式依托不同的载体悉数呈现，凸显了大理文化和旅游深度融合发展。

"南诏古国·体验文博"之旅乡村旅游线路入选国家文旅部第二批"四时好风光"乡村旅游精品线路。2022 年新增评定弥渡县红岩镇古城村小河淌水·白崖城景区、永平县龙门乡大坪坦村离天空最近的茶园景区、永平县龙街镇普渡村千年古核桃园梦里原乡·龙街十字口景区 3 个国家 3A 级景区（乡村旅游）；天龙八部影视城、大理市大理海洋世界和剑川木雕艺术小镇成功创建为国家 4A 级旅游景区；大理市古生村成功入选第四批全国乡村旅游重点村。推出 3 条红色旅游精品线路，"王复生王德三烈士纪念馆"讲解员王艳霞入选 2021 年全国红色旅游"五好"讲解员培养项目。鸡足山国家 5A 级景区创建稳步推进，白羊村遗址博物馆主体工程完工。宾川红色旅游线路被列为全省建党百年百条精品红色旅游线路，乔甸新庄村"大力发展红色旅游、助力乡村产业振兴"入选文旅部示范案例，"重走霞客路·鸡足灵山行"丛林穿越挑战赛荣获全省体育旅游精品赛事。

结合自然山水、文化资源等优势，通过拍摄主题宣传片，发布话题，评选打卡地，推出最佳爱情表白地图，举办"有一种生活叫大理"和"大理最佳爱情表白地"摄影大赛和短视频大赛等线下活动，打造"中国最佳爱情表白地"文旅新IP，推出29个"大理最佳爱情表白地"打卡点、5条告白路线。全州7条精品旅游线路被列入全省精品自驾旅游线路规划，规划设计州内60条旅游线路。依托大理旅游集散中心，开通58条景区直通车，建成43个景区直通车服务点，推动形成"景区互推、游客互送、信息共享"的全域旅游模式。推出3条"非遗+旅游"线路、10个"非遗+旅游"示范点，非遗与旅游深度融合发展。

**表3-2 1999—2022 年大理州旅游情况①**

| 年份 | 旅游总人数（万人次） | 海外游客（万人次） | 国内游客（万人次） | 总收入（万元） | 创外汇（万美元） |
|---|---|---|---|---|---|
| 1999 | 540.10 | 10.10 | 530.00 | 206893 | 1850.07 |
| 2000 | 525.00 | 10.00 | 515.00 | 221825 | 1999.72 |
| 2001 | 549.57 | 13.57 | 536.00 | 255614 | 2465.00 |
| 2002 | 596.00 | 14.50 | 582.00 | 284606 | 2827.95 |
| 2003 | 563.98 | 11.98 | 552.00 | 282766 | 2899.75 |
| 2004 | 604.57 | 13.58 | 590.99 | 331522 | 3501.73 |
| 2005 | 695.30 | 17.39 | 677.91 | 49.06 | 4327.57 |
| 2006 | 786.56 | 20.93 | 765.63 | 57.20 | 5705.76 |
| 2007 | 894.40 | 26.80 | 867.60 | 66.2 | 7366.40 |
| 2008 | 953.31 | 31.67 | 921.64 | 73.18 | 8719.64 |
| 2009 | 1141.22 | 35.30 | 1105.92 | 92.26 | 9983.90 |

① 数据来源：大理白族自治州 1999—2022 年国民经济和社会发展统计公报。

续表

| 年份 | 旅游总人数<br>（万人次） | 海外游客<br>（万人次） | 国内游客<br>（万人次） | 总收入<br>（万元） | 创外汇<br>（万美元） |
|---|---|---|---|---|---|
| 2010 | 1337.73 | 40.75 | 1296.98 | 115.0 | 12917.23 |
| 2011 | 1545.01 | 45.52 | 1499.49 | 138.41 | 15036.67 |
| 2012 | 1847.28 | 56.23 | 1791.05 | 195.36 | 21075.24 |
| 2013 | 2240.9 | 70.7 | 2170.2 | 248.9 | 29566.3 |
| 2014 | 2648.01 | 80.83 | 2567.18 | 322.93 | 37526 |
| 2015 | 2928.51 | 87.25 | 2841.26 | 388.4 | 45956 |
| 2016 | 3859.18 | 93.44 | 3765.74 | 534.58 | 51123.52 |
| 2017 | 4222 | 102 | 4120 | 647.75 | 51779.93 |
| 2018 | 4710 | 104.58 | 4605.42 | 795 | 65298.2 |
| 2019 | 5300 | / | / | 941.9 | / |
| 2020 | 3921.2 | 4.4 | 3916.8 | 604.6 | 3109.1 |
| 2021 | 4451.8 | 0.9 | 4450.9 | 539.5 | 424.5 |
| 2022 | 5693.6 | 2.0 | 5691.6 | 783.4 | 1037.3 |

**二、大理文旅融合的创新探索**

大理围绕"风花雪月·自在大理""原乡慢生活、梦想宜居地"主题，以融合发展为主线、以改革创新为动力、以高质量发展为目标，加大优秀文艺作品、优秀文化产品和优质旅游产品开发，努力建设名副其实的历史文化名城、国际旅游名城和大滇西旅游环线示范区，推动大理文旅产业转型升级和跨越发展，文化建设和旅游发展再上新台阶。

第一，文艺作品屡创佳绩。

党的十八大以来，大理共争取国家艺术基金立项资助项目7项，创作推出大型白剧《榆城圣母》《数西调》、原创民族歌舞集《家在大理》、大型花灯剧《山村·小河·月亮》《省委书记王德三》等155个剧目。《榆城圣母》囊括"云南省第十三届新剧目展演"戏剧类所设最高奖，上线"学习强国"平台并入选2019中国好戏网络展演优秀作品。白剧《数西调》荣获"第十六届中国文化艺术政府奖文华奖提名剧目"、第九届"云南文化精品工程"优秀作品奖、云南省第十四届新剧目展演新剧目大奖。花灯剧《省委书记王德三》代表全省参加 2019 年全国基层院团戏曲展演。大本曲《扶贫在路上》被评为"百团千队"红色文艺轻骑兵学习贯彻落实党的十九大精神活动优秀节目。白剧《种子》获得 2020 年国家剧本扶持工程支持。

杨丽萍大剧院建成并开演《阿鹏找金花》,大理州白剧传承展示中心建成投入使用。实施"白剧名家传艺工程"、白剧表演人才培养计划,剑川、洱源、鹤庆、云龙恢复成立艺术团,全州文艺人才队伍建设不断加强。结合建党 100 周年之际和党史学习教育,推荐上报《周保中将军颂》《英烈颂》《本色》《坚守初心再出发》等 6 首红色主题歌曲。"百年百部"白剧小戏《挂窗帘》排演、白剧《望夫云》复排,庆祝建党百年原创白剧《白子情怀》(暂名)排演,以及花灯剧《王德三》二次创作提升工作稳步推进。

围绕迎接宣传贯彻党的二十大精神这条主线,抓好文艺作品创作,首次与国家文艺院团合作的大型民族歌舞剧《七彩云霞》首演成功,新创白剧《苍洱回响》等文艺精品 75 个;白族大本曲《大理美食谱诗情》在第十二届中国曲艺"牡丹奖"全国曲艺大赛上荣获文学奖提名、节目奖入围;《古村新曲》等 5 个作品荣获云南省第五届群众文化"彩云奖";电影《你是我的一束光》在全国公映,反映乡村旅游的电视剧《去有风的地方》将从 2023 年 1 月 3 日起上映,大型历史正剧《盛唐南诏》开拍,大理文艺新高峰不断构筑。

第二,文化遗产焕发生机。

大理圆满完成洱海生态廊道建设、1806 小镇搬迁项目和洱海灌区项目等项目建设的考古调查发掘工作,完成《大理州滇缅公路抗战文物资源调查工作报告》,配合国家和省开展南亚廊道考古调查工作。统筹做好文物保护与活化利用工作,全年共争取到各级文物保护专项经费 3221 万元用于各类文物保护工程项目,完成了 26 个项目的文物调勘;目前全州各级文保单位达到 638 项,其中国保单位达 31 项,居全省第一。130 项革命文物被省文物局公布为第一批云南省不可移动革命文物名录,全州石窟寺专项调查工作圆满完成,组织完成 2022 年度 7 个可移动文物保护项目、4 个免费开放陈展项目立项申报。新增第七批州级文物保护单位 52 项。国家方志馆南方丝绸之路分馆开馆，共有备案博物馆、纪念馆 22 个，共举办陈列展览 156 次，参观人数近 130 万人次。64 个文保单位实现与旅游深度结合发展，作为博物馆 17 个、爱国主义教育基地 16 个、民宿宾馆 4 个，发挥了较好的经济社会效益。

大理太和城遗址、剑川西门街古建筑群、祥云水目寺塔等 10 个项目被列为"十三五"国家文化和自然遗产保护利用设施建设重点项目，争取到国家、省文物保护专项资金约 3 亿元。剑川县博物馆群基本建成，积极推进南方丝绸之路国家方志馆落地剑川县。全州备案注册博物馆（纪念馆）达 20 家。全州博物馆、纪念馆藏品数量达 68627 件（套）。

《大理白族自治州非物质文化遗产保护条例》于 2021 年正式施行，实现全州文化领域立法工作的"零的突破"。白族吹吹腔、大本曲入选第五批国家级非物质文化遗产代表性项目名录，新增第五批州级非遗代表性项目 101 项、传承人 154 人；全州各级非遗项目达 719 项，代表性传承人 2348 人。大理三月街、白族绕三灵、白族扎染技艺、白剧、白族民居彩绘、白族三道茶、大本曲、下关沱茶制作技艺已被列入国家级非物质文化遗产代表性项目。白族扎染、甲马、泥塑等非遗体验项目，以独有的大理文旅融合方式吸引游客参与到大理文化体验之中。

第三，旅游文化产业持续发展。

"十三五"期间，大理州先后实施 300 余个文旅项目，累计完成投资 200 多亿元，大理国际、实力希尔顿、维笙山海湾等高端酒店建成运营，大理书院、太和城遗址公园等一批新业态新项目稳步实施。全州 40 个半山酒店建设项目加快推进，打造了华纺 1958、变压工厂、剑川先锋书局等一批艺术创意基地（街区），杨丽萍大剧院、目的地婚礼等一批文旅融合新产品新业态不断涌现。依托璞真扎染、李小白银器工作室、董月畅黑陶、三道茶等非遗制作实践场所建设了一批安全适宜的中小学生研学旅行示范基地，打造"七彩云南·文脉之旅"非遗研学旅游线路，建设一批研学旅行示范基地，"大理州非遗进校园"入选全国十大优秀实践案例；其中，大理市璞真综艺染坊被文化部（现文化和旅游部）授予"国家级非物质文化遗产项目生产性保护示范基地"称号，每年接待参观体验游客近 20 万人次，销售额达 600 余万元。

多类别、多层面打造文旅品牌，积极创建"东亚文化之都"，大理州被列入第一批国家文化和旅游消费试点城市，大理市成功创建为国家级全域旅游示范区，大理古城创建为国家级旅游度假区。成功创建漾濞石门关、蝴蝶泉公园、天龙八部影视城等5个国家4A级景区，巍山东莲花、云龙诺邓、永平宝台山等5个国家3A级景区。大理市、剑川县创建为首批省级全域旅游示范区，巍山古城、喜洲古镇、双廊艺术小镇、沙溪古镇、鹤庆银都水乡创建为省级旅游度假区。大理市、巍山县被评为省级旅游特色县市，大理市、鹤庆县、宾川县被评为省级旅游强县，宾川县鸡足山、祥云县云南驿等11个乡镇被评为省级旅游名镇，大理市古生、巍山县东莲花等20个村被评为省级旅游名村。

充分发挥基层党建引领作用，完成第四批国家农村产业融合发展示范园、宾川红色海稍农业观光旅游开发公司作为全国红色旅游融合发展试点单位的申报工作；大理下关沱茶工业旅游区获评国家工业旅游示范基地，宾川鸡足山旅游开发有限公司入选第一批省级文明旅游示范单位，洱源温泉度假区被公示为省级旅游度假区，鹤庆新华银匠村文化产业园区等2个园区入选云南省第一批夜间文化和旅游消费集聚区，品牌引领不断强化。

第四，文旅品牌持续亮相。

加大宣传营销，组织开展"有一种生活叫大理""中国最佳爱情表白地"等系列IP宣传活动和"一月一县市·全域看大理"主题宣传采访活动，大理文旅融媒体中心全平台共发布稿件13168条，总阅读数达2.36亿次，"有一种生活叫大理"和"中国最佳爱情表白地大理"抖音话题播放量分别超63亿次和2.5亿次，在人民日报客户端、新华网、云报客户端等主流媒体以及百度、今日头条等自媒体全面推广，其中宣传报道"有一种生活叫大理"和"中国最佳爱情表白地"达1000余篇，进一步提升了大理旅游城市形象的知名度、美誉度，大理文旅综合传播指数位列全省文旅系统第一。

进一步深化"云南人游大理 大理人游大理"活动，开展2022年"三月街、五一"系列文旅营销推广活动，发放"购大理文旅惠民消费券"，推出面向国内、省内游客、州内居民及中高考考生等群体的景区分时段分区域门票减免或优惠政策等；深化沪滇合作，组织"侬好大理"首发体验团活动，全州所有A级旅游景区针对上海市浦东区、奉贤区游客推出免门票和八折活动。

以"风花雪月、自在大理"为品牌形象，不断开拓新航线和新市场，不间断深入全国重点客源城市开展旅游推介，举办伦敦"绣梦中国 风花雪月"依文·大理时装发布会，成功承办"第43次大湄公河次区域经济合作机制旅游工作组会议暨2019年湄公河旅游论坛"、云南省航空旅游市场推介会等国内外大型活动。

加快市场主体培育，为全州文旅企业争取各类奖补、贷款和减免补贴等资金约1.5亿元，扶持州内文旅企业纾困补助共1160万元，评选了30家"最佳旅游美宿"和9家"最受欢迎爱情表白地"新业态企业，共奖补654万元；新增文化市场经营单位24家、旅行社38家，全州19家旅游民宿新评定为国家丙级旅游民宿，新登记注册成立目的地婚礼分会……大理旅游市场复苏势头强劲，成为最世界旅行"2022最佳旅行地"、携程旅行年度10个"飙升目的地"之一。

## 第二节　大理乡村文旅融合的资源禀赋与短板

党的二十大报告提出，全面推进乡村振兴，坚持农业农村优先发展，巩固拓展脱贫攻坚成果，加快建设农业强国，扎实推动乡村产业、人才、文化、生态、组织振兴。① 2021年国务院发布的《"十四五"旅游业发展规划》明确指出，要健全乡村旅游政策体系、规范发展乡村旅游、深入挖掘和传承提升乡村优秀传统文化，促进乡村旅游业发展。② 大理州位于茶马古道和南方丝绸之路的交会点，在历史演变过程中，复杂的地理环境、社会环境和文化环境使白族乡村地区形成了多元融合的乡村文化，成就了大理白族鲜明而丰富的乡村文化旅游资源。③

① 习近平. 高举中国特色社会主义伟大旗帜 为全面建设社会主义现代化国家而团结奋斗：在中国共产党第二十次全国代表大会上的报告［N］. 人民日报，2022-10-17（2）.
② 国务院关于印发"十四五"旅游业发展规划的通知［J］. 中华人民共和国国务院公报，2022（5）：28-46.
③ 王崧蓉，刘扬. 文化基因视角下大理白族乡村文化保护传承与乡村旅游融合发展研究［J］. 农业与技术，2022，42（21）：127-131.

### 一、大理乡村文旅融合的资源禀赋

大理乡村文化资源丰富，地域特征明显，孕育了优秀而独特的乡村文化，从物质文化资源来看，苍山、洱海是大理自然地域环境的典型代表，大理白族在苍山下、洱海畔劳作发展；大理古城和喜洲古镇是大理最具代表性的白族民居建筑群；从布局上看是典型的"三坊一照壁"及"四合五天井"的白族庭院格局①；在绘画、雕塑艺术中，形成了扎染、铜银器制作、木雕、大理石加工、泥塑等几个具有代表性的工艺品类型；在饮食文化上，大理白族烹调技法受汉族菜和佛教寺院菜影响较深，著名菜点很多。从非物质文化资源来看，大理白族信奉巫师、本主、道教和佛教；在白族民歌中，最受群众喜爱而又流传最广的当属"白族调"，又称白曲，白族民间舞蹈今收集到74种；传统节庆活动很多，"三月街"千万人赶歌会的壮观景象，是白族民歌活动的缩影。这些复杂的自然生态环境、社会环境和文化环境等形成了大理地区丰富多样的传统民族文化资源。

第一，最美乡村、乡村文化和旅游能人。

大理依托宜居宜业和美乡村建设成果，组织开展了首届"乡愁大理·最美乡村"推选活动，挖掘乡村特色资源，进一步发挥好示范引领作用，聚焦打造最美乡村实践样本和乡村旅游新地标。

表3-3　大理州首届"乡愁大理·最美乡村"②

| 大理州各县市 | 最美乡村 |
| --- | --- |
| 大理市 | 太和街道刘官厂村（凤阳邑村） |
| | 湾桥镇中庄村（古生村） |
| | 喜洲镇喜洲村 |
| | 双廊镇双廊村 |

---

① 毕丽芳，薛华菊，王薇.大理、丽江民族文化旅游资源开发路径研究［J］.山西农业大学学报（社会科学版），2017，16（6）：56-62.

② 中共大理州委农村工作领导小组办公室关于公布大理州首届"乡愁大理 最美乡村"名单的通知［EB/OL］.大理州人民政府门户网站，2023-08-21.

续表

| 大理州各县市 | 最美乡村 |
|---|---|
| 剑川县 | 沙溪镇寺登村 |
| | 弥沙乡弥新村（弥井村） |
| | 羊岑乡杨家村（大佛殿村） |
| | 金华镇桑岭村 |
| 永平县 | 博南镇花桥村 |
| | 博南镇曲硐村 |
| 云龙县 | 诺邓镇诺邓村 |
| | 诺邓镇天池村 |
| | 宝丰乡宝丰村 |
| 宾川县 | 乔甸镇海稍村（新庄村） |
| | 鸡足山镇沙址村 |
| | 金牛镇柳家湾华侨社区 |
| 洱源县 | 茈碧湖镇海口村（梨园村） |
| | 凤羽镇江登村 |
| | 牛街乡牛街村 |
| 弥渡县 | 密祉镇永和村（文盛街村） |
| | 苴力镇雾本村 |
| | 红岩镇大营村（古城村） |
| 漾濞县 | 平坡镇向阳村（阿尼么村） |
| | 苍山西镇光明村 |
| 巍山县 | 南诏镇群力社区 |
| | 南诏镇新村 |
| 祥云县 | 云南驿镇云南驿社区 |
| | 禾甸镇大营社区（七宣村） |
| 鹤庆县 | 西邑镇奇峰村 |
| 南涧县 | 小湾东镇岔江村 |

首届"乡愁大理·最美乡村"推选活动"村PK",是大理宜居宜业和美乡村建设的鲜活成果,是"乡愁文化"传承弘扬的生动体现,带"活"了大理的美丽村庄、带"火"了大理的乡村旅游,在全省乃至全国打造出了"诗画苍洱·乡愁大理"的特色品牌。

2021年文化和旅游部办公厅发布《2021年度乡村文化和旅游能人支持项目入选人员名单》,全国共有488人入选,云南入选19人。其中,大理州李福明、董志明2人入选。李福明,鹤庆县草海镇罗伟邑村人,大理传统工艺工作站鹤庆基地负责人、高级工艺美术师、国家级鹤庆银器锻制技艺州级代表性传承人。曾获评"新生代工匠之星""大理州'苍洱霞光'技能名匠"等荣誉称号;工作室成为"国家级非物质文化遗产大理传统工艺工作站——鹤庆基地"等。① 董志明,剑川县甸南镇天马村人,剑川白族土陶制作技艺州级代表性技艺传承人、剑川县黑陶协会会长。② 培养一批思想政治素质优良、扎根乡村、乐于奉献、服务群众的乡村文化和旅游能人,充分发挥其在乡村振兴中的引领示范作用和骨干带动作用,加强人才队伍建设,为乡村振兴提供智力支撑。

2022年文化和旅游部办公厅发布《文化和旅游部办公厅关于开展2022年度乡村文化和旅游带头人推荐工作的通知》,全国共有489人入选。其中,大理州段四兴、李六妹2人入选。段四兴以理论和实践相结合的方式,培训了几百名学员,先后荣获"云南省第四届百名拔尖特脱贫村乡土人才""中国民族工艺美术大师""云岭首席技师"等荣誉称号。剑川兴艺木雕发展有限公司积极参与并实践传统工艺助力精准扶贫,以"非遗+精准扶贫"的模式来为剑川乡村振兴助力输血。李六妹创作了《我是洱源呢》、女子八角鼓《喜来巧梳妆》、大本曲表演唱《家风颂》、小白剧《耍马金花霸王鞭》等一批文艺精品,先后获得"第十一届璀璨之星 全国青少年春节联欢会"大理赛区美育金牌指导教师奖、"大理州三八红旗手"等荣誉。艺术团在她的带领下,依托农

---

① 大理州2人入选乡村文化和旅游能人![EB/OL].大理州人民政府门户网站,2021-12-24.

② 大理州2人入选乡村文化和旅游能人![EB/OL].大理州人民政府门户网站,2021-12-24.

村文艺人才队伍，坚持走产业化发展路子，通过整合农村演艺演出资源，传承和发扬地方特色文化，打造文艺精品，创新经营管理模式，不断发展壮大。同时，艺术团还促进了民族团结，很好地保护和传承了白族文化，对丰富当地民间群众业余文化生活及提高群众经济收入起到带头作用，为乡村振兴做出积极贡献。

第二，历史名城名镇名村和古建筑资源。

大理历史悠久、文化灿烂，是云南省历史文化资源最富集的州市之一。大理州共有 3 个国家级历史文化名城即大理、巍山、剑川，是国家历史文化名城最多的地（市）之一，有沙溪、喜洲、祥云、鹤庆宝丰、松桂、诺邓等多个古城古镇古村。自 1982 年大理古城被列入第一批国家历史文化名城以来，全州共有历史文化名城（镇、村、街）33 个，其中国家历史文化名城 3 个，省级历史文化名城 2 个；中国历史文化名镇 3 个，省级历史文化名镇 4 个；中国历史文化名村 5 个，省级历史文化名村 6 个；省级历史文化街区 10 个，中国传统村落 130 个，历史建筑 544 处，各项历史文化资源均位居全省前列。①

主要中国历史文化名城：大理国家历史文化名城 1982 年国务院批准公布，巍山国家历史文化名城 1994 年国务院批准公布，剑川国家历史文化名城 2023 年国务院批准公布。②

主要中国历史文化名镇：剑川县沙溪古镇名列第三批中国历史文化名镇，洱源县凤羽古镇、宾川县州城古镇名列第五批中国历史文化名镇。

主要中国历史文化名村：诺邓千年白族古村 2007 年被命名为中国历史文化名村，巍山县东莲花村 2008 年被批准成为国家历史文化名村，祥云县云南驿村 2010 年被命名为第五批中国历史文化名村，弥渡县文盛街村、永平县曲硐村 2014 年被命名为国家级历史文化名村。

主要古建筑、古村落：大理市喜洲白族古建筑群、圣源寺观音阁、杜文

① 大理白族自治州人民政府办公室关于印发大理州打造名副其实的历史文化名城实施方案和大理州打造名副其实的历史文化名城五年行动方案（2021—2025 年）的通知 [EB/OL]. 大理州人民政府门户网站，2022-03-11.
② 国务院批复同意将剑川县列为国家历史文化名城 [EB/OL]. 大理州人民政府门户网站，2022-03-16.

秀元帅府、大理天主教堂、观音堂、佛图寺塔、凤仪文庙、法藏寺董氏宗祠、金镑寺漂来阁等；巍山县等觉寺、南诏镇古建筑群、拱辰楼、星拱楼、巍山文庙、东岳宫、圆觉寺及双塔、巍宝山古建筑群、长春洞、利克村传统民居建筑群、永济桥、东莲花村民居等；剑川县沙溪兴教寺、石钟山石窟群、宝相寺、海云居、景风阁古建筑群、西门街建筑群等。

主要历史遗址遗迹：太和城、阳苴咩城、龙口城、龙尾城、大厘城、三阳城等城镇遗址；洱源德源城遗址；巍山蒙舍城遗址、龙于图山城遗址；剑川海门口遗址；南涧境内滇缅铁路公郎段遗址、境内滇缅公路拥翠牛金山段遗址、李文学就义遗址；云龙三岔村遗址。阳苴咩城遗存的北城墙、崇圣寺三塔、弘圣寺一塔、元世祖平云南碑、苍山神祠、日本四僧塔和三月街场等重要遗迹。

白族民居，包含明清时期建筑、民国时期建筑、现代民居建筑、村内公共建筑的建筑文化。明代李元阳《云南通志》称："民居皆四合瓦房。"足见在明代，白族民居建筑的四合院形式已经成型。① 建筑文化主要为白族传统民居，其是白族地区独特的自然环境、文化风俗与中原汉族建筑相结合的产物。建筑布局以合院式布局为主，主要布局有"一坊两耳""三坊一照壁""四合五天井"及"六合同春"等形式。建筑结构受中原传统木结构影响，采用抬梁、穿斗式、走马楼、挑厦、吊柱等多种构架形式。在绘画、雕塑艺术中，大理剑川石宝山的南诏石窟浮雕《南诏国史画卷》和《大理国张胜温梵像画卷》非常有名。建筑内外部粉墙画壁、斗拱别致、镂空花檐，注重门楼、照壁和门窗雕刻等细部的装饰效果，艺术表现形式极为丰富。② 建筑装饰可分为墙体装饰、雕刻彩绘。一般墙体装饰体现于山墙、檐下、腰带厦、围屏的墙体部位、天花板及照壁，彩绘内容以动植物、几何、文字、风景为主要题材。雕刻以木雕为主，集中于门窗、栏杆、梁柱部位等，雕琢花鸟鱼虫、龙凤麒

① 薛祖军. 略论历史文化底蕴对喜洲白族民居建筑的影响 [J]. 大理学院学报（社会科学），2005（2）：5-8.

② 张鹏，唐雪琼. 大理白族民居建筑文化保护与传承研究 [J]. 西南林业大学学报（社会科学），2021，5（4）：86-92.

麟，祈求平安幸福、吉祥健康。① 比如喜洲镇村落布局以四方街为中心向四周呈棋盘式延伸，多以规则形态的"三坊一照壁""四合五天井"的院落为基本形制进行布局与衍生，以喜洲镇严家大院为代表；诺邓镇位于典型的山谷地带，村落以地势较低的盐井为中心，盐井东侧为龙王庙建筑群，民居建筑向地势较高的坡地扩展，较为平坦的区域开展农业生产，大户人家建完整的"三坊一照壁"合院，多数民宅去除了两侧耳房，缩减了开间尺寸的一颗印式民居，正房抬高形成月台适应坡地地形，少量民居厢房做台阶式处理；剑川沙溪寺登村处于茶马古道重要节点，多采用小尺度的"三坊一照壁"或一颗印的方式，四方街与周围古戏台、兴教寺共同组成村落中心。

主要地域性特色建筑形式：白族自唐南诏以来，深受中原民居建筑风格的影响，结合自身文化形成了独具地域民族特色的院落式住房，外与大自然山、水、路协调，内部则形成了安全、恬静、舒适的居住环境。成了西南边陲地区凝结的文化瑰宝。白族民居多"坐西朝东"——背靠苍山以避风、面朝洱海是龙脉，常以三间两层、底层带"厦"廊的建筑为单位，称为"一坊"。正房一坊朝南，面对照壁，正房中堂供奉天地君亲师排位，兼具会客功能。中堂左侧房间为长辈卧室，右边为长子居所，其他成员按西、北、东、南方位布局。大理居民院落布局方正，主次分明，体现了白族人对儒家礼制的尊崇。白族传统民居建筑单体以合院式为主，从视觉感上具有整体美。大理地处云贵高原与横断山脉的结合部，民居建筑通常坐西朝东，门窗亦东开，背部外墙阻挡西风穿堂入室。白族传统民居的布局布"三坊一照壁""四合五天井""六合同春"等十多种形式。② 鹤庆、剑川地区的民居院落为满足经济能力、地基环境和朝向等需求，则多为"一坊一耳、一坊两耳和两坊一耳"等布局形式，但民居院落均包含正房、耳房、门楼、照壁、天井等组成部分。③ 白族民居建筑内外部常飞檐高翘、斗拱别致、镂空花枋，重视门楼、照

① 谢晓慧. 大理白族传统民居门楼及其装饰艺术特征［J］. 艺术品鉴，2019（26）：218-219.
② 王其钧，谢燕. 民居建筑［M］. 北京：中国旅游出版社，2015：135-138.
③ 张鹏，唐雪琼. 大理白族民居建筑文化保护与传承研究［J］. 西南林业大学学报（社会科学），2021，5（4）：86-92.

壁和门窗雕刻等细部装饰。① 白族民居的营造常采用抬梁穿斗式结构，以穿斗式构架为主，搭配以抬梁式构架，这是白族匠人吸取中原建筑结构并结合当地环境演化升级而成。民居建筑采用的榫卯结构，使得建筑稳定性、防风抗震能力较好。穿斗抬梁混合结构是合院式民居建筑常用的构架，山墙延伸至屋顶，屋面从四方挑出，可有效防止发生火灾时火情蔓延。

第三，乡村传统习俗和节庆资源。

祭祀节日主要是以祭礼神灵、祭奠祖先、祈禳灾邪、驱恶避瘟等信仰为标志的节日，如本主会、庙会等。农事节日是以农林渔猎等生产习俗惯制为标志的节日，围绕稻作农业，与白族本主文化等紧密结合在一起，具有浓郁的民族特色，如插柳节、立春节、桃花节、栽秧会（开秧门）等。纪念节日主要是追念民族英雄以及地方历史上崇拜人物的活动，其中以纪念人物居多，纪念节日往往与祭祀本主相结合。剑川天马阴阳节、烧包节等是为了祭奠先祖，正月初九上九会传说是玉皇大帝的生日；还有青姑娘节、接金姑、柏洁夫人庙会、剑川狮河鲁班会、将军洞庙会等。商贸节日是人类在长期生产、生活过程中产生的一种社会活动形式，以物资交流为主，同时还举办一些民间的祭祀、文艺、体育等活动的全民性经济活动。如三月街、各县市各地区各种交易会、松桂骡马会、八月十五渔潭会（嫁妆会）、二月初八药材会（螺蛳会、庄稼会）等。社交、游乐节日往往以群众自发集会的形式举行，是民族文化传统节日中比例较大、活动内容丰富多彩、形式活泼多样、非常具有观赏性和参与性的节日类型。如正月初五葛根会、三月三保和寺歌会、白族绕三灵、游百病、鹤庆耍海会（荷花节）、石宝山歌会等。② 年节性节日以喜庆丰收、祝贺人畜两旺、平安幸福为主题，虽然也有祭神、祭祖等项目，但主要是以一年到头庆祝喜庆丰收，预祝来年吉祥幸福、万事如意的内容为主。如春节、云龙大达村"打街"、凤羽娃娃节、凤仪春醮会、各地太子会、观音会等。交际性节日是以交际交往为目的，体现了人类社会的群体性、共同参与性，适应了现代社会人们渴望互相交流、群体参与、共同发泄情绪的愿望。

---

① 张帆. 环洱海白族传统特色民居建筑艺术造型的文化传承与创新：基于新发展理念的理论与实践引领 [J]. 民族学刊, 2020, 11 (4)：111-116, 147-148.

② 大理州文联. 大理导游 [M]. 昆明：云南人民出版社, 1999：249.

如文昌会、剃头节、云龙澡塘会、鹤庆乾酒文化节、农历六月十三凤羽清源洞会、七月二十三日古生村放生会等。

大理白族婚嫁习俗至今仍保留着择吉日、拜本主、搭彩棚、迎亲、掐新娘、拜天地、宴请宾客、回门等传统的婚礼习俗，婚嫁方式有嫁娶婚、入赘婚、不招不嫁婚，不同的婚嫁方式对应着不同的财产继承权，体现了白族文化的包容性，也是乡村社会秩序的展演。①

第四，传统手工业和文化艺术资源。

大理州有鹤庆银器、剑川木雕、白族扎染、白族三道茶、巍山布扎、甲马、陶器、大理土陶、泥塑、白族剪纸、白族刺绣等非遗手工艺品。如布匹扎染工艺是大理白族自治州内具有悠久历史的传统手工艺。其工艺以单色整染为主要模式，经过扎花、染织、后期处理等七个步骤后可套染出具有晕染烂漫、变幻多姿的装饰效果的花纹。拥有自身独特的审美性和人文价值，这使得白族扎染拥有其他类似工艺不同的优越性，并与现代装饰设计有相互呼应的包容性。传统手工造纸技艺以鹤庆传统手工造纸技艺最具代表性，鹤庆传统手工造纸曾有"安徽宣纸甲天下，鹤庆绵纸誉西南"的赞誉。② 白族剪纸传统手工艺，以浓郁的民族风格和地域特色为主要特点，内容以家居装饰和刺绣花样为主，浓缩了白族文化的传统理念，递延着白族人民的人文精神与思想脉搏，既是白族人民传统信仰与道德寓意的缩影，也是民俗文化传承的窗口。

白族文化资源拥有多层次的结构，不同类别的白族文化资源展现出了白族文化的多种样貌，是白族文化的历史遗存在当代现实中的具体表现。主要指白族民间流传久远的文化艺术作品以及体系化的白族文化艺术③，主要有6种形态。一是戏剧曲艺，指白族文化中成体系化的戏剧及曲艺种类。如白族吹吹腔《竹林拾子》、白族大本曲《芦衣顺母》、白剧《望夫云·化云》、弥

---

① 毕丽芳，薛华菊，王薇. 大理、丽江民族文化旅游资源开发路径研究［J］. 山西农业大学学报（社会科学版），2017，16（6）：56-62.

② 鹤庆手工纸 让手艺在"守艺"中创新［EB/OL］. 大理州人民政府门户网站，2023-10-24.

③ 许艺琳，李文睿. 文化生态视阈下大理白族文化资源的价值转化研究［J］. 文化创新比较研究，2021，5（20）：20-25.

渡花灯戏《情定乡村》等。二是传统音乐，指具有白族鲜明地方世俗文化特色及宗教特色的音乐。大理白族传统音乐中，俗乐包括民间歌曲、民间舞蹈音乐、说唱音乐、戏曲音乐和民间器乐；雅乐即宫廷音乐，例如南诏奉圣乐、大成乐等；文人音乐例如洞经音乐、扬琴等；宗教音乐包括民间宗教音乐（例如莲池会音乐、巫乐）和官方宗教音乐（例如佛教音乐、道教音乐、儒乐）。白族山歌按照地域和语言的差异可以分为大理白族调、剑川白族调、洱源白族调等。白族民间说唱"大本曲"、白族民间合奏"唢呐吹打乐"、白族文人音乐"洞经音乐"、白族民间宗教音乐"莲池会"等都属于风俗稳定类白族传统音乐。三是传统舞蹈，指白族特色舞蹈，一般伴有白族特有的音乐，舞者的装束也带有白族特色。如力格高、大刀舞、彝族葫芦舞、白族民间舞蹈"霸王鞭"等。四是工艺美术，指凝结了白族人民生活经验、劳动智慧的各种技艺，通常兼具实用性及艺术审美性。如大理泥塑、白族民居彩绘、剑川木雕、大理草编等。五是语言文字，指白语、白族文字。六是文学艺术，指白族民间流传的各种史诗、神话、传说、歌谣、故事等。

第五，乡村特色饮食资源。

大理白族在饮食上，偏好甜酸麻辣的口味，高超的烹饪手法，使得他们的菜肴独特、精美却又野性粗犷，因此形成了独特的饮食文化，包括独具特色的代表性饮食、类型多样的节庆饮食以及内涵丰富的宴会饮食。①

大理以稻米、小麦、玉米为主食，品种丰富多样，如大米饭、苞谷饭、粑粑、饵块、汤圆、米线等。蔬菜食用以含植物蛋白高或淀粉质类的为主，肉类以猪肉和家禽为主，还有牛、羊及河湖鱼鲜，鸡肉常用于节庆祭祀。② 饮食烹调方法古朴多样，常用烧、烤、煎、炸、蒸、炖、煮、炒、爆、舂等具有民族特色的烹调方法。如凉拌生皮、炒锅鱼、洗沙乳扇、大理饵块、喜洲破酥糖招、活水煮活鱼、柳条蒸肉等。"好酸辣、嗜鲜嫩"是大理各族人民长期以来形成的普遍性口味特征。

白族婚宴习惯用"喜州土八碗"待客，由八道热菜组成：添加红曲米的

---

① 王崧蓉，刘扬. 文化基因视角下大理白族乡村文化保护传承与乡村旅游融合发展研究 [J]. 农业与技术，2022，42（21）：127-131.
② 张钟伟. 大理地区白族仪式中的饮食文化研究 [D]. 大理：大理大学，2021.

红炖肉；挂蛋糊油炸的酥肉；加酱油、干腌菜扣蒸的五花三线肉千张；配加红薯或土豆的粉蒸肉；猪头、猪肝、猪肉卤制的干香；加盖肉茸、蛋屑的白扁豆；木耳、豆腐、下水、蛋丝、菜梗氽制的杂碎；配加炸猪条的竹笋。①

白族就餐很讲礼仪，进餐时长辈要上坐，晚辈依次在两旁或对面落座，要随时为长辈添菜加汤。烤茶是白族敬客食俗之一，烤茶一般斟三道，俗称"三道茶"，有"头苦、二甜、三回味"的说法。②

白族酿酒可以根据原料的不同，采用多种方法，比如用糯米酿造适合女性和孩童饮用的糯米酒；用多种草药搭配制作出的高度酒，其中窨酒、干酒都是白族传统佳酿；有用玉米酿造的口味纯正的苞谷酒；有用青梅酿造的青梅酒，属于果酒，酸酸甜甜，口味清新。③

在多民族饮食文化的影响下逐渐形成了大理的特色饮食，餐饮品种丰富，具有民族特色。漾濞卷粉、永平黄焖鸡、腊鹅、回族油香；鹤庆猪肝鲊；大理木瓜酸辣鱼、喜洲粑粑、乳扇、烧饵块、白族生皮、凉鸡米线、白族三道茶、雕梅；弥渡卷蹄；云龙诺邓火腿；南涧无量山乌骨鸡；祥云驴肉凉；宾川海稍鱼、粉蒸羊肉等特色美食。巍山县有名特小吃24个系列、350多个品种。（火巴）肉饵丝、过江饵丝飘香海内外；南诏一古面、青豆小糕、凉粉、米线等地方特色小吃远近闻名；蜜饯、咸菜、牛干巴等老字号名特食品令人回味无穷。④ 2022年年初，为提升"中国名小吃之乡"的品牌，发展"巍山乡厨"劳务经济，助力乡村振兴，促进全县旅游业健康发展，引进优质小吃店，在县城后所街和关圣街打造品种齐全具有巍山乡愁味道的常态化小吃街，成为小吃天堂巍山最吸引人的亮丽街区。漾濞核桃三道蜜是漾濞彝家人的传统小吃，是招待贵客的礼节性食品。第一道蜜——"蜂蜜核桃茶"。蜂蜜里加上核桃仁片和少许生姜冲泡而成，味道甜美无比，具有健胃解渴等功效。第二道蜜——"荞粑粑蘸蜂蜜"。用当地山荞面制作成荞粑粑，蘸上蜂蜜进行食

① 白族饮食习俗［EB/OL］.大理州人民政府门户网站，2020-11-20.
② 毕丽芳，薛华菊，王薇.大理、丽江民族文化旅游资源开发路径研究［J］.山西农业大学学报（社会科学版），2017，16（6）：56-62.
③ 张钟伟.大理地区白族仪式中的饮食文化研究［D］.大理：大理大学，2021.
④ 巍山：县庆期间到常态小吃街品美食［EB/OL］.巍山彝族回族自治县人民政府门户网站，2022-11-16.

用，也是彝家人的风味小吃。第三道蜜——"核桃蘸蜂蜜"。核桃蘸蜂蜜是漾濞彝家人最具特色的一道招待贵客的食品，用核桃蘸上蜂蜜，吃到嘴里，香、甜、鲜、脆。

第六，乡贤民风和宗教文化资源。

在"文献名邦"大理，走进大大小小的白族村寨，都会发现白族民居照壁上展现出的文化标识，蕴含着丰富独特的白族"家风"文化。比如"清白传家"为杨姓的家风，"琴鹤家声"为赵姓的家风，"百忍家风"为张姓的家风，"青莲遗风""邺架流香"为李姓的家风，"水部家声"为何姓的家风，"工部家声"为杜姓的家风，"明道家风"为程姓的家风，"渭钓家风"为姜姓的家风，"绛帐家声"为马姓的家风，"濂溪世第"为周姓的家风，"瑞雪三槐"为王姓的家风，等等。① 这些"家风"大多都源自意义深远的历史典故，被白族先人世世代代传承下来，对后人有着深远的教育意义，时刻激励着人们开拓进取。白族民居照壁上的"家风"文化不仅反映出大理白族深厚的文化底蕴，同时也展示出大理白族在汉文化的长期熏陶下，重视文化的修养，追求在家可作锦绣文章，低调做人，立世则能为国做事的人生目的。充分体现了白族人重知识、重教育的传统，特别是重视"家风"教育和传承"家风文化"的传统。

大理宗教信仰具有形态多样、交叉分布的特征，一般说来，除佛教、道教为大理人普遍信仰、伊斯兰教为当地回族人信仰外，其他宗教信仰在大理的分布具有一定的地域性，如信仰基督教、天主教、本主崇拜的以大理平地人为主，信仰巫鬼教的以大理山地人为主。

佛教是在南诏时期传入大理地区的，在其漫长的发展过程中，留下了大量寺、塔、幢、窟等佛教文物古迹和艺术瑰宝。在众多的寺院中，大理鸡足山的祝圣寺和铜瓦殿、大理崇圣寺三塔、剑川石钟山石窟是国家级重点文物保护单位。佛教绘画杰作《南诏中兴画卷》《大理国张胜温图卷》堪称国宝。

道教是在东汉末年传入大理地区的，当时传入大理地区的道教主要是张道陵开创的五斗米道。南诏初期盛行的道教属于天师道，且分为清虚和火居两派。

---

① 寸云激. 大理民族文化研究论丛: 第5辑 [M]. 北京: 民族出版社, 2012: 7.

宋元两朝，大理地区的道教属于全真道，主要分为两个派别，即全真天仙派和全真龙门派。随着道教的传入，大理地区出现了道教宫观。明朝以后，受道教风水及堪舆思想的影响，大理还出现了风水塔，如镇风塔、镇蝗塔等。清朝初期，道教在大理地区再度兴起，除全真道外，还出现了清微派和灵宝派两个派别，道教宫观亦被重修。而巍山巍宝山宫观较多，有准提阁、巡山殿、玉皇阁、老君殿、长春洞等。因此，巍宝山有"云南道教名山"之称。

南诏初年本主崇拜日益兴旺、发展起来。到明朝时，本主崇拜已经在白族群众中普及。本主崇拜是一种多神教，是白族特有的、普遍的宗教信仰。本主崇拜既具有农耕文化和村社文化的特征，又带有浓厚的世俗色彩和半民精神，还反映了白族历史上的社会面貌。本主意为"我们的主人"，具有村社祖先的含义，是白族乡村的"村社保护神"。本主中既有自然物、神灵，又有动物、人物，一般都富于现实性和人情味。每个白族村寨中，几乎都有"本主"，而且设有本主庙。庙内供奉着香木雕的或泥塑、石雕的本主像。大理苍山五台峰下圣源寺供奉的段宗牓（大理国的缔造者段思平的祖辈）是最高本主、中央本主、神中之神，其妻是最高神后。在段宗牓之下有"九堂神""十八堂神""七十二堂神"和"五百神王"。① 白族村寨每年都要定期举行祭祀本主的盛大节日——本主庙会，这也是村中重大的宗教活动之一。

## 二、大理乡村文旅融合的短板

大理乡村文化资源曾是传统乡村在历史传承发展中所积淀下来的认同感、归属感、精神凝聚力和治理稳定器。但快速推进的现代化和城镇化进程，造成了乡村社会"乡土性"与"现代性"并存、"封闭性"与"开放性"并存、"内生性"与"外来性"并存的现实状况，极大冲击着乡村文化资源的社会基础，并导致其日渐式微。而相较于商业化改造历史文化街区以及恢复历史文化名城建设等，乡村历史文化资源的保护和文旅经济的嫁接面临诸多复杂问题，如乡村历史文化资源的残破以及资源利用率低，传统非物质文化遗产

---

① 张翠霞. 神坛女人 大理白族"莲池会"女性研究［M］. 北京：中央民族大学出版社，2015：95.

在创造性转化、创新性发展过程中的文化背离，等等。①

首先，乡村文化设施建设薄弱。

大理乡村数量众多，群众人口基数大，乡民以各个村落为主要聚集地，也是生产之余主要的活动地点。目前大理的乡村文化基础设施已经取得了较明显的成就，乡民在这些基础设施的投入使用中也丰富了娱乐内容，充实了乡村精神生活。但就总体而言，乡村文化设施的建设还存在乡镇区域设施配套完善，各乡村地区设施配套数量不足、利用率不高的问题，且部分文化设施不够"接地气"，没有良好契合群众的文化需求等。

大理乡村的文化基础设施建设的质量和数量与乡村自身财务情况挂钩，较富裕的乡村会通过乡民捐款、乡村财政等方式去完善已有的设施②，如为乡村阅览室购置新图书、更新体育设施器材、修缮文化广场等。在经济条件较差的乡村，则出现体育器材年久失修不能使用、广播影视器材损坏等现象，在难以满足人们的实际使用需求后，乡民便降低了对基础设施的期望，同时也降低了文化设施的利用率。③ 乡村阅览室普遍存在"书不对民"的问题，虽然购置图书的初心是全面促进乡民的综合素质，但一些理论水平较高，内容较晦涩难懂的经典著作难以被乡村群众接受，历史、时政、种植等题材的书籍更受到乡民欢迎。在城市社区阅览室，更多的是青少年和退休老人使用，他们喜欢的则是科学、漫画、历史、人文等题材。乡村的设施分布不合理，大多数的基础设施选址在乡村村委会附近或者广场附近，而不是人口密集的地方，因此很多群众因路途远而放弃。最后是基础设施的正确使用，一些活动室因无人管理而失去了正常功能，如一些阅览室被改造成麻将室，桌椅也被任意挪到室外作品茶、晒太阳之用，文化广场和舞台被用作晒粮食的空地，等等。

其次，乡村文化专业人才队伍匮乏。

①　谭静. 设计驱动乡村文旅融合创新发展策略研究［J］. 经济问题，2023（9）：98-105.

②　曹水群，许珂嘉. 乡村文化振兴存在的问题及对策分析［J］. 区域治理，2022（40）：267-270.

③　李国江. 乡村文化当前态势、存在问题及振兴对策［J］. 东北农业大学学报（社会科学版），2019，17（1）：1-7.

乡村文化人才缺乏成为农村文化繁荣发展的短板。① 从干部队伍的构成来看，大理州各乡镇文广中心文化工作者多为兼职人员，据了解，乡镇党委宣传委员绝大多数是兼职的身份，只有极少数的乡镇配备有专职的宣传委员，各个乡镇虽然名义上有宣传委员，但几乎没有专职的；虽然乡文化站设有带编制的岗位，但他们负责的工作却不是文化方面的，文化这一项只是形式上存在，并没有什么实际的作为。从专业程度来看，专门从事文化经营管理的人才以及具有文化创意的人才十分短缺。

乡村本土人才储备匮乏。大理部分乡村近年来从事文化工作的人才储备不尽如人意。一方面，从事乡村文化工作的专门人员中，有的是在编的，有的是在编却不在岗，乡村文化工作人员编制缺乏，影响着各类群众文化活动的开展。另一方面，农民参与乡村文化振兴的主体意识不强。大部分民间传统艺人年龄老化，现在年轻人大多愿意从事简单且回报高的职业，不愿意去学习民间传统艺术，一些优秀的传统文化、民俗文化、民间文化因后继无人而面临失传的困境。

高层次人才缺口巨大。当前，大理村民的文化程度整体偏低，村里人员老龄化严重，有想法难以表达抑或是表达方式不理性，导致与基层工作人员的沟通不畅，难以充分发挥主体作用。基层人才在面对沟通困难、工作面广、任务重时，才华难以施展，造成乡村文化建设队伍难以留住青年人才。并且乡村中高层次人才比例较低，使得乡村文创产品没有新意，缺乏精品、高端品，文创产业的核心是人的创造力的释放，开发高端文化产品需要具有专业素养、商业思维以及熟知现代文化科技产业的发展趋势，还要具有独特的审美能力。打造高端文化产品，离不开高层次人才的支撑。

再次，乡村旅游发展模式滞后。

大理旅游发展模式老旧，旅游企业发展模式、运营模式传统，还是重复接客、带团、举旗模式。大理旅游资源涵盖了可以用于旅游产业的自然以及人文资源。但是在旅游资源开发方面，相关部门未及时、细致地采取切实可行的管理和规划手段，对大理旅游业进行统一谋划、发展。

---

① 任映红.乡村文化难题破解与中华优秀传统文化价值实现研究透析 [J]. 毛泽东邓小平理论研究，2022（1）：48-55，108.

大理旅游零售要素比例过重，娱乐休闲要素不足，旅游产品同质化，难以形成多层次、规模化的旅游综合体，市场规模化水平较低，推出的旅游产品缺乏核心竞争力。① 部分景区产业单一，缺乏有特色、有吸引力的产品，过度依赖"门票经济"，未形成有效的消费拉动，除了门票收入外第二、第三消费较低。同时，产业结构的不合理也造成行业内的不良竞争，在商业利益的驱动下，许多酒店、旅行社大打"价格战"，全然不顾服务品质和旅游体验，这样的行业内恶性竞争，让广大前来大理游玩的游客权益受到极大损害，进而损害大理旅游形象。

比如以鸡足山景区带动侨乡文化、红色文化、历史文化、民族特色文化共同发展格局尚未形成，乡村生态和地域文化底蕴优势未能充分发挥，打造特色鲜明的产业优势，业态单一支撑还有差距，整体处于"小、散、弱"的状态，规模小、效益低、市场影响力弱，旅游文创产品开发不足。加之淡旺季明显，游客多集中在春节、国庆两个黄金周及寒、暑假期，旅游产品差异化和特色化供需不足，没有形成完善的养、吃、住、行、游、购、娱产业链，难以留住游客。

最后，乡村优秀传统文化传承乏力。

乡村优秀传统文化是乡村文明的底蕴，是乡村社会发展的动力源泉。乡村的手艺人、文化传承者大多是通过口耳相传的方式习得，没有通过系统专业的培训与训练，在与受到高等教育的高学历人才对接时，会出现观念不同、价值观不同、思想意识落后等问题，十分考验高素质人才的理解沟通能力和综合分析能力。比如剑川县乡村大多数青壮年外出务工，留在农村的大多为妇女、老人和儿童，农村劳动力不足，空心化与老龄化的现象比较严重，城市文化与城市价值观的不断冲击会在一定程度上影响农村优秀文化与风俗的传承，使得乡村文化地位衰减，出现传承危机。

传统文化传承人缺失是其关键因素，原有的乡村文化传承人往往因为年龄、身体等原因被迫退出传承队伍。② 比如由于社会变革和生活方式的改变，

---

① 邓延超，刘晓霞．乡村振兴战略下乡村文化建设问题探析［J］．吉林工程技术师范学院学报，2023，39（7）：92-96.

② 刘叶．我国乡村文化建设存在的问题及对策［J］．乡村科技，2021，12（12）：21-23.

大理白族霸王鞭舞传承发展遇到了现实考验。一方面，老一辈的传承人年龄偏大，而新一代的年轻人对这项需要长期学习和传承的技艺喜爱度较低，他们认为学习传承非遗不能支撑生活，导致传承人的传承断层现象日益明显；另一方面，年龄较大的传承人普遍文化程度低，无法顺应时代的发展运用媒体平台增加曝光度进行宣传，久而久之有淡出人们视野的趋势。大理白族霸王鞭舞的传承发展进一步陷入了困境，面临传承人老龄化严重、年轻一代传承人缺失的挑战。

## 第三节  大理文旅融合助力乡村振兴的实践路径

大理州立足文化和旅游资源优势，通过深入挖掘乡村生态、旅游观光、民族文化、民族资源等旅游要素，发展个性化、特色化、差异化乡村旅游业态，积极探索创新发展模式，始终把文旅深度融合作为提升旅游品质的必然选择和产业转型升级的路径，巧用加减乘除，着力加快文旅深度融合，助推乡村振兴发展。

### 一、保障农民权益，建立协同联动机制

大理加快实施乡村振兴"三步走"，努力打造各县市农产品供应基地、休闲旅游后花园和产业转移大后方，建立商务、农业农村、文化和旅游三方协同联动机制，建立常态化政企对接会，不断完善市场整治工作机制，持续巩固旅游市场秩序整治成果，加强文化市场综合监管。

一是组织农民广泛参与。

大理做好文旅融合这篇大文章，须坚持农民主体地位，激发农民主人翁意识，发挥农民的积极作用和首创精神，把广大农民对美好生活的向往转化为促进乡村振兴的动力和实践，不断解放和发展农村社会生产力。充分尊重广大农民意愿，维护农民根本利益，让广大农民在文旅发展中享受到实实在在的发展成果。引导和鼓励农民全过程参与文旅发展，推广"公司+农民合作社""公司+农户"的文旅经营模式，支持发展家庭农场、农民合作社等以农

民为主体的文旅经营主体，千方百计增加农民收入。文旅产业与农民形成利益共同体，建立完善农民入股、保底收益、按股分红等利益联结机制，让资源变资产、资金变股金、农民变股东，实现农民更多分享产业增值收益。① 文旅收益要取之于民、用之于民，主要用于加快当地农民教育、医疗、养老等方面的公共服务设施建设，提高乡村基础设施完备度、公共服务便利度、人居环境舒适度，让农村基本具备现代生活条件，让农民就地过上现代文明生活。加强本土文化人才的培育和支持，吸引外部人才和资源投入乡村建设，壮大一批爱农业、懂技术、善经营的新型职业农民队伍和学网懂网用网的新农人。

二是实施协同合力策略。

大理文旅融合涉及基层政府多部门的决策事项和部署机制，在文旅规划、联席会商、沟通协调、跟踪评价等方面形成合力，基层政府部门、农民、经营主体、投资者等方面的协同发力，有效发挥了文旅融合的乡村振兴效能。积极制定促其发展的专项指导意见或针对性措施，统筹乡村产业规划，将文旅融合发展纳入其中，通过制度创新，加速城乡资源要素双向流动，推进工商资本下乡进村，推动科技、人才等要素与乡村文旅资源有机融合。② 与文旅项目建设同步实施协同联动机制，打通乡村资源供给与市场需求的有效对接渠道，搭建合作平台，加强乡村文旅融合的产学研合作与专业人才培养，鼓励企业家、专家学者、党政干部下沉到乡村一线，送"智"下乡，协同推进乡村文旅融合高质量发展。③

三是实施市场化举措。

大理深入开展旅游市场整治工作，成立了州级旅游市场秩序整治百日行动工作组和工作专班，制定出台《大理州旅游市场秩序整治十条》，从严从实整治旅游市场乱象。④ 深入开展文旅市场治安秩序、道路交通秩序、租赁车网

① 丁时勇．深化文旅融合 助力乡村振兴［N］．人民政协报，2023-01-03（7）．

② 王晴．文旅融合赋能乡村振兴的机制与路径研究［J］．山东行政学院学报，2022（4）：61-69．

③ 黄小梅．文旅融合赋能乡村振兴实践研究：以清远连樟书屋建设实践为例［J］．图书馆界，2023（1）：86-90．

④ 大理州旅游市场秩序整治十条发布［EB/OL］．大理州人民政府门户网站，2023-07-02．

约车非法营运等专项整治行动，旅游市场运行平稳有序。积极拓宽评价渠道，采取线上线下相结合等多种方式实施评价，实现服务事项、评价对象、服务渠道全覆盖，确保评价真实全面、科学有效。同时，利用系统部门 APP、易拉宝、宣传页等形式进行广泛宣传，引导企业和群众通过移动端、网络端、现场评价、电话回访等渠道对政务服务进行评价，广泛收集群众的意见和建议，以"好差评"推动工作作风转变，增强服务意识，为群众提供更加优质高效的政务服务。

大理文化和旅游局把深化"放管服"改革、提升政务服务水平、激发市场主体活力摆在更为突出的位置，对照大理白族自治州打造一流营商环境工作目标，扎实推进"好差评"工作落实落细，以评促改，激发市场主体活力，取得积极成效，企业和群众的满意度、获得感持续提升。2023 年上半年，大理白族自治州文化和旅游市场共受理行政审批事项 858 件，市场满意度 100%，实现"零差评"。文化和旅游部公布 2022 年文化和旅游市场政务服务"好差评"结果及 20 个地区优秀典型案例，大理白族自治州文化和旅游局以建立常态化政企对接会和政企协商会议制度、设立营商环境监督联系点等做法入选优秀典型案例。

**二、建设四大区域，构建文旅发展新格局**

根据大理文化旅游资源分布的集聚状况和资源特色规律，形成"东部宾祥新型文旅区""西部漾永云绿色文旅区""南部巍南弥农旅融合区""北部洱剑鹤文旅引领区"①，构建起一系列文旅新业态，成为文旅产业高质量发展的新引擎，助力名副其实的历史文化名城、国际旅游名城建设。

**（一）东部宾祥新型文旅区**

围绕宾川县、祥云县红色文化资源，以交通区位优势为突破点，形成一批红色文化旅游研学新业态。以宾川鸡足山 4A 级旅游景区为龙头，依托祥云云南驿、水目山和宾川鸡足山—双廊旅游公路、海稍村、州城、侨乡等旅游

---

① 《大理州"十四五"文化和旅游发展规划》政策解读［EB/OL］. 大理州人民政府门户网站，2022-07-20.

资源，提升大理—宾川—祥云的城市联动性，借势大攀公路、大攀铁路机遇，精心打造一批休闲度假、城市娱乐、文化体验、乡村旅游、研学传承新产品。祥云县老城北中街"将军第"、红军长征过祥云（米甸白沙坡茶马古道）、红二军团十八团指挥部旧址、滇西地方行政委员会旧址、红六军团过宾川海稍住地旧址纪念馆、红军长征过大理纪念馆、红军长征宾川战斗遗址群（南薰桥、钟鼓楼），重点策划一批长征文化主题旅游线路。通过文化和旅游的有机融合，全力构建起大理州东部的新型文化旅游区。

（二）西部漾永云绿色文旅区

结合漾濞、永平、云龙三县生态文化、山水资源与特色农业，突出绿色底色，加快发展绿色文旅产业，不断提升将"绿水青山"转化为"金山银山"的能力，努力构建西部单元"绿色主导"发展新格局。大力推进漾濞石门关5A级旅游景区创建，提升永平曲硐古镇、宝台山和云龙诺邓景区，依托博南古道打响"千古博南、味道永平"旅游品牌；依托原生态的自然风光，夯实交通基础设施，大力发展自驾游，开发澜沧江水上旅游线路，形成特色鲜明的"漾濞—永平—云龙"澜沧江旅游环线产品，打造云龙—永平—漾濞生态旅游与生态农业体验带，不断提升将"绿水青山"转化为"金山银山"的能力。

（三）南部巍南弥农旅融合区

以南三县农耕文化资源为依托，以市场为导向，串联巍山、南涧、弥渡南部三县的温泉、生态、中医药等资源，打造一批具有市场影响力的农旅融合路线、康养旅游线路，成为健康生活目的地的支撑点。积极参与巍山县与大理市下关一体化发展，构建现代化文旅新城，结合州委州政府确定的"南部弥南农旅结合"的定位，抓实旅游产业转型，加快农旅结合发展步伐，注重文化产品开发，提升农旅结合发展品质，把文化作为农旅结合的关键，传承保护和开发利用好民族优秀文化，用文化来提升旅游项目和旅游产业的品质内涵，推动弥渡、南涧挖掘农耕文化，构建起农旅结合发展新模式。以点带面拓展农旅产业链，形成巍山南诏古都文化、彝族打歌之乡、南涧跳菜艺术之乡、无量山茶旅文化、孔雀渡垂钓基地、弥渡花灯之乡等农旅融合体验区，促进农业产业和旅游产业深度融合发展，构建"以农促旅、以旅兴农"

的发展新格局，将南部巍南弥农旅融合区建设成为农业观光、寻古访幽、养生休闲、回归乡愁的文旅胜地。

（四）北部洱剑鹤文旅引领区

按州委州政府确定的"北部洱剑鹤文旅引领"的定位，结合洱源、剑川、鹤庆三县丰富的文旅康养资源，充分挖掘文化旅游资源新优势，以剑川民族团结示范区、剑川县和鹤庆县省级全域旅游示范区以及鹤庆银都水乡、剑川沙溪古镇等省级旅游度假区、剑川石宝山·沙溪古镇5A景区等品牌创建为抓手，以老君山国家公园、木雕艺术小镇、新华银器小镇、大理地热国、凤羽古镇等核心产品为依托，围绕洱源温泉资源、剑川历史文化以及鹤庆生态风光，打造一批康养旅游、文化体验以及生态旅游等新业态，加快文旅产业要素聚集、破冰突围，走出一条绿色为底色、文旅为引领的高质量低碳发展之路，奋力推动北部单元文旅引领进位发展，为大理打造大滇西旅游环线示范区形成支撑保障。

**三、挖掘"文旅+"模式，推动嵌入式融合发展**

大理立足实际，以文化为灵魂、旅游为形态，进一步挖掘乡村的潜在价值，把乡愁变"乡酬"，实现以旅促农、以文彰旅，构建"有生态、有文化、有品牌"的文化旅游体系，释放农业发展的活力，推动"文旅+"融合发展。

第一，"文旅+研学"模式。

《中国研学旅行发展报告（2022—2023）》[①] 指出研学旅游依托各类文化和旅游资源及设施，以促进人的全面发展、坚定文化自信为目标，围绕提升旅游者综合素养和旅游体验质量而开展的旅游实践活动。得天独厚的自然资源是大理最宝贵的财富，良好的生态是大理鲜明的幸福底色，如此自然博物与好生态让大理逐渐成为以自然为主题的研学旅游胜地，观光和研学旅游深度融合发展，成为助推乡村振兴的有效载体。

大理研学旅游产品，围绕乡土乡情、民族文化、洱海环保等研学主题，

---

① 李志刚．"中国研学旅行发展报告·绍兴发布"会议举办［N］．中国旅游报，2023-03-23（2）．

依托州内爱国主义教育基地、文物遗迹和博物馆以及扎染、甲马、白族刺绣、下关沱茶、白族三道茶、凤羽砚、泥塑、新华银器、黑陶、木雕等非遗制作实践场所，打造"七彩云南·文脉之旅"非遗主题旅游产品，依托这些丰富的非遗资源，打造"匠志集·大理民艺中心"等一批非遗研学旅游网红打卡地。建立政府、学校、家庭、旅行社共同参与的研学教育和出行安全责任体系，建设一批"基地+学校""基地+旅行团""基地+企业团建"安全适学的研学示范基地。

第二，"文旅+景区"模式。

大理文化和旅游融合发展，用文化理念发展旅游，用旅游方式传播文化，景区文旅融合的落脚点是在文化、产品和产业上。将文化价值的开发和提升作为景区发展旅游的重中之重，文化是景区的灵魂，通过文化主题统领和创造性开发，隐性文化资源变成显性，人们体验到奇特的差异化文化，创造出具有吸引力和经济效应的文化景观，能够很好满足当前与未来旅游消费需求——互动性、体验性、参与性、休闲性等的文化旅游项目，如崇圣寺三塔文化旅游区"5G+数字三塔"项目应用VR虚拟现实技术、AR增强现实技术，还原三塔内部景观及登塔过程，制作动起来的"张胜温画卷"、活起来的南诏国史图传，让历史文化得以借助生动的形象重现在游客面前，通过沉浸式的体验方式，游客可以感受到穿越历史的奇妙。

拓宽景区旅游要素的"外延"，开发新的旅游要素，积极推进新要素与原有的"吃、住、行、游、购、娱"要素进行跨界融合，打造融合型旅游新产品。如双廊镇民族文化街，集"吃、住、行、游、购、娱"于一体，有效利用文物古迹、传统村落、白族传统建筑、非物质文化遗产等传承双廊特色的乡土文化，留住双廊千古乡愁，同时丰富旅游和文化艺术业态，促进文旅产业融合发展。拓宽景区产业边界，将有可能为旅游做出"贡献"的资源，均作为旅游资源进行优化配置和相互融合。同时还要积极推进不同旅游业态的交叉融合，探索跨要素、跨行业、跨区域、跨时空融合旅游资源和延长旅游产业链的新模式，构建丰富景区旅游供给的立体式网状产业链。如大理海洋世界是国内首家以融入地域文化和民族风情为主题的海洋世界，充分融入了白族风情、热带雨林、丽江风情三大主题元素，将云南特有的自然资源及民族风情与海洋文化巧妙结合，是多元业态高度融合的大型综合性文旅项目。还打造了一家极具海洋特色的"云南亚特兰蒂斯"酒店——大理开元曼居海洋酒店，是集住宿、餐饮、会务、休闲、游乐等多重功能为一体的高端轻奢亲子度假酒店。通过与海昌的合作，在营销合作、动物资源上做到相互协作，增加新业态，提升客流量，间接带动疫后大理州文旅消费市场复苏，助力文旅产业高质量发展。

第三，"文旅+体育"模式。

体育文化与旅游业的融合已然成为一种新的发展趋势。① 2019 年国务院办公厅印发的《关于进一步激发文化和旅游消费潜力的意见》指出："要大力发展体育旅游，推进幸福产业服务消费质量提升。"② 大理州拥有独特的旅游资源，苍山洱海风景如画，充分发挥地域优势、旅游优势发展"体育+"和建设高原训练基地，为"体育+旅游""体育+康养""体育+文化"等体育产业发展提供了良好条件，着力打造特色体育旅游产品。结合"大滇西旅游环线"建设，打造一批国家级、省级体育旅游示范基地、精品景区、精品线路、精品赛事、体育旅游目的地，为各类人群提供体育旅游产品和服务。

2015 年以来，宾川鸡足山旅游景区等 4 个项目入选中国体育旅游精品项目，大理 100 越野赛等 18 个项目入选云南省体育旅游精品项目。大理徒步旅游节、南涧县孔雀渡全国野钓公开赛等入选 2021 年云南省体育旅游精品赛事，大理三月街民族节赛马大会、励志体育电影《顺子加油》入选 2021 年云南省体育文化优秀项目。体育消费市场不断扩大，体育彩票销售良好，"十三五"期间完成销售额 26.8 亿元，共为国家筹集公益金 7.5 亿元。截至 2021 年年末，大理全州建成 7 个体育馆、5 个体育场、8 个全民健身中心等一批体育设施，乡（镇）、行政村（社区）篮球场、乒乓球台、健身路径等体育设施覆盖率达 100%。社会体育组织体系较为完善，全州现有 111 个体育协会、54 个体育俱乐部、12 个国家级青少年体育俱乐部、945 个全民健身活动站点、7004 名社会体育指导员，国民体质监测身体素质合格达标率达 90%，建立起

---

① 范晓睿.体育文化与旅游业的高质量融合路径［N］.中国文化报，2021-11-05（3）.

② 国办印发《关于进一步激发文化和旅游消费潜力的意见》［N］.中国旅游报，2019-08-26（1）.

能够承办综合性体育赛事的体育场馆，进一步建立完备的基础设施。2023 年，大理州"重走霞客路·鸡足灵山行"丛林穿越挑战赛、大理三月街民族节环洱海自行车赛、大理徒步旅游节、大理洱海生态廊道、南涧彝族打歌、大理三月街民族节赛马大会、"传承民族文化·助力乡村振兴"大理松桂白族体育系列活动 7 个项目入选体育旅游精品项目和体育文化优秀项目。①

通过体育与文旅相结合，引进和培育国际国内一线体育品牌赛事，打造大理以"春、夏、秋、冬"为主题季节性的具有国际影响力的文化节庆和体育赛事活动。谋划举办国际马拉松、国际环洱海自行车、山地自行车、滑翔伞、摩旅文化等文体赛事活动。以建设文旅 IP 网红地标、引进顶级流量的电竞时尚 IP 赛事落地大理为突破口，不断扩大"风花雪月·自在大理""有一种生活叫大理"等 IP 形象品牌影响力。

### 四、立足资源优势，建设文旅发展示范区

大理州立足区位条件和民族特色文化资源禀赋，发挥文化与旅游的耦合与互补功能，坚持走以绿色为底色的高质量发展之路，积极推进大滇西旅游环线样板示范区建设，努力打造"漫步苍洱"世界级康旅品牌，全力创建国家全域旅游示范区，不断提高旅游产业规模和质量，把大理建设成名副其实的历史文化名城、国际旅游名城以及世界一流的"绿色食品品牌"示范区，打造文旅综合体，创建文旅新城和文旅小镇，建设国家文旅产业融合发展示范区。

其一，建成示范样板。

大理优化产业结构，提升产业发展"高度"，围绕"抓建设、聚人气、强品牌"工作目标，以争创示范区促进道路、环境、厕所、标识牌等文旅设施和公共服务体系全面改善。全州从景点旅游模式向全域旅游模式转型，从苍洱核心区向全州全域旅游一体化、苍洱核心单中心向 12 县市全域多中心转变。围绕打造大滇西旅游环线样板示范区的目标，打造"美丽大理"，建成生态优先、绿色发展示范样板；打造"艺术大理"，建成转型融合、品牌富集示

---

① 大理州 7 个项目拟入选 2023 年云南省体育旅游精品项目和体育文化优秀项目名单 [EB/OL]. 大理州人民政府门户网站，2023-07-04.

范样板；打造"创意大理"，建成消费升级、智慧赋能示范样板；打造"开放大理"，建成连接国际、合作交流示范样板；打造"乡愁大理"，建成宜居宜业、主客共享示范样板；打造"诚信大理"，建成市场繁荣、服务优质示范样板6个示范样板，建设以生态和文化为核心的全域旅游格局。

其二，整合项目资源。

大理州将按照"国际化、高端化、特色化、智慧化"要求，高标准、高质量、高水平编制文化旅游名城规划，完善《大理州历史文化遗产资源示范带保护与发展规划》。坚持文化搭台、旅游唱戏，以争创为契机，强化历史文化资源管理，建立健全管理体制机制，加大招商引资力度，启动实施一批引领性项目，支撑历史文化名城、国际旅游名城建设。加快建设高端酒店，谋划以"半山酒店"为代表的新业态新增长极项目，鼓励世界知名品牌酒店入驻大理。保护望山见水的"美好乡愁"景观格局，建设一批集现代农业、休闲旅游、田园社区为一体的田园综合体。培育"漫步苍山洱海"绿道体系等一批复合型、特色化体育旅游产品。以项目促改革、聚人才、优作风，进一步优化营商环境，确保可持续推进投资项目建设。

其三，建设消费集聚区。

大理古城围绕"打造复兴路夜间经济地标、升级大理古城夜间经济商圈"的目标，着力打造"一横三纵四节点"特色夜间经济商圈，通过培育城墙夜游、变压工厂电音节等夜间文化旅游消费新热点、新产品，进一步激发大理古城夜间文化旅游消费新潜力。2021年，大理古城景区被评定为国家级夜间文化消费集聚区，鹤庆新华银匠村文化产业园区和大理华纺1958文化创意产业园区被评定为第一批省级夜间文化和旅游消费集聚区；双廊艺术休闲街区、巍山南诏古街以及弥渡花灯文化和传统美食夜市被评定为第二批省级夜间文化和旅游消费集聚区；大理云免跨境国际购物中心试营业；两次与支付宝携手推出文旅惠民消费季活动，共派发400万元文旅惠民消费券，助推大理建设国家文化和旅游消费示范城市，做强做大文旅消费新业态。

## 五、借助新兴科技，构建数字文旅业态

新时代人工智能、5G等数字科技拓展了文旅发展的领域及范围，为文旅

及相关产业的要素深度融合提供了技术支持，开启了文旅"数智"发展新阶段。① 文旅融合作为赋能乡村振兴的重要引擎，充分发挥数字媒介、新兴技术的创新服务作用，有助于打造文旅智慧化应用场景，从而更好地满足文旅市场的多样化需求。② 近年来，大理州坚持"以文塑旅、以旅彰文"推动文旅融合发展，围绕"国际化、高端化、特色化、智慧化"发展目标，以大理州文旅转型升级为抓手，以民族文化特色旅游资源为依托，利用现代科技创新文旅发展模式，以智慧化建设推动文旅提质升级，持续扩大新业态有效供给，进一步带动和助推乡村振兴。③

第一，推动文旅产业数字化转型。

运用科技元素宣传营销"风花雪月·自在大理"文旅品牌，将传统文化元素升级为线上线下综合体验的多元化场景表达方式，通过微信、微博、网络直播、短视频等数媒渠道传播文旅信息，打造西南地区首个"智能网联+智慧旅游"生态示范区，举办"智行大理、漫步苍洱"生态廊道自动驾驶体验活动，凝聚"乡愁大理·最美乡村"主题；利用元宇宙"深度游"，将虚拟现实与人工智能的高科技元素相融合，重构文旅的"人、场、物"，增强旅游主体的身份感知、映射和异构化互动，打造具有民族文化特色的3D沉浸式数字化体验场景，打造线上一站式文旅数字化服务，使游客尽情体验沉浸式云上文旅，进一步弘扬大理的文化魅力和旅游品牌形象，通过数字化让文化遗产和旅游资源实现价值转化。现代科技与文旅产业融合可以增强乡村振兴的创新动力，加快"数智乡村"建设，推进农业农村现代化进程。

第二，开发数字文创文旅 IP。

将大理文化融入文创产品设计中是传承地域文化、提升产品文化内涵的重要途径，通过对大理文化进行民俗性、实用性、时代性、全面性的融入和

---

① 王晴. 文旅融合赋能乡村振兴的机制与路径研究［J］. 山东行政学院学报，2022（4）：61-69.

② 邱峙澄. 文旅融合理念的价值维度与乡村文化振兴实践［J］. 社会科学家，2021（9）：51-55.

③ 罗晓渝，李仁君，唐丽. 文旅深度融合助推乡村振兴 大邑县弘扬三国子龙文化的创新探索［J］. 当代县域经济，2023（3）：48-51.

设计，能够使文创产品设计更具生命力。① 古色古香的"白族民居"前，碧波荡漾的"美丽洱海"畔，大理州 12 县（市）的特色文创产品花样繁多，以"去有风的地方"为主要设计灵感，以"风花雪月·自在大理"为宣传主题，精心打造"有风小馆"大理文旅形象展示区，以"线上展览+活动直播+线上洽谈"等方式。②

将乡村地域风情的创意元素融入文旅主题活动和旅游线路（线下+VA/AR 体验）③，利用 VR/AR、3D、互动投影、全息等数字技术打造文化体验城，开展文化亲子游系列活动，坚持品牌化策略，打造接地气、聚人气的数字文创产品，延长文旅产业增收链条，培育优秀传统文化沉浸式旅游消费模式。④ 例如大理非遗文创产品大赛，大理残疾人文创产品展销，崇圣寺三塔雪糕、喜洲古镇转角楼雪糕等文创雪糕，打造数字化、精品化、智能化的文旅产品，从而推动文创品牌价值链创新，进一步放大数字文创红利；推进数字文化 IP 与文化旅游产业深度融合，解锁"动漫+文旅"模式，《大理风物志》动画场景立足于大理本地，叙事场景生活化，以阿鹏和金花一家的日常生活为原点辐射展开，展示大理的风光、美食、文化、历史和风土人情。结合大理传统文化故事、传统工艺、非遗等制作推出一系列创意短视频，并且通过多元的角色设计，打造独特的大理 IP 人物形象和文化符号，吸引不同受众群体关注和喜爱，拓展大理旅游市场空间。⑤

第三，打造智慧文旅综合服务平台。

大理州围绕智慧文旅服务平台"看得见、联得上、呼得应、调得动"的

① 侯明明. 文旅融合背景下地域文化与文创产品设计的融合研究［J］. 包装工程，2023，44（16）：340-342，386.

② 我省多地特色产品亮相旅交会：文旅融合激发消费活力［EB/OL］. 云南省人民政府门户网站，2023-11-18.

③ 王晴. 文旅融合赋能乡村振兴的机制与路径研究［J］. 山东行政学院学报，2022（4）：61-69.

④ 罗晓渝，李仁君，唐丽. 文旅深度融合助推乡村振兴 大邑县弘扬三国子龙文化的创新探索［J］. 当代县域经济，2023（3）：48-51.

⑤ 动漫 IP+旅游解锁数字文旅新体验 大理文旅数字 IP 动画项目启动［EB/OL］. 大理州人民政府门户网站，2023-12-06.

目标要求①，将互联网与文旅进行深度融合，发展文旅数字融媒体，做好文旅营销，通过互联网、大数据、新媒体等现代化平台，进一步整合和盘活大理民俗文化、古建筑文化、特色饮食文化、民族特色服饰文化等资源，以"一部手机游云南"建设为契机，为文化旅游提供智慧导览、民宿、特产电商等交互式服务，实现文旅"游、吃、住、购、行"等场景的多业态整合，为下乡进村游客提供一站式服务；利用大数据、云计算和人工智能等数字技术，构建文旅"数智"平台，发展平台数字资源和分析能力②，以公共文化云为平台，深化拓展线上群文、非遗功能，积极开展智慧文物数字化展示工作，实现智慧应用产业化；加快州博物馆南诏大理国佛教艺术沉浸式数字化体验展厅建设，云南省首个元宇宙沉浸式体验景区"寻光白尼"落地蝴蝶泉公园。实现文旅市场的数字化管理，提高线上线下文旅运营管理效率和风险预警与应急保障能力，从舆情监测和流量分析，到电子巡更、风险预警和应急保障，都会增强文旅市场的运行韧性，全面提升智慧文旅服务平台建设数字化水平。

## 第四节　有风的地方——凤阳邑茶马古道传统
## 乡村的旅游振兴之路

挖掘可持续性的文化 IP 是未来"影视+文旅"产业的核心。大理依托丰富的文化旅游资源，加速"IP+文化+旅游"融合发展，将持续推进文化与旅游深度融合，把旅游资源优势转化为产品优势，推动旅游文化与影视制作深度"联姻"，助力文化和旅游"双强省"建设。大理影视产业发展大有可为，把握时机将其作为重点、亮点产业发展，有助于乡村振兴的发展。大理出现在影视作品的镜头下，出现在许多人的朋友圈中，成为人们向往的"诗和远方"，也成为发展文化旅游、打造城市品牌、提振全州经济的重要力量，去取景地打卡、走"明星同款"路线，已成为年轻游客的最新潮流。"影视+旅

---

① 大理州全力提升智慧旅游数字化水平［EB/OL］. 大理州人民政府门户网站，2023−12−04.

② 杨小冬. 文旅融合赋能乡村振兴的机制与路径［J］. 人民论坛，2022（24）：81−83.

游"正成为文旅行业新趋势。

以"风花雪月"闻名海内外的大理，一直是影视宣传地和旅游胜地。1959 年电影《五朵金花》让大理风靡全国、享誉世界；1997 年到 2003 年间，5 个版本电视剧《天龙八部》让无量山成为世人神往的梦里桃花源，大理国段氏神秘引人[1]；2014 年电影《心花路放》中的歌曲《去大理》在大理市龙龛古渡、双廊古镇等地取景，种下了一颗"去大理"的种子；2023 年年初电视剧《去有风的地方》在大理市凤阳邑村、喜洲古镇、大理古城、剑川沙溪古镇、云龙天灯海坪、弥渡密祉等地取景，让"去大理"这颗种子在大理发芽、开花。影视剧热播带动旅游热，本质上是一种文旅联动下的共赢。[2]

2021 年 5 月，凤阳邑自然村被列为大理洱海海西国家级乡村振兴示范园 3 个重点示范村之一，凤阳邑村因地制宜，找准乡村振兴示范创建与"重点依托凤阳邑茶马古道及古村落开发文旅产业"的发展定位，详细规划了"有旧保旧、修旧如旧"的品质慢生活发展思路、村庄及业态布局，初步形成了凤阳邑——品质慢生活的"文旅振兴"新模式。按照"产业兴旺、生态宜居、乡风文明、治理有效、生活富裕"的要求，以农业强、农村美、农民富为目标，借力热播剧《去有风的地方》，定位"品质慢生活"，游客量从起初寥寥无几到如今人流如织，各类艺术家及特色产业品牌入驻，凤阳邑正逐步蝶变为大理旅游新热点，走出一条茶马古道传统乡村的旅游振兴之路。目前，凤阳邑村累计实施基础设施项目、文旅产业项目及党建活动场所项目共计 19 个，概算投资 3505 万元，其中包括中国传统村落保护利用项目资金 1058 万元和州级乡村振兴专项资金 950 万元，目前项目全部完工并投入运营，特色村落雏形初现。凤阳邑村新增集体经济项目 3 个，分别为市委党校旁集体经济打包项目、马店和有风小院，实现资产性净收入 899.56 万元，带动村民增收 17 万元，预计下阶段集体经济增收突破 20 万元。[3]

电视剧《去有风的地方》以新时代大理乡村生活为创作题材，在大理实

---

① 陈真永. 去有风的地方追风赶月 去过有一种生活叫大理［J］. 新型城镇化，2023（3）：70-71.

② 《去有风的地方》引发旅游热的思考［N］. 云南日报，2023-02-06（7）.

③ 大理 1 案例入选 2023 世界旅游联盟——旅游助力乡村振兴案例［EB/OL］. 大理州人民政府门户网站，2023-12-01.

景拍摄。该剧在国内外热播后，直接吹火大理旅游，是"影视+旅游"在大理的成功实践，为大理文化旅游复苏注入强劲动力。大理紧跟游客需求变化，结合丰富的文化旅游资源，完善旅游产品供给体系，推出更多游客喜爱的新产品、新业态。据大理州文化和旅游局统计，2023年春节假日期间，云南旅游人数排全国第二，旅游收入384亿元，位列全国第一。其中大理白族自治州共接待旅游者423.93万人次，同比增长219%；实现旅游业总收入31.6亿元，同比增长162%。① 各大网络预订平台发布的2023年春节旅行消费订单数据显示，大理旅游消费市场火热，春节假期前6天，大理成为全国满房率排名第一的城市，大理古城在国内最热旅游景点排名第五。② 大理旅游的大外宣格局随同该剧在海外的热播而进一步构建，优秀影视作品带动文旅产业发展成效显著。

《去有风的地方》以田园诗般的剧情，呈现了大理如画的风景、静美的乡村、淳朴的民风、友善的乡情、可口的美食、舒缓的节奏、精湛的工艺、治愈的生活，向世界展示、传播了"七彩云南·魅力大理"的迷人风采，生动鲜活地阐释"来了就不想离开，离开了还想回来"的大理乡愁，唯美艺术地传播了"有一种生活叫大理"的美好生活方式，成为大理最好的旅游宣传片。作为"影视+文旅"融合发展的一次成功探索，《去有风的地方》在影视作品与城市品牌的高度契合中实现了"影视"与"文旅"的双重长尾效应，助推乡村振兴。③

"跟着许红豆吃大理鲜花饼""今年春节一起来云南旅游""总要去一趟有风的地方"等话题席卷各大社交平台，让大理"火上加火"，掀起全民"追风"的热潮。电视剧的拍摄地大理市太和街道刘官厂村委会凤阳邑村重走茶马古道、体验古村落文化备受追捧。大理州各级政府累计投资2098万元，对凤阳邑村完成了入村道路、停车场、卫生间、休息驿站、乡村旅游小环线、

① 半月谈点赞《去有风的地方》 "五一""追风"热潮持续引爆大理［EB/OL］.大理州人民政府门户网站，2023-04-26.
② "影视+文旅"成就大理旅游新爆点［EB/OL］.大理州人民政府门户网站，2023-03-22.
③ 任旭."影视+文旅"联动升级，"因地制剧"是关键：以《去有风的地方》为例［J］.中国广播影视，2023（12）：85-87.

马店、村史馆、茶马古道博物馆等 19 个基础设施项目建设，并利用老院落改造，引进"荒堂"公共艺术教育基地、"最美茶空间"茶文化体验馆等一批安静、治愈、独具匠心的打卡点。凤阳邑茶马古道（凤阳茶室）白族三道茶传习所自 2023 年 2 月试营业以来，每天接待游客 500 多人次。凤阳茶室正在打造"全国最佳旅拍基地"，每天都有游客慕名前来旅拍。由中国传统制茶技艺及其相关习俗白族三道茶人类非遗代表作名录州级代表性传承人、大理白学会三道茶分会会长董丽亲传的传统古法技艺三道茶活态体验、凤阳邑村环村栈道"凤凰之眼"观景台拍照打卡、围炉煮茶等项目深受游客青睐。

大理州文旅部门组织举办了"茶和天下、共享非遗"之"茶香大理"主题活动，"围炉煮茶"火遍全网，预热引爆文旅市场。发放 3000 万元文旅、航旅惠民补贴，鼓励景区推出系列分时分段分区免票优惠政策。借力电视剧《去有风的地方》热播契机，策划推出"去有风的地方·品最美的风物""过大年、游大理"等专题宣传文旅活动。①

文化旅游产品的设计不是增加文化相关符号以获得短期效益，而是在游客体验和参与环节充分体现文化价值观念的表达。② 影视作品的欣赏是一种观念上的文化认同过程，建立在对影视作品文化认同基础上的文旅体验活动，既还原剧中场景，又针对不同消费水平和需求的人群提供多层次、高质量的消费体验服务。大理凤阳邑集中精力在"高品质"和"慢生活"两个点上做文章，力求以高品质的点带动慢生活的面，形成良性集群效应，激活文旅振兴。在古建风貌修复中，坚持将古建质感韵味注入每一栋建筑、每一面石墙和每一块牵马石，以品质风貌应景凤阳邑滇藏茶马古道独有的"爷爷牵马、奶奶背盐的历史乡愁"；在沉浸式场景打造中，突出凤阳邑"草帽街""茶马道"等独特村貌，引导村中老奶奶集中展示编草帽、老爷爷牵马等，营造突出独特的茶马古村味道。"寻文访艺、新雨听竹、山中静居、围炉煮茶、饮风酌酒"正在成为凤阳邑品质慢生活的生动写照。

---

① 秦蒙琳. 乘风而上"影视+文旅"成就大理旅游新爆点 [N]. 云南日报，2023-03-22 (7).

② 董天，韩钰钰. 文化认同视角下影视作品与文化旅游的互动关系研究：以《去有风的地方》为例 [J]. 西部旅游，2023 (13)：9-11.

2023 年大理明确提出"精心设计'去有风的地方打卡路线图'",对"有风的地方"景区下一步的规划和运作提出要求,强调加强宣传引流、假日旅游和日常旅游同步发力,深化"去有风的地方""有一种生活叫大理""中国最佳爱情表白地"等主题引流,不断增加文旅吸引力。有了这样的认识和规划,有了基础设施的改善和管理服务能力的提升,相信在大理、在云南,"风"会继续吹,旅游会持续"火"。在乡村振兴的大背景下,《去有风的地方》凭借生活流、治愈系的"慢内容"展现了云南闲适的田园生活,通过年轻人扎根乡村、建设乡村的故事讲述了乡村振兴的大发展,以沉浸式的影像风格和恬逸的美学意蕴助力宣传国家乡村振兴战略和成就。该剧"影视+文旅"融合发展成功探索值得我们借鉴,实现了"剧""地"的双赢共生,进一步实现了影视文旅融合赋能乡村振兴。

## 小　结

在乡村振兴的大背景下,加强文化赋能和旅游带动,推动农文旅深度融合,是全面推进乡村振兴的重要途径。文旅融合将文化资源、旅游资源相结合,为乡村发展带来新的经济增长点,既能提升当地居民的生活品质,又能推动乡村文化的繁荣兴盛,实现乡村经济的高质量发展。

文旅的核心是人文精神,通过提升乡村文化内涵增强文化自信,大理文旅在缩小城乡发展差异、增强地方民众收益的同时,也在传承弘扬中华优秀传统文化,促进文化交流共享,推动文化创造性转化和创新性发展。在乡村振兴过程中,大理文旅承载文化使命,推动优秀传统乡土文化的保护传承和创新发展,成为传承发展农耕文明的重要载体。深挖农耕文化中蕴含的优秀思想观念、人文精神、道德规范,以旅游促进文化发展繁荣,提升乡村人文价值。

文旅的支撑是产业,通过做实做大品牌增强乡村文旅发展活力。大理立足于自身的资源优势,抓住难得的发展机遇,建设具有国际影响力的区域性中心城市,持续强化规划引领,加大旅游基础设施建设投入,提升大理旅游品牌，融入大滇西旅游环线建设，资源整合共享，发展具有浓郁大理特色的旅游产品，着力提升旅游服务质量，为大理旅游产业升级转型注入更多的活力，不断提升旅游精细化管理水平。积极探索文旅深度融合、文旅产业升级转型，以文化和生态为底色，将生态元素和民族元素融入美丽乡村建设的每个环节，加快发展"文旅+"产业，整合资源要素，开展文博、文物、非遗、民俗创意文化活动，同时利用智能化技术提质增效，以更高的品质开发文旅产品，打造"风花雪月·自在大理"的超级 IP；打响文化、生态名片；打好"文化大理组合牌"，构建核心竞争力，有效促进乡村旅游业发展，积极做好大理特色旅游文化资源的挖掘和保护工作，以文旅产业高质量融合发展助力乡村振兴。

# 第四章

# 大理红色文化旅游助力乡村振兴的实践

党的二十大报告指出，要全面实施乡村振兴战略。《中共中央、国务院关于全面推进乡村振兴加快农业农村现代化的意见》中提出了"构建现代乡村产业体系，深入挖掘、继承创新优秀传统乡土文化，开发休闲农业和乡村旅游精品线路"①。由此，乡村旅游成了助力乡村振兴的新路径。而红色文化资源作为广泛分布在我国乡村的一种独特资源，如今在实施乡村振兴战略背景下，也成了文旅融合与乡村振兴交叉的热点。② 大理地区拥有着悠久的红色文化历史和丰富的红色文化资源。近些年，在全面实施乡村振兴战略的机遇中，大理地区积极挖掘当地的红色文化资源，发展红色文化旅游业，不断推动红色文化旅游助力乡村振兴的实践。

## 第一节 大理红色文化旅游资源的类型与主要特点

党的十八大以来，习近平总书记对红色文化资源的保护运用高度重视，曾多次强调要"把红色资源利用好，把红色传统发扬好，把红色基因传承好"③。而大理是中国共产党开展革命活动和建立党组织较早的地区之一，光是革命老区县就有 5 个。早在新民主主义革命时期，大理这片土地上就已经

---

① 中共中央国务院关于全面推进乡村振兴加快农业农村现代化的意见［M］. 北京：人民出版社，2021：3.
② 尚子娟，任禹崑. 乡村红色文化与旅游发展模式探析［J］. 学术交流，2021（4）：112.
③ 许先春，王艺霖. 把党的历史学习好、总结好、传承好、发扬好：学习习近平总书记关于党史的重要论述［N］. 光明日报，2021-03-17（11）.

播种下了革命的火种。1936 年 4 月 18 日至 25 日，中国工农红军第二、六军团长征过大理。19 世纪末至 20 世纪中期，在反对外来侵略的各个时期，苍洱大地上又涌现出了大批优秀儿女……因此，大理地区红色文化历史悠久，红色文化资源丰富。

**一、大理红色文化旅游资源的类型**

大理的红色文化资源分布较为广泛，大理州 12 个县市均有分布，但主要集中在祥云县、宾川县、鹤庆县和剑川县。从整体上来看，根据 2011 年大理州普查的革命遗址结果来看，大理地区共有 233 处革命遗址及各类纪念馆，其中保存较为完整的有 54 处，有 211 个红色文化点是申报过和走访考察过的，有切实的文字材料和图片资料。① 而从地州上来看，仅剑川县境内就有 31 处云南省革命遗址、2 座革命烈士陵园、8 座革命纪念馆。② 宾川县有 12 个纪念遗址，7 个地下党组织重要活动的旧址，1 个烈士陵园。③ 另外，大理地区红色文化资源类型丰富多样，有革命人物故居、烈士陵园、纪念碑以及革命事件旧址、红色标语、红色歌曲、红色小说和红色影视剧等，但就目前来看大理地区已经用于红色文化旅游的红色文化资源形式主要有革命人物故居、革命事件旧址和红军长征文化纪念遗址遗迹三种。

第一类，革命人物故居。

在大理这块土地上曾出现过一批批优秀的革命人物，有早期的马克思主义传播者——王复生、中国共产主义运动的先驱者——张伯简，此外还有王德三、周保中、施滉、赵镕等也活跃在全国革命工作中，为革命事业而奋斗。而在这些革命人物走上革命道路以前，他们生活的地方（革命故居）都留下了他们的成长印记，这是他们为理想踏上革命征程的见证，也是给后人思想

---

① 中共大理州委党史研究室. 大理州革命遗址通览［M］. 昆明：云南人民出版社，2011-07-01.

② 剑川县用好"红色经典"开展教育［EB/OL］. 剑川县人民政府门户网站，2019-10-23.

③ 宾川：红色旅游"火"起来 长征火炬代代传［EB/OL］. 宾川县人民政府门户网站，2019-12-23.

洗礼与启发的地方。① 目前，大理州对这些革命人物故居进行红色文化旅游开发时，采取的是在基本保存原有风格的基础上进行修复和重整，从而打造相应的红色文化旅游景点的做法。在开发好后游客可以通过实地参观来深入了解和感受这些革命人物的精神和成长痕迹。通过统计，目前大理地区已经开发并用于红色文化旅游的革命故居主要有周保中将军纪念馆、杨杰故居、王复生王德三故居、王孝达故居、张伯简故居、张子斋故居、尹宜公故居、施滉故居、施介故居、赵镕故居等。

而除了这些革命人物故居外，在大理地区还有一些革命烈士纪念碑和纪念馆也是宝贵的红色文化旅游资源。革命时期，在大理地区有很多人为了祖国和人民的利益，自愿加入战斗，甚至默默献出了自己宝贵的生命，为了纪念这些革命烈士，曾经历过相关战斗的大理各地政府建立和修建了纪念碑、纪念馆等。根据统计，目前大理地区已经开发用于红色文化旅游的革命烈士纪念地、纪念馆主要有鹤庆红军无名烈士墓、沙溪革命烈士陵园、厂街乡烈士纪念塔、祥云县烈士陵园、中国人民解放军第十四军暨滇桂黔纵队第七支队烈士纪念碑、云南驿二战中印缅战区交通史纪念馆、剑川"四·二"武装暴动纪念碑、剑川龙门邑村红色传承教育基地等。②

第二类，革命事件遗址。

大理是中国共产党开展革命活动较早的地区之一，曾有很多革命先烈在大理地区进行过革命活动，留下了很多的革命事件遗址。③ 这些革命事件遗址记录了大理地区在革命过程中的艰苦奋斗历程以及宝贵的革命精神。将大理地区的革命事件遗址用于红色文化旅游业开发，不仅能让游客在游览革命事件遗址时增强对革命史实的认识，而且也激励着大家学习革命先烈们英勇奋斗的革命精神。目前，大理地区已经开发用于红色文化旅游的遗址主要有会议遗址、战斗和战争遗址、革命根据地遗址。

---

① 马晶晶. 大理地区红色资源的思想政治教育价值及实现研究 [D]. 大理：大理大学，2019：14.

② 马晶晶. 大理地区红色资源的思想政治教育价值及实现研究 [D]. 大理：大理大学，2019：15.

③ 马晶晶. 大理地区红色资源的思想政治教育价值及实现研究 [D]. 大理：大理大学，2019：13.

主要会议遗址有红二、六军团鹤庆军事会议遗址、羊岑军事会议旧址、中共蒙化县委翁家丫口会议遗址等。

主要战斗和战争遗址有红二军团祥云东城门战斗遗址，红二、六军团南薰桥战斗遗址，沙溪战斗遗址，黄泥丫战斗遗址，飞龙桥战斗遗址，滇西工委金脉根据地事迹陈列馆，等等。

主要革命根据地遗址有鹤庆县南区革命根据地金山据点、鹤庆西山区革命据点遗址、青华乡西窑村根据地遗址、天目山根据地遗址等。①

第三类，红军长征遗址遗迹。

1936年，中国工农红军第二、六军团长征经过大理，夜袭祥云县城，攻克宾川县城，顺利经过鹤庆县进入丽江，抢渡了金沙江。② 红二、六军团长征过大理，在大理各族人民心中播下了革命火种，为之后党在大理地区领导武装斗争起到了推动作用。如今，大理地区依托长征文化资源积极发展红色文化旅游，不仅能让游客在重走长征遗址过程中加深对长征文化的了解，坚定理想信念，而且也能促进大理地区红色文化旅游业的发展。根据调查，大理地区目前被开发出来用于红色文化旅游的红军长征遗迹遗址主要有战斗遗址、驻地和途经地点以及长征纪念设施。

主要的战斗遗址有祥云县城东城门（红二军团过祥云城战斗旧址）、红二军团指挥部遗址（将军第）、祥云县城钟鼓楼战斗遗址、宾川州城南薰桥战斗遗址、宾川州城钟鼓楼、碉楼战斗遗址等。

主要驻地和途经地点有祥云云南驿古驿道遗址、米甸马鞍山茶马古道遗址、红二军团祥云指挥部旧址（将军第）等。

主要长征纪念设施有红军长征过大理陈列馆、祥云红军长征过祥云陈列馆（鑫海红色文化园）、宾川新庄村长征纪念馆、红军长征过鹤庆纪念碑公

---

① 马晶晶.大理地区红色资源的思想政治教育价值及实现研究［D］.大理：大理大学，2019：13.

② 中共大理州委党史资料征集办公室.红军长征过大理州［M］.内部资料，1986：28.

园、鹤庆县红色文化陈列馆等。①

大理地区是中国共产党开展革命活动和建立党组织较早的地区之一，有着光荣的革命传统，曾有不少大理籍革命人物义无反顾地投身到了革命活动中，也有很多革命活动发生在大理这块土地上，造就了大理地区丰富的红色文化资源，从而使得大理地区有着巨大的红色文化旅游业发展潜力。

**二、大理红色文化旅游资源的主要特点**

一是内涵丰富、分布广泛。

大理地区红色文化旅游资源内涵丰富、分布广泛。从覆盖范围来看，大理州的 12 个县市都有红色文化资源的分布，虽然大部分红色文化资源主要集中分布在宾川、鹤庆、剑川和祥云四个县，但剩下的县市也有着一定的红色文化资源的分布。而近些年来，大理各地也在不断开发挖掘利用当地的红色文化资源，积极推动红色文化旅游业的发展。根据大理州文化和旅游局调查统计，在 2018—2022 年期间，大理州加强乡村革命文物保护修复和展示传播，共有革命文物 130 处，共计开放 114 处。依托王德三、王复生、施滉、施介等革命英烈故居和民族英雄周保中将军纪念馆等成功打造了 5 个红色文化旅游景区和 7 个红色文化旅游村镇，培育出了 5 条红色旅游精品线路。②

大理地区的红色文化旅游资源形式多样，主要有革命遗址、烈士故居、纪念馆、纪念碑、烈士陵园等物质资源。此外，还有革命书籍、革命照片、红色标语、红色诗歌、红色故事以及在革命过程中形成的长征精神等精神资源。③ 而这些形式多样的红色文化资源都是大理地区发展红色文化旅游的重要依托。近年来，大理各地就当地的红色文化资源开发出了一些红色文化旅游

① 中共中央党史研究室科研管理部. 全国重要革命遗址通览：第三册 [M]. 北京：中共党史出版社，2013；中共云南省委党史研究室. 云南省革命遗址通览 [M]. 昆明：云南人民出版社，2013；中共大理州委党史研究室. 大理州革命遗址通览 [M]. 昆明：云南人民出版社，2011.

② 大理州文化和旅游局关于贯彻落实《云南省乡村振兴战略规划（2018—2022 年）》情况报告 [EB/OL]. 大理州人民政府门户网站，2023-02-03.

③ 马晶晶. 大理地区红色资源的思想政治教育价值及实现研究 [D]. 大理：大理大学，2019：17.

景点。其中比较典型的是，宾川县乔甸镇新庄村依据红六军团长征经过新庄村的历史，探索出了一条"以红色旅游为支撑、乡村休闲与农业观光旅游融合"的发展新路，带领全村人走上了脱贫奔小康的致富路；祥云县则通过对刘厂镇王家庄的王复生王德三故居等革命遗迹进行有效保护和修缮，接待各地人士前来学习，如今王复生王德三烈士纪念馆已成为云南省广大党员领导干部党性教育、爱国主义教育、民族团结进步教育和廉政教育的主阵地，也成为祥云县对外宣传的一张响亮名片。

二是具有鲜明的地方特色。

大理州是全国唯一的白族自治州，已经孕育了 5000 多年的人类文明，在这块土地上生活着汉族、白族、回族等 26 个民族，其中 13 个为世居民族，但白族人口占据主体地位，因此，大理地区白族文化突出且深厚。而大理地区的红色文化旅游资源是革命过程中在党的领导下革命先烈在大理这块土地上所形成的，因此，大理地区的红色文化旅游资源也有着鲜明的地方和白族特色。许多革命烈士故居，像王复生王德三故居、张伯简故居、周保中故居都是当地传统的民宅院落，不同于其他地区的房屋结构，保留着白族建筑的鲜明特色。此外，一些革命遗址遗迹也有着明显的大理白族建筑风格，像红军长征途经滇西的遗址——宾川县州城南薰桥，南薰桥上两端的牌楼及桥上的亭阁式木构建筑有着浓厚的白族风格，这座明代拱桥如今仍然较好地保留着原有的风貌，是研究大理地区明清桥梁建筑、白族文化和长征文化不可多得的范本。① 另外，红军烈士碑、长新三烈士墓等，无论从碑文还是墓碑，都遗留了白族墓碑特征。② 所以，"一方水土造就一方文化"，大理地区红色文化资源也带有大理白族地区的鲜明特色。

三是教育功能突出。

大理地区的红色文化资源是大理儿女们以及革命先驱在大理这片土地上为了国家和人民的未来而英勇奋斗、慷慨付出的见证。如今，大理各地依据各自所有的红色文化资源而不断推进红色文化旅游的开发，让更多人能够近

---

① 孟尧尧. 滇西地区长征文化传承与发展研究 [D]. 大理：大理大学，2022：19-20.
② 王子莲. 地方红色文化在大理高校思想政治理论课教学中的运用研究 [D]. 大理：大理大学，2021：17.

距离去感受在大理这块土地上所经历过的战斗，从而能够更好地去记住这段历史，坚定理想信念，激发爱国热情。因此，大理地区的红色文化旅游资源有着重要的育人作用。目前，大理地区的红色文化旅游以教育示范基地模式为主，此模式主要用来接待企事业单位、政府部门、社区工作人员的党组织成员、学生，通过组织相关人员到基地进行参观学习，接受爱国主义教育和革命教育，了解社会主义发展成就，建立文化自信，获得精神上的提升，从而发挥红色文化资源的育人作用。据统计，每年前往周保中将军纪念馆参观的有 500 多个单位，参观人次达 1.8 万人次，前往剑川红色教育基地参观人次达 1.2 万，前往宾川红军长征纪念馆人数达数 10 万。而周保中将军纪念馆更是被中宣部评为"全国爱国主义教育示范基地"。① 另外，大理州在 2021 年也通过综合评定，评审出了 22 个州级爱国主义教育基地。② 大理地区的红色文化资源的育人作用日渐凸显。

大理地区的红色文化资源是党的领导下在大理地区形成的一种文化资源，它既有着教育功能突出的红色文化资源共性，又有着大理地域性和白族风格突出的个性，而且广泛分布在大理州的 12 县市。习近平总书记强调："中国式现代化是物质文明和精神文明相协调的现代化，要弘扬中华优秀传统文化，用好红色文化，发展社会主义先进文化，丰富人民精神文化生活。"③ 红色文化资源蕴藏着深厚的文化内涵，是助推乡村振兴的强大精神力量。开发利用红色文化资源，能为乡村振兴提供物质动力和精神动力。因此，大理地区应以红色文旅融合为抓手，不断深挖红色文化内涵，开发红色文化旅游景点，助推乡村繁荣振兴。

## 第二节  大理红色文化旅游助力乡村振兴的多重意义

党的十九大报告提出，实施乡村振兴战略，并将其作为解决"三农"问

---

① 刘文颖. 大理红色旅游与乡村振兴融合发展研究 [J]. 品牌研究，2021 (10)：297.
② 大理州拟命名州级爱国主义教育基地公示 [N]. 大理日报，2021-07-29 (A1).
③ 在新时代东北振兴上展现更大担当和作为 奋力开创辽宁振兴发展新局面 [N]. 人民日报，2022-08-19 (1).

题的重要途径，这项战略为中国乡村的发展指明了方向，创造了条件。中国革命是从乡村出发的，许多革命老区、红色文化旅游资源都集中在乡村地区。而近些年，随着人们生活水平的提高以及乡村振兴战略的实施，乡村旅游业发展迅速。红色文化旅游作为乡村地区独特的旅游资源，也逐渐成为大家旅游出行的新选择。① 2019 年，习近平总书记在河南考察时便指出，"依托丰富的红色文化资源和绿色生态资源发展乡村旅游，搞活了农村经济，是振兴乡村的好做法"②。可见，推动乡村红色文化旅游发展是推进乡村振兴的重要发展力之一。

大理地区是我国较早开展革命活动和建立党组织的地区之一，在中国共产党的领导下，大理乡村地区形成了丰富的红色文化资源。在实施乡村振兴战略背景下，开发大理地区的红色文化资源，对于实现村民脱贫致富、促进乡村振兴具有十分重要的意义。③

**一、促进大理乡村产业振兴**

产业兴旺是乡村振兴战略的重要基础。大理地区通过发展红色文化旅游业，不仅能促进旅游业的转型升级，而且还能带动周边产业的发展壮大，从而促进大理地区经济发展，帮助村民脱贫致富，夯实乡村振兴的基础。④

首先，发展红色文化旅游业有利于推动大理地区旅游业的转型升级。大理地区的红色文化旅游业是通过挖掘当地的红色文化资源，使其与旅游产业进行深度融合发展的一种旅游新业态。大理是我国著名的旅游城市，有着良好的旅游基础，但其旅游业主要以自然风光的观赏为主，对文化资源的开发较为薄弱。而近些年来，大理地区不断挖掘当地的红色文化资源，促进红色文化与旅游业相互融合，形成以红色文化为灵魂、以旅游产业为载体的红色

---

① 尚子娟，任禹崀．乡村红色文化与旅游发展模式探析［J］．学术交流，2021（4）：112.
② 坚定信心埋头苦干奋勇争先 谱写新时代中原更加出彩的绚丽篇章［N］．人民日报，2019-09-19（1）.
③ 黄三生，凡宇，熊火根．乡村振兴战略视域下红色文化资源开发路径探析［J］．价格月刊，2018（9）：90.
④ 黄三生，凡宇，熊火根．乡村振兴战略视域下红色文化资源开发路径探析［J］．价格月刊，2018（9）：90.

文化旅游业，从而推动大理地区的旅游业从传统的单纯重视自然风光打造向文旅融合的转型升级。《大理州"十四五"文化和旅游发展规划》中就指出宾川县要因地制宜地融合历史文化、红色文化等地域文化内涵，建成集康体娱乐、养生度假、科普研学、红色教育为一体的业态多元的乡村旅游区。祥云县要因地制宜地融合民族风情、红色文化等多元文化内涵，大力发展乡村田园观光、研学教育等产品。①

其次，发展红色文化旅游业有利于带动周边产业的发展。红色文化旅游与餐饮、住宿、交通、通信、商贸等服务行业关联密切，大理地区红色文化旅游业的发展能够有效带动其他行业的发展，从而提高当地村民的收入，促进经济水平的发展。大理剑川县龙门村在大力发展红色文化旅游业的同时还大力发展木雕业、运输业、乳畜业等优势第三产业，积极调整产业结构、培育特色高效产业，扩大粮食经济作物种植面积，拓宽致富渠道。②另外，红色文化旅游业的发展还可以促进当地特色农副产品的销售、消费，带动观光农业、休闲农业、创意农业的发展。近年来，宾川县乔甸镇新庄村在发展红色文化旅游业的过程中，也不断推动乡村民宿、农家乐、农产品等乡村产业链的逐步壮大。因此，大理地区的红色文化旅游业的发展在推动大理地区旅游业转型升级的同时还带动了周边产业的发展，能在一定程度上促进大理地区的乡村产业兴旺发展。

### 二、带动乡村的生活富裕

实施乡村振兴战略最终目的是让村民过上幸福美满的生活。大理地区通过发展红色文化旅游业，不仅能够带动当地经济发展，而且能够丰富群众的生活，不断向美好生活迈进，促进乡村振兴的实现。

首先，大理地区发展红色文化旅游业能够带动当地经济的发展。大理地区工业欠发达，许多村民增收致富手段单一，以农业劳作和外出务工为主。

---

① 大理白族自治州人民政府关于印发大理州"十四五"文化和旅游发展规划的通知［EB/OL］.大理州人民政府门户网站，2022-07-19.
② "党建+红色旅游"助推扶贫攻坚（图文）［EB/OL］.剑川县人民政府门户网站，2016-11-01.

但大理各地都有红色文化资源分布，且多数红色文化资源集中分布在乡村地区。近些年，大理各地依据当地所有的红色文化资源积极发展红色文化旅游业，吸引游客，为村民提供就业岗位，推动当地的经济发展，提高当地村民的生活水平。自2016年宾川县新庄村成立了宾川县红色海稍农业观光旅游开发公司以来，三年期间共接待游客60余万人次，实现旅游收入1000余万元，为新庄村村民及原始股东发放红利2次共计27万元。①　其次，大理地区发展红色文化旅游业能丰富群众生活，促进美好生活需要的实现。新时代，社会主要矛盾已变成人民群众日益增长的美好生活需要和不平衡不充分的发展之间的矛盾，因此，"生活富裕"不单单只局限于物质富裕层面，而应该从物质、精神、政治、生态等多方面去理解，不仅要实现"口袋富裕""脑袋富裕"，还要实现"心态富裕""生态富裕"。②　而如今大理地区在发展红色文化旅游业的过程中，也积极关注多方面的协同"富裕"，不断促进当地村民生活水平的提升。大理剑川县龙门村在开发红色文化旅游时，村党总支部集中力量重点突破，将龙门村打造成具有革命老区特色的"村庄秀美、环境优美、生活甜美、社会和美"的宜居、宜业、宜游的美丽红色旅游村庄。③　因此，发展红色文化旅游业，不仅能带动大理当地的经济发展，而且能丰富人民群众的生活，不断向美好生活迈进，从而推动大理地区人民实现生活富裕。

### 三、推动乡村有效治理

治理有效是乡村振兴的基础。④　大理地区发展红色文化旅游不仅能够留住人才，更好地进行当地人员管理，而且有利于巩固乡村治理体系，从而促进大理地区乡村治理的有序进行。

首先，大理地区发展红色文化有利于留住人才，便于当地的人员和社会

---

① 宾川：红色旅游"火"起来 长征火炬代代传［EB/OL］. 宾川县人民政府门户网站，2019-12-23.
② 黄三生，凡宇，熊火根. 乡村振兴战略视域下红色文化资源开发路径探析［J］. 价格月刊，2018（9）：92.
③ "党建+红色旅游"助推扶贫攻坚（图文）［EB/OL］. 剑川县人民政府门户网站，2016-11-01.
④ 黄三生，凡宇，熊火根. 乡村振兴战略视域下红色文化资源开发路径探析［J］. 价格月刊，2018（9）：91.

治理。以往，大理大部分乡村地区治理水平较低，基础设施建设和服务不够完善，整体工作环境和劳动条件相对较差，以至于大部分农户都外出务工，很少有人能留下来建设家乡。① 而发展红色文化旅游在促进当地经济发展的同时能够提供大量的工作岗位，这样便能吸引大量外出务工的人员回到家乡就业，对家乡进行建设，从而能够较好地对人员进行管理和进行乡村治理。其次，大理地区发展红色文化旅游业有利于巩固乡村治理体系。《中共中央 国务院关于实施乡村振兴战略的意见》进一步将乡村治理体系具体化为"党委领导、政府负责、社会协同、公众参与、法治保障的现代乡村社会治理体制"②，从而为乡村治理提供了具体的指引，大理地区近些年也在各级党委、政府部门的支持下，积极发展红色文化旅游业。其中比较典型的是王复生、王德三烈士的故乡——祥云王家庄社区，近些年王家庄社区以红色为主基调，采用"党支部+龙头企业+合作社+农户"的模式，在加强党的全面领导下，积极发展红色文化旅游业，实现兴村富民和基层社会治理特色双发展，社区因此还获得了"云南省先进基层党组织"的荣誉。③ 因此，大理地区发展红色文化旅游业不仅能够留住人才，更好地对人员进行管理，而且能巩固乡村治理体系，从而促进乡村治理的发展。

### 四、培塑乡风文明

乡风文明是乡村振兴的有力保障。大理地区发展红色文化旅游不仅有利于发挥社会主义先进文化的主导作用，提升村民思想文化水平，而且还能发挥红色文化资源对于乡风的促进和优化作用，促进文明乡风的形成。

首先，大理地区发展红色文化旅游，有利于发挥社会主义先进文化的引领和主导作用，培育文明乡风。发展红色文化旅游是为了使游客在观光途中受红色文化和革命精神等社会主义先进文化的洗礼，并在无形中成为红色文化的传承主体，而为了达到这个目标，在对红色文化旅游景点进行打造时不

---

① 罗琛. 红色旅游资源在乡村振兴战略中的功能性研究 [J]. 农场经济管理, 2021 (12): 28.

② 中共中央国务院关于实施乡村振兴战略的意见 [EB/OL]. 中国政府网, 2018-02-04.

③ 张洲. 祥云县刘厂镇王家庄社区：传承云岭初心 共圆团结梦想 [N]. 大理日报, 2023-10-30 (2).

仅要深入挖掘红色文化资源的内涵，而且要充分发挥社会主义先进文化的引领作用，不断提高村民和工作人员的思想文化水平，为游客营造良好的文化氛围。而近些年，大理地区在开发红色文化旅游的过程中，重视对当地村民的文明行为引导，加强对村民思想文化的提升，坚持培育文明乡风。南涧县拥翠乡在发展红色文化旅游过程中，抓实新时代文明实践站点建设，利用各村党建微信群、广播，以社会主义核心价值观为引领，大力开展党史学习教育，深入开展移风易俗行动，引导农民群众自觉向上向善，提升群众文明素质，促进村风民风转变。① 其次，大理地区发展红色文化旅游还有利于发挥红色文化资源对于乡风的促进和优化作用。大理地区通过对红色文化旅游资源的开发，让更多人了解大理地区的革命事迹、红色文化以及民俗风俗等优秀文化，切身体会当年革命前辈的优秀品质，更加坚定爱国情怀，这能够有力推动文明乡风、良好家风、淳朴民风的建设，进而推进乡村文化振兴。② 宾川县新庄村在发展红色文化旅游后，村民每天耳闻目睹红色教育等正能量的思想、文化，整个乡村形成了团结、奉献的"红军村"氛围。③ 因此，大理地区发展红色文化旅游不仅有利于发挥社会主义先进文化的引领作用，而且能发挥红色文化资源对乡风的优化作用，从而促进大理地区文明乡风的发展。

## 五、建设生态宜居的美丽乡村

良好的生态环境是乡村振兴的重要条件。④ 大理地区发展红色文化旅游业要加强对生态环境的保护，不断提高乡村基础设施建设、卫生环境和绿色生态的管理水平，从而建设生态宜居的美丽乡村。

大理地区发展红色文化旅游业，要协调处理好旅游发展与环境保护之间的关系，重视生态环境的保护。2015 年，习近平总书记在云南省考察时强调

① 拥翠乡党建引领聚合力 擦亮乡村振兴"底色"［EB/OL］. 南涧彝族自治县人民政府门户网站，2021-06-21.
② 宋乔如，何亦欣，朱晨怡，等. 乡村振兴视域下红色旅游资源开发研究：以仪征市为例［J］. 山西农经，2021（2）：73-74.
③ 保护革命遗址 发展红色旅游：探索红色文化传承新模式［EB/OL］. 云南网，2019-05-24.
④ 黄三生，凡宇，熊火根. 乡村振兴战略视域下红色文化资源开发路径探析［J］. 价格月刊，2018（9）：91.

"新农村建设一定要走符合农村实际的路子，遵循乡村自身发展规律，充分体现农村特点，注意乡土味道，保留乡村风貌，留得住青山绿水，记得住乡愁"①。这既是对云南新农村建设的殷切嘱托，也是对大理地区红色文化旅游开发的重要指引。大理地区在进行红色文化旅游开发时也兼治环境管理，注重保护绿色的乡村自然环境、红色的乡村历史文化、古色的乡村传统建筑，合理改造居民住宅，美化乡村景观风貌，优化乡村土地整体布局，着力建设生态宜居的美丽乡村。② 南涧县拥翠乡在进行红色文化旅游开发过程中，以"生态宜居"为抓手，全力打好人居环境综合整治战役，通过设立村内环境卫生制度，对各村院前房后环境卫生进行"门前三包"管理，利用村民小组代表会、户长会及时通报村内环境卫生情况，褒扬先进、鞭策后进，使群众在对比中激发内生动力，进一步改善人居环境，为全面实现乡村振兴奠定扎实基础。③ 因此，红色文化旅游的发展必然会带动生态环境的治理，对生态宜居的推进有着建设性作用。

大理地区在发展红色文化旅游的过程中，能切实促进大理地区的乡村产业振兴，带动村民的生活富裕，推动乡村治理，培塑文明乡风，建设生态宜居的美丽乡村。而这刚好符合党的十九大报告中提出的乡村振兴战略的总要求。因此，大理地区推动红色文化旅游发展对乡村振兴有着十分重要的意义。

## 第三节　大理红色文化旅游资源的保护、开发及利用

新时代，在乡村振兴战略的推进下，大理州抓住机遇，大力挖掘红色文化资源，不断推进红色文化旅游业的发展，经过长期的努力，大理的红色文化旅游也取得了一定的成效。

---

① 坚决打好扶贫开发攻坚战 加快民族地区经济社会发展［N］. 人民日报，2015-01-22（1）.

② 陈思敏. 红色文旅融合助推乡村振兴的路径探析［J］. 农村经济与科技，2022，33（1）：99.

③ 拥翠乡党建引领聚合力 擦亮乡村振兴"底色"［EB/OL］. 南涧彝族自治县人民政府门户网站，2021-06-21.

**一、政府重视，出台相关政策扶持**

良好的政策支持对乡村地区发展红色文化旅游有十分重要的导向作用。①
近些年来，党和国家对于红色文化旅游的重视程度不断提高，一系列利好红
色文化旅游政策也应运而生。大理各地政府也积极响应国家号召，十分重视
对本地红色文化旅游的保护开发，制定了许多支持推动大理红色文化旅游发
展的相关政策。

首先，大理地区十分重视对红色文化资源的保护与修缮工作。红色文化
资源是发展红色文化旅游的重要基础，只有依托保存完好的红色文化资源形
态才能较好地发展红色文化旅游。而大理地区也很重视当地红色文化资源的
保护与修缮工作，先后制定过相应的政策文件来支持。2022 年便印发了《关
于进一步加强非物质文化遗产保护工作的实施方案》，并在其中指出要加强革
命老区非物质文化遗产保护，加强非物质文化遗产红色资源收集整理，鼓励
传承人创作以红色文化为主题的作品。② 其次，大理地区十分重视对红色文化
资源的开发，先后制定了相应的政策支持红色文化旅游业的开发与发展。在
2018 年，大理州便指出要坚决推进全域旅游革命，持续扩大产品供给，发展
文化旅游产品、乡村旅游产品、赛事旅游产品、红色游产品。③ 而在《大理
州 "十四五" 文化和旅游发展规划》当中又指出，要立足大理的民族文化、
历史文化、红色文化，做深、做实、做精文化文章。④ 以上这些政策的出台为
大理地区红色文化资源的保护开发和红色文化旅游业的发展指明了方向。

与此同时，大理各地也应势而为，纷纷出台保护开发红色文化资源的相
关政策，积极推动红色文化旅游业的发展。大理市指出要促进文化旅游、红

---

① 尚子娟，任禹崀. 乡村红色文化与旅游发展模式探析 [J]. 学术交流，2021 (4)：118.
② 中共云南省委办公厅. 云南省人民政府办公厅印发《关于进一步加强非物质文化遗产
　保护工作的实施方案》[EB/OL]. 云南省文化和旅游厅门户网站，2022-02-24.
③ 我州推动旅游革命加快全域旅游品质提升动员大会召开 [EB/OL]. 大理州人民政府门
　户网站，2018-08-20.
④ 大理白族自治州人民政府关于印发大理州 "十四五" 文化和旅游发展规划的通知 [EB/
　OL]. 大理州人民政府门户网站，2022-07-19.

色旅游、绿色旅游、乡村旅游、休闲旅游等新兴融合业态的发展。① 祥云县则深入挖掘红色资源，以王家庄红色景区开发为着力点，实施王孝达烈士故居、将军第、边纵八支队策源地修复工程，打造集革命传统教育、增强爱国情感、弘扬民族精神、寓教于游的红色旅游景点。② 近年来，宾川县也着力以实地发掘红色史迹、革命遗址、先辈遗存为抓手，深入挖掘红色文化元素，多元化唤醒红色记忆，全方位推进打造红色名片。③ 鹤庆县文化和旅游局指出要进一步挖掘、整合鹤庆县红色旅游资源，打造中国工农红军长征过鹤庆红色旅游线路，讲好红色故事，推进"红色旅游+乡村振兴"工作。④

政府政策是影响红色文化旅游资源保护开发的指挥棒，引导着其发展方向与行为。近些年大理地区各个地方出台相关政策，为当地红色文化资源的保护开发提供指引，进而促进红色文化旅游业的发展。

### 二、红色文化旅游初具规模，育人性凸显

红色文化旅游作为一项社会系统工程，在其保护开发过程中会与其他的很多产业发生联系，只有形成规模才能更好地服务游客。近些年，大理地区不断推动红色文化旅游业的开发发展，目前大理红色文化旅游业已经初具规模，接待了大量前来参观学习的游客，育人性不断凸显。

首先，从开发程度和布局上来看，目前大理地区的红色文化旅游已经形成了一定的规模。整个红色文化旅游资源形成了以大理市为中心，以祥云、宾川为"翼"，以鹤庆、剑川、洱源为"点"，辐射整个大理州的"点""翼""带""面"结合的红色旅游资源布局。⑤ 且在 2021 年 6 月，云南省文化和旅游厅发布的省内 60 条红色旅游线路中大理州就有 4 条。⑥ 另外，在《大理州

---

① 大理市旅游行业向"优质旅游"新时代前行［EB/OL］. 大理时讯，2018-02-05.
② 杨晓燕，谷桂兰. 祥云全力打造文化品牌［N］. 大理日报，2023-12-12（3）.
③ 宾川县州城镇全方位推进打造红色文化名片［EB/OL］. 宾川县人民政府门户网站，2018-07-02.
④ 鹤庆县文化和旅游局党组关于巡察整改情况的通报［EB/OL］. 鹤庆县人民政府门户网站，2023-02-10.
⑤ 刘文颖. 大理红色旅游与乡村振兴融合发展研究［J］. 品牌研究，2021（10）：297.
⑥ 明庆忠，李燚，徐潇，等. 云南省红色旅游发展报告［M］//王金伟. 中国红色旅游发展报告：2022. 北京：社会科学文献出版社，2023：330-342.

"十四五"文化和旅游发展规划》当中也提出要升级打造四大文化旅游区域，而对"四区"之一的"东部宾祥新型文旅区"则提出要围绕宾川、祥云的红色文化，以突出的交通区位优势为突破点，打造一批红色文化的体验、研学新业态。从祥云县的老城北中街"将军第"等红色文化景点和宾川县的红军长征过大理纪念馆等红色文化景点，重点策划一批长征文化主题旅游线路。①因此，目前大理地区的红色文化旅游开发进行了一定的规划建设，已经初具规模。

其次，从红色文化旅游景区的功用来看，目前大理地区的红色文化旅游发挥着强大的育人作用。红色文化资源是革命先辈的革命精神和高尚情操的良好载体，凝聚着中华民族和中国共产党人的伟大精神，红色教育是我党的优良传统和宝贵经验，也是青少年成长成才的必经之路。② 如今每年都会有大量的学生、党员干部和事业单位工作人员、公务员群体前往大理地区的红色文化旅游景点瞻仰学习，接受红色文化的洗礼和教育。2023 年，祥云县王复生王德三烈士纪念馆和王孝达烈士故居两馆共接待参观学习团队 2123 个，观众 3.92 万人次，其中青少年观众 1.18 万人次。③ 剑川县则开办"滇西革命讲坛"，邀请老一辈革命家讲述张伯简生平事迹史、滇西革命史等，还成立了红色传承宣讲团、红色教育培训中心等组织，并将其作为大学生思想政治教育实践基地。据统计，2019 年以来，剑川县共接待 8000 余名干部群众参加现场教学，多次承接红色教育现场教学。④

因此，从目前来看，大理地区的红色文化旅游业已经初具规模，每年都吸引着大量的游客前来学习，促进了大理各地区红色文化的传承同时也对游客起着强大的育人作用。

---

① 大理白族自治州人民政府关于印发大理州"十四五"文化和旅游发展规划的通知［EB/OL］.大理州人民政府门户网站，2022-07-19.
② 桂峰兰.文旅融合视域下整合乡村红色旅游资源助力乡村振兴［J］.农业经济，2023（5）：137.
③ 杨晓燕，谷桂兰.祥云全力打造文化品牌［N］.大理日报，2023-12-12（3）.
④ 杨婷.剑川文旅融合共绘"红色"同心圆［N］.大理日报，2023-03-20（3）.

### 三、红色文化旅游发展模式推广

目前大理的红色文化旅游模式有两种。一是教育示范基地模式。此模式由革命纪念馆、红色遗址、革命纪念地、爱国主义教育示范、革命名人故居组成。该模式的主要形式一般是"红色基地+党建+革命斗争史传学+爱国主义教育+红色文旅"。客群以企事业单位、政府部门、社区工作人员的党组织成员、学生等为主,通过组织相关人员到基地进行参观学习,接受爱国主义教育和革命教育,了解社会主义发展成就,建立文化自信,获得精神上的提升。[①] 而以此模式为主的大理地区红色文化旅游景点主要有周保中将军纪念馆、王复生王德三烈士故居、张伯简纪念馆和宾川红军长征纪念馆等。据统计,王复生王德三烈士故居自2003年开放以来,10余年间累计接待观众10余万人次,祥云县"红色传承"教育基地免费开放多年,成倍增长的观众形成了新的市场,拓宽了文化产业运作和旅游项目开发利用的新领域,促使红色旅游蓄势待发。[②] 每年前往周保中纪念馆参观的有500多个单位,参观人次达1.8万人次,而且周保中将军纪念馆被中宣部评为"全国爱国主义教育示范基地",为大理州首个国家级爱国主义教育示范基地。[③]

二是乡村红色农旅融合模式。这种模式一般是红色资源所在地的管理者与旅游公司等相关企业合作,将红色文化资源与其他产业进行融合开发,其形态为"党支部+红色旅游资源+旅游公司+生态农业+乡村振兴"[④]。目前,这种乡村农旅融合模式在大理做得比较好的是宾川县乔甸镇新庄村。过去,新庄村靠农林畜产业发展经济,增收困难。2015年,红色海稍农业观光旅游开发有限公司总经理蒲国宏回到家乡,带领村民以继承和发扬红军长征精神、传承红色文化、带动全村农户脱贫致富为宗旨,采取"党支部+企业+村民+海稍村委会建档立卡贫困户入股,每年固定分红"的合作模式成立了"宾川

---

① 刘文颖.大理红色旅游与乡村振兴融合发展研究 [J].品牌研究,2021 (10):297.
② 祥云县以开发革命老区为动能推进红色旅游稳健发展 [EB/OL].祥云县人民政府门户网站,2015-12-22.
③ 刘文颖.大理红色旅游与乡村振兴融合发展研究 [J].品牌研究,2021 (10):297.
④ 刘文颖.大理红色旅游与乡村振兴融合发展研究 [J].品牌研究,2021 (10):297.

县红色海稍农业观光旅游开发公司"，建成了大理州首个自然村"红军长征纪念馆"①，有效地解决了红色文化旅游开发、农民劳动力就业、扶贫资金收入等问题。同时，在该模式的发展下，新庄村的基础设施建设改善明显，群众学习进步意识增强，农民收入增多，乡村振兴效果显著。

实践证明，红色文化资源是促进乡村振兴的好资源。如今大理地区也在乡村振兴的战略背景下，充分挖掘当地的红色文化资源，大力发展红色文化旅游业，使大理地区的红色文化旅游初具规模，形成了教育示范基地和乡村红色农旅融合两种典型的发展模式，不断发挥大理地区红色文化资源的育人作用，推动着当地乡村振兴的发展。

## 第四节　大理红色文化旅游助力乡村振兴的探索

近年来，随着乡村振兴战略的实施及旅游产业的转型升级，大理各地充分挖掘当地的红色文化资源，积极发展红色文化旅游业，不断探索红色文化旅游助力乡村振兴的有效路径，在进行充分实践后，大理地区的红色文化旅游在推动当地的产业振兴、生活富裕、生态宜居、乡风文明和乡村治理上取得了一定的成就。

### 一、创优旅游环境

良好的旅游环境是发展红色文化旅游的必要条件，只有在整洁干净的环境里，游客才能有良好的体验感。大理各地为了推动红色文化旅游业的发展，在旅游环境的创优上做了一定的努力。

（一）加强旅游市场管理，为红色文化旅游发展提供有序社会环境

大理作为我国重要的旅游城市，每年都有大量的商家和游客前来大理做生意与游玩，在带动当地经济发展的同时也出现了一些市场乱象，而大理也深刻意识到这个问题，并采取了一定的治理手段。一方面，加强对景区的监

---

① 新庄村的红色旅游［EB/OL］. 宾川县人民政府门户网站，2019-07-05.

督治理，成立了巡回法庭，严格督查车站、景区酒店，并进行常态化管理；另一方面，持续开展旅游市场秩序整治，注重对消费者的维权管理，开设了多种渠道的投诉方式。游客可以通过"一部手机游云南"、旅游部门投诉热线、12345 政务服务平台以及其他各类信访渠道进行投诉维权。在大理州推动旅游革命加快全域旅游品质提升动员大会上也提到了要坚决推进市场整治革命，营造良好旅游环境，强化属地管理、严格联动执法、严肃惩戒惩罚、规范投诉机制、创新监管方式①，而通过以上两方面的治理，大理地区的旅游环境得到了一定的整顿与改善，从而为当地红色文化旅游发展提供了有序的社会环境。

（二）强化营销宣传，为红色文化旅游资发展提供良好的市场氛围

红色文化旅游业作为大理地区近些年新晋的旅游新业态，其闻名程度不如传统的自然景观旅游。为了推动当地红色文化旅游业的发展，大理各地也在宣传营销上做了一些工作，借助新媒体在大理各地的官网和微信公众号上推送了红色旅游景区的推文，以文字和图片相结合的形式为游客提供红色文化旅游景点的基本信息。② 此外，还有一些地方则结合当地的文化资源特点，推出相应的红色文化旅游服务。巍山县巍宝山乡借助南诏汤池的历史名气与热度，推出"红米饭"和"革命饭"等红色主题餐饮服务，不断推动当地红色文化旅游业的发展。③ 近年来，祥云县充分发挥红色文化资源优势，先后投入 900 余万元资金，突出红色文化元素，实施红色墙体文化打造工程，编印出版连环画《省委书记王德三》免费赠送给游客，让人们进入村庄就受到浓浓的红色文化熏陶。④ 通过一定方式的宣传，大理地区的红色文化旅游业的知名度也有了一定的提升。

---

① 我州推动旅游革命加快全域旅游品质提升动员大会召开 ［EB/OL］. 大理州人民政府门户网站，2018-08-20.

② 陈丹妮，张云. 乡村振兴视阈下红色旅游进一步发展研究 ［J］. 环渤海经济瞭望，2021（6）：49.

③ 巍宝山乡"一重心三融合"打造翁家丫口红色旅游综合体 ［N］. 大理日报，2022-03-03（3）.

④ 李世祖. 祥云王家庄"红色乡村"别样红 ［N］. 大理日报，2020-10-30（3）.

**二、创新旅游产品**

旅游商品承载了满足游客需要和传播旅游地形象的重要责任，好的旅游产品往往能吸引更多游客，扩大旅游地的知名度。大理各地在发展红色文化旅游的过程中，也结合当地红色文化资源的特点，打造了相应的旅游产品。

（一）整合红色文化资源，打造综合旅游产品

大理各地在开发红色文化旅游的过程中，坚持以红色旅游景区为中心，辐射带动周边产业的发展路线，依托乡村得天独厚的自然、农业、文化资源，结合当下游客的实际需求，设计合理的旅游方案，对当地的旅游资源进行综合开发。① 2021 年，南涧县拥翠乡抓住弘扬红色文化、加大党史学习教育这一壮大村集体经济发展的重要抓手，强化以"打戛红色旅游文化"为代表的项目建设，精心打造了红色文化旅游综合体。② 此外，近年来，巍山县巍宝山乡也以红色资源为依托融合产业发展，成功打造集红色教育、度假休闲、乡村观光、特产购物为一体的翁家丫口红色旅游综合体。③ 宾川县则是深入挖掘红色资源，重点建设以新庄村、红军长征过大理陈列馆、南薰桥、赵镕将军纪念馆为主线的"红军长征过云南"党性教育现场教学精品路线。④

（二）深入挖掘红色文化资源，创新旅游产品

大理地区红色历史悠久，红色文化资源丰富，而这些资源刚好为大理红色文化旅游业的开发奠定了基础。如今，大理地区在开发红色文化旅游的过程中也深入挖掘红色文化资源，一方面加强对物质形态的红色文化资源的开发，打造出红色旅游景点；另一方面，对一些精神形态层面的红色文化资源也进行挖掘，尝试打造一些相应的文化产品和产业。宾川县州城镇在 2018 年

---

① 刘雨桥，王右文. 乡村振兴背景下辽宁红色乡村旅游服务设计探究 [J]. 农业经济，2023（5）：142.

② 拥翠：发展村集体经济 铸牢中华民族共同体意识的物质基础 [EB/OL]. 南涧彝族自治县人民政府门户网站，2021-04-08.

③ 巍山巍宝山乡"一重心三融合"打造翁家丫口红色旅游综合体 [N]. 大理日报，2022-03-03（3）.

④ 杨艳梅. 宾川擦亮"三种底色"谱写乡村振兴新篇章 [N]. 大理日报，2023-02-18（1）.

便投资 50 余万元实施州城镇"211 文化工程",创作拍摄《南薰桥上念红军》《古镇巍巍》两首歌曲 MV。此外,还投资 300 余万元新建红色饮食文化展示中心,对州城红色饮食文化进行深度开发。① 洱源县也加强对本地红色资源的挖掘、利用,不断丰富红色旅游产品,先后建成施滉烈士事迹陈列馆、马氏爱国事迹陈列馆、凤翔书院等"红色地标"。②

### 三、完善服务体系

服务体系是影响旅游业可持续发展的重要因素之一,服务体系的完善对游客的体验感起着决定性作用。大理地区在发展红色文化旅游业的过程中,不断完善当地的旅游服务体系,着力提升旅游服务水平。

（一）加强革命文物修复

革命文物是革命历史的见证,更是红色文化旅游业的重要载体,但大理地区的一些革命文物因保存不当、时间久远等原因而出现不同程度的损毁。在要想对这些红色文化资源进行开发,前提是要先做好其修复与保护工作。因此,大理各地针对当地革命文物的损毁特点,纷纷开展并加强了革命文物的修复工作。祥云县投资 500 多万元资金,对王复生王德三烈士故居进一步修缮,并新建烈士故居陈列室和红色传承陈列室、红色传承文化广场。③ 剑川县充分利用革命旧址,建设张伯简纪念馆、周钟岳纪念馆、边纵七支队革命历史纪念馆等红色文化传承基地及展馆,最大限度地让全县革命旧址得到有效保护利用,对全县 33 处革命旧址进行了保护和勘察,25 处旧址进行了保护利用与提升改造,设立标志说明碑,2 处革命旧址申报为全国重点文物保护单位,全县革命文物得到了有效保护,充分发挥了革命旧址的社会历史价值。④

---

① 宾川县州城镇全方位推进打造红色文化名片 [EB/OL]. 宾川县人民政府门户网站,2018-07-02.

② 李晓叶,杨宏枝. 洱源立足资源优势促进文旅融合发展 [N]. 大理日报,2022-07-23(1).

③ 祥云县以开发革命老区为动能推进红色旅游稳健发展 [EB/OL]. 祥云县人民政府门户网站,2015-12-22.

④ 杨婷. 剑川文旅融合共绘"红色"同心圆 [N]. 大理日报,2023-03-20 (3).

（二）加强基础设施和配套建设的完善

基础设施是旅游活动的重要工具。在旅游活动中，基础设施的好坏能对游客体验感产生直接影响。虽然，大理地区在很多年以前便开始发展旅游业，但很多有红色文化资源的乡村因其地理位置较远且经济水平比较落后而导致其基础设施建设较差。为了改善这一状况，大理各地也在不断加强基础设施建设，投资修建公路、酒店、停车场、卫生间等基础设施，不断提升基础服务能力，争取为红色文化旅游业发展提供完善、配套的基础设施。宾川县州城镇为了提升游客体验感，投资 500 万元完成红色广场、多媒体报告厅、住宿楼、餐厅等建设，加快打造集红色教育、党史教育、廉政教育和红色旅游于一体的"红色旅游"干部群众培训教育基地。① 祥云县为进一步促进革命老区经济社会的发展，积极改善革命老区基础设施建设和公共服务设建设。同时，通过加强软件、硬件建设，促使王复生王德三烈士故居和普发兴先进事迹陈列室成为两个特色教学点，被省委组织部、省委党校统一命名为"云南省干部教育培训现场教学基地"，全省四个干部教育培训现场教学基地之一。②

**四、实现产业融合**

红色文化旅游业在发展的过程中必然会与其他产业，如食宿行业、观光农业、民俗文化等融合，而且它们之间的相互融合发展已经越来越成为一种不可阻挡的趋势。大理地区在发展红色文化旅游的过程中，也不断推动红色文化旅游与其他产业的融合，落实落细红色文化旅游扶贫措施，带动当地经济社会的发展。

（一）发展"红色文化旅游+"项目

大理地区在开发红色文化旅游业的过程中，不是仅仅就红色文化资源而单一地开发红色文化旅游，而是积极将红色文化旅游业与当地的特色产业进

---

① 宾川县州城镇全方位推进打造红色文化名片 [EB/OL]. 宾川县人民政府门户网站，2018-07-02.
② 冯雪娥. 祥云王家庄：红色旅游赋能乡村振兴 [N]. 大理日报，2022-01-06（2）.

行融合，推行"红色文化旅游+"项目，努力实现产业融合。其中比较典型的是，南涧县拥翠乡龙凤村以"红色文化"为引领，依托自然资源，建设育苗基地、中华蜂养殖示范基地，发展辣椒、红薯等特色产业，组建了"合作社+基地+农户"的发展模式，有效盘活了闲置的资产和资源，提高了村集体经济整体发展水平，提升了村民的收入与生活水平。① 漾濞县漾江镇则也紧紧依托当地红色革命根据地的资源，重点打造旅游文化和乡村振兴项目，通过培育"党建+红色教育+民族团结+乡村振兴+集体经济强村工程"，打好红色文化带动乡村振兴牌，力争实现巩固拓展脱贫攻坚成果、经济发展"双推进"。②

（二）落实落细红色文化旅游扶贫带贫措施

过去，大理的乡村地区经济发展水平普遍较低，基础设施建设较为薄弱，很多村民只能靠农业劳作或外出打工来谋生，生活收入较低且单一。但近些年，随着国家乡村振兴战略的实施及大理旅游业的转型升级，红色文化旅游业也逐渐成了大家脱贫致富的新方法。大理很多有红色文化旅游资源分布的乡村地区，通过发展红色文化旅游业来落实落细扶贫带贫措施，让贫困群众通过参与红色文化旅游业的开发、资产抵押入股分红、销售农副土特产品等方式拓宽增收渠道，促进贫困人口增加收入，提高旅游业脱贫贡献率。③ 其中，比较典型的是宾川县乔甸镇新庄村。过去，新庄村发展经济主要依靠种植粮烟、畜牧养殖及经营海稍鱼店等。2016 年，成立了"宾川县红色海稍农业观光旅游开发公司"，村集体与全体村民共同入股，以"支部+企业+村民"的合作模式运作，家家户户都有股份，村里建档立卡贫困户也到公司上班，仅 2018 年一年，新庄村实现旅游收入 600 多万元，为新庄村村民增加务工收入、农产品销售收入、入股分红等 180 多万元，为海稍村委会贫困户增收 55

① 拥翠乡党建引领聚合力 擦亮乡村振兴"底色"［EB/OL］.南涧彝族自治县人民政府门户网站，2021-06-21.
② 漾濞甘屯村：打造红色旅游新名片［EB/OL］.漾濞彝族自治县人民政府门户网站，2020-12-09.
③ 宋晨瑜.乡村振兴战略下发展红色旅游研究：以 W 县为例［D］.太原：山西大学，2022：32.

万元，助推了贫困户脱贫、村民致富目标的实现。① 另外，剑川县龙门村村党总支部针对该村群众增收致富难的实际情况，结合扶贫开发战略要求，以改善革命老区贫困村贫困人口基本生产生活条件和增加贫困人口收入为立足点，积极探索红色旅游扶贫开发新模式，充分挖掘革命老区独有的红色资源，打造红色文化传承基地，大力发展红色旅游业，带动贫困人口脱贫致富。②

## 第五节　红色旅游致富经——宾川县新庄村红色旅游新业态

随着乡村振兴战略的逐步推进，红色文化资源在乡村振兴中的作用也逐渐凸显。近年来，大理各地积极贯彻乡村振兴战略，大力挖掘红色文化资源，发展红色文化旅游业，不断用红色文化旅游的发展来助推乡村振兴战略的实施。值得一提的是，2015 年以来，宾川县新庄村党支部带领村民充分利用红色文化资源，因地制宜发展红色文化旅游业，探索出"党支部+企业+村民"的发展模式，将新庄村打造成现代农业、红色文化与乡村旅游一体化发展的产业融合示范村，走出了一条符合新庄村发展的致富奔小康之路。而乔甸镇新庄村"大力发展红色旅游、助力乡村产业振兴"的发展模式也在 2021 年入选文旅部《体验脱贫成就·助力乡村振兴全国乡村旅游扶贫示范案例选编》的示范案例当中。③ 而新庄村之所以能够成功发展红色文化旅游业，是因为其有着独特的红色文化资源、历史文化、自然环境以及专业的开发规划和发展模式。

大理州宾川县乔甸镇新庄村位于海稍水库东岸，是一个多民族聚居的小山村，有汉、白、彝、傣 4 个民族，共有 66 户 231 人，其中建档立卡贫困户 13 户 36 人。全村经济发展主要依靠粮烟种植、经济林果、畜牧养殖及经营海

---

①　云南宾川新庄村：红色旅游助推脱贫致富［EB/OL］.宾川县人民政府门户网站，2018-05-11.

②　"党建+红色旅游"助推扶贫攻坚（图文）［EB/OL］.剑川县人民政府门户网站，2016-11-01.

③　杨朗琼.宾川：党建领航为乡村振兴提效增速［N］.大理日报，2022-12-19（1）.

稍鱼店等①，经济收入形式较为单一。1936 年 4 月 22 日，红六军团在新庄村停留一夜，并与当地民众结下鱼水情，当地 7 户人家中有 4 名青年参加追随这支救国救民的队伍北上抗日。② 因为有了这段"红色历史"，新庄村成了"红军村"。近年来，新庄村在国家脱贫攻坚和乡村振兴战略的号召以及省州县政府部门的支持下，探索出"大力发展红色旅游、助力乡村产业振兴"的发展新模式。

正是红军长征过新庄村的这段"红色经历"为当地留下了一些红色遗迹和感人至深的故事。如今，新庄村为了激活红色基因，利用好红色文化资源，建成了大理州首个自然村"红军长征纪念馆"。此外，还先后建成了红星图片纪念馆、红军广场、红军巷、红军桥、红军长征林等设施，收集整理红军故事，编排情景剧《送别》，开发了重走红军长征路的线路。此外，新庄村还很重视对这些红色文化资源的保护，尽力做好革命遗址保护利用工作。在 2011 年革命遗址普查时，大理州、宾川县党史部门将新庄村列为"大理州第 146 号革命遗址"。村里也非常支持革命遗址保护工作，无偿拿出当年红军住过的一小院民房建纪念设施。2015 年，大理州、宾川县党史部门本着"以史为据、求真务实"的原则，帮助规划设计并先后支持 15 万元资金帮助村里修复红军住房、红军桥等遗址点，并指导村里建成"红军长征过海稍新庄事迹陈列馆"，通过陈列和场景还原等方式，宣传、展示、传承红色文化。③ 而红军长征过新庄村的这段"红色历史"留下来的红色遗迹以及后来开发出来的红色设施都成了发展红色文化旅游的重要物质基础和依托。

红军长征过新庄村的独特红色文化资源、海稍鱼的独特饮食文化以及适宜种植水果的气候让新庄村在开发红色文化旅游上有着独特的优势和条件。而新庄村也"因村制宜"，积极响应国家乡村振兴战略，在云南省和大理州政府的帮助下积极发展红色文化旅游，探索出属于自己的发展道路。

---

① 保护革命遗址 发展红色旅游：探索红色文化传承新模式 [EB/OL]. 云南网，2019-05-24.

② 张锁，吴松江，邓熙翔. 宾川新庄：激活红色记忆 尽显乡村魅力 [N]. 大理日报，2023-07-12（2）.

③ 保护革命遗址 发展红色旅游：探索红色文化传承新模式 [EB/OL]. 云南网，2019-05-24.

一是深入挖掘红色文化资源，打造红色产品。

自 2016 以来，新庄村借助红军长征经过的这段红色历史，激活历史资源，挖掘红色文化，大力发展红色文化旅游业，开发好红色文化旅游景点及产品。党史部门派人帮助村里设计红色旅游方案，将红军长征过新庄村的革命遗址打造成爱国主义教育基地、党性教育基地、红色文化传承基地和红色旅游景点。通过挖掘红军长征经过时的历史故事，规划红色旅游线路，设计一日游、半日游的旅游产品，游客通过入村迎宾仪式、任命仪式及誓师大会、参观红军长征纪念馆、重走红军长征路、重温入党誓词、穿红军服、听讲解、唱红歌、讲红色故事、看情景剧、吃红军干粮（窝窝头、炒面等）、红色知识有奖问答、个人发布学习感悟等形式，在体验红色之旅中接受革命传统教育，感受红军长征的艰难困苦，传承长征精神，激发热爱党、感恩党、听党话、跟党走的热情，同时也带动了新庄村的经济发展。

二是结合地域特色，打造独特的旅游模式。

新庄村在开发红色文化旅游的过程中，充分利用本地资源，凸显地域特色，打造出独具特色的红色文化旅游模式。首先，注重挖掘"海稍鱼"饮食文化。海稍鱼是宾川远近闻名的特色饮食品牌。新庄村在发展红色文化旅游的过程中，充分释放"海稍鱼"的优势，弘扬和提升这一独有的饮食文化内涵，让游客在海稍水库边品尝海稍鱼的美味，这一行为深受游客的褒奖和赞誉。其次，充分利用农耕文化。2016 年，新庄村建成以展示农耕文化为重点的全省第一个对外开放的、村民自建的农民博物馆。馆内陈列了当地不同时期的农耕生产用具、农家生活用具等，可让游客在参观和推磨、春碓等实地体验中了解农耕文化，回味乡愁。最后，大力弘扬民俗文化。新庄村世居有白族、彝族、汉族、傣族等多个民族，各民族群众能歌善舞，民俗文化丰富多样。新庄村依据此建成了民族服饰展室，向游客展示多姿多彩的民族服饰文化，组织游客参加民族歌舞表演、篝火晚会、节庆活动，住民宿、吃农家饭，让游客在进行红色文化旅游的同时也体验到当地民族的民俗文化。①

三是充分整合资源，各产业融合发展。

---

① 张镔，吴松江，邓熙翔. 宾川新庄：激活红色记忆 尽显乡村魅力 ［N］. 大理日报，2023-07-12（2）.

　　新庄村在开发红色文化旅游业时，坚持充分整合资源，各产业相互融合。同时，还因地制宜发展高原特色农业，把红色文化旅游业与现代农业、休闲观光农业相结合。目前，已建成葡萄采摘园、柑橘采摘园、突尼斯软籽石榴采摘园、三角梅观光园和"红军林"等，初步实现从传统农业向景观农业的发展。另外，在海稍水库边开发建设了"海花草原"景区，设餐饮区、水上娱乐区、农耕文化体验区以及烧烤露营区，给旅客提供了适宜支部活动、团队旅行、家庭（朋友）聚会的休闲娱乐场地，吸引了更多来自全国各地的游客。①

　　四是创新合作模式运作，带动村民致富。

　　在开发红色文化旅游的过程中，新庄村采用"支部+企业+村民"的合作模式运作，推动了当地红色文化的传承、弘扬，同时更是带动村民脱贫致富。2015年，红色海稍农业观光旅游开发有限公司董事长蒲国宏回到家乡，带领村民以继承和发扬红军长征精神、传承红色文化、带动全村农户脱贫致富为宗旨，采取"党支部+企业+村民+海稍村委会建档立卡贫困户98户入股50万，每年以固定8%分红"的合作模式成立了"宾川县红色海稍农业观光旅游开发公司"。② 在公司建成后，村里建档立卡贫困户到公司上班，农闲和农忙分别发放不同额度的工资，保证大家能有一个稳定的收入。另外，公司对村民饲养的家禽、种植的蔬菜进行收购，为村民解决销路问题，增加了农户的收入。据统计，2019年宾川县红色海稍农业观光旅游开发公司接待游客60余万人次，实现旅游收入1000余万元，为新庄村13户贫困户分红5次共计16.9万元、每户增收8000元以上。③

　　80多年前，红军长征途经新庄村，为新庄村留下了"红色烙印"，而这些"红色烙印"是弘扬长征精神，把革命精神转化成建设美好家园、实现伟大中国梦的宝贵资源，同时也是新庄村发展红色文化旅游的独有资源。而新庄村也紧紧抓住"传承红色文化，弘扬长征精神"的红色主旋律，努力挖掘当地红色文化、农耕文化、民俗文化、饮食文化等特色文化，结合现代观光

---

①　【行摄宾川】看漫山红遍，风景这村独好！[EB/OL].今日宾川，2022-05-30.

②　新庄村的红色旅游 [EB/OL].宾川县人民政府门户网站，2019-07-05.

③　新庄村的红色旅游 [EB/OL].宾川县人民政府门户网站，2019-07-05.

农业，运用"党支部+红色旅游+农户"农旅文融合发展模式，打造出了现代农业、红色文化与乡村旅游一体化发展的产业融合示范村，走出了一条符合新庄村发展的致富奔小康之路。

新庄村的成功经验值得我们学习借鉴，我们应当及时抓住乡村振兴的机遇，不断挖掘红色文化资源等身边可以用来发展的资源，因地制宜地进行保护、开发、利用，并进行资源的整合，促进各产业融合，找到一条适宜自身的发展道路，从而带动农民脱贫致富，推动乡村振兴。

# 小　结

新时代，我国已开启全面建设社会主义现代化国家新征程，乡村振兴也实现了良好开局。相比于城市，革命老区的广袤乡村是红色文化资源集聚的重要场所。在全面推进乡村振兴中，挖掘好、整理好、利用好红色文化资源，发展红色文化旅游，不仅对于传承红色基因、赓续红色血脉具有重大意义，而且对于乡村振兴具有不可替代的功能和价值。

大理地区作为我国较早建立党组和开展革命活动的地区之一，有着丰富而又独具民族和地域特色的红色文化资源。这些红色文化资源在乡村振兴中，不仅可以激发人民群众的爱国热情和奋斗精神，还可以促进大理地区乡村产业振兴，带动村民致富，推动乡村治理，培塑文明乡风，建设生态宜居的美丽乡村，从而推动乡村经济的发展和社会进步。而大理地区近些年也是抓住了乡村振兴的机遇，不断挖掘当地的红色文化资源，积极发展红色文化旅游业。在此过程中，大理地区的红色文化旅游业发展摸索出自己的路径，取得了一定的成效，而总结这些成功经验对接下来大理地区红色文化旅游的发展和红色文化旅游助推乡村振兴有着重要的参考意义。但与此同时，大理地区的红色文化旅游业也面临一些困境，需要我们在接下来的发展过程中进行思考，并寻找到相应的对策，不断完善发展，从而为大理地区的乡村振兴战略实施注入红色文化旅游发展的源源动力。

# 第五章

# 大理公共文化建设助力乡村振兴的实践

## 第一节 大理公共文化服务体系的建设

推进大理地区公共文化服务体系建设是党和国家改善大理地区民生问题所采取的一项重要举措，也是助力乡村振兴发展的需要。促进公共文化服务体系建设是化解城乡区域发展不平衡的乡村振兴战略的关键举措。通过建立完善的公共文化服务体系和推进乡村振兴建设，可以有效提升乡村文化软实力，为乡村注入文化活力，提升乡村文化品位，营造新的文化氛围，从而促进乡村文化的繁荣发展，增强乡村吸引力，启迪农民文化意识，提高农民文化素质，培养他们的自信和创新能力，更好地适应现代化发展和城乡一体化的需要。完善公共文化基础设施，增强文化产品服务供给能力，保护、传承、弘扬大理历史文化，加快发展文化产业，是大理公共文化建设助力乡村振兴的重要路径，是践行社会主义核心价值观的题中之义。

### 一、公共图书馆建设

公共图书馆作为公共文化服务体系的载体之一，承担着非常重要的文化传播与交流任务。1975 年，国际图联（IFLA）在法国里昂召开学术讨论会就图书馆职能达成共识，把"保护人类文化遗产"列为现代图书馆的四个职能之一，并得到了各国图书馆学者的普遍认可。① 大理地区 12 个县市均设有相应的图书馆，共建有 13 个图书馆。作为公文化服务体系重要组成部分的公共图书馆，是政府举办的、非营利性的，是收集和传递文献信息资源，传播先进文化，以保障大众基本文化需求的公共图书馆机构和服务的总和，是政府实现面向大众的文化关怀、文化享有、文化提高、文化创造的重要方式。公共图书馆服务体系建设的目标是机构合理、发展平衡、网络健全、服务优质，覆盖全社会的公共图书馆服务体系，切实保障人民群众读书看报、进行文化鉴赏、参加大众文化活动等基本文化权益。

2023 年 11 月 1 日，文化和旅游部发布《关于第七次全国县级以上公共图书馆评估定级上等级馆名单的公示》。其中，大理州共有 13 个公共图书馆拟获评级，分别是一级公共图书馆 1 个，二级公共图书馆 5 个，三级公共图书馆 7 个。② "国家一级图书馆"大理白族自治州图书馆坐落于云南省大理白族自治州大理市中心区域，于 1957 年 7 月 1 日建馆开放。1986 年，大理白族自治州建州 30 周年之际，州图书馆新馆建成，占地面积为 32.03 亩，主楼建筑面积现为 6273 平方米。2016 年，自治州建州 60 周年之际，大理州图书馆内新建的大理州数字图书馆正式开馆，建筑面积为 4528 平方米，建筑规模地上 4 层。图书馆引进上海阿法迪的 RFID 智能化技术和设备，实现了读者自助办证、自助借还、微信公众号查询、续借等全自助化借阅服务。

大理市大理图书馆，属于区县二级馆，成立于 1979 年，位于大理古城复兴路，是大理古城唯一的公共图书馆。2014 年因大理古城文化中心恢复重建项目，拆除原图书馆大楼，新建图书馆。2016 年新馆建成，2017 年投入使用。馆舍建筑面积为 1800 平方米（含地下室 600 平方米），藏书规模为 25 万册。馆内设有综合阅览室、外借部、儿童阅览室、过刊查阅室、地方文献室、电子阅览室、数字阅读区、报告厅等服务窗口，设阅览座席 200 余个。

此外还有大理地区其他县市的图书馆建设都为群众提供了丰富的学习资

---

① 夏春红，于刚，印重. 现代图书馆资源管理与推广服务［M］. 北京：北京理工大学出版社，2017：171.

② 喜讯 | 正在公示！大理州十三个公共图书馆拟获文旅部评估上等级公共图书馆，大理州图书馆获公示一级馆［EB/OL］. 大理州人民政府网站，2023-11-05.

源和学习平台，图书馆对公共文化服务建设的作用不仅体现在提供读者服务和促进阅读与知识传播上，还包括保护文化遗产、推动社会教育以及促进社会和谐等方面。通过这些具体作用，图书馆为公众提供了一个重要的文化资源和知识交流平台，对社会的文化建设和发展起到了积极的推动作用。

### 二、文化馆建设

大理州共建有 14 个文化馆，根据文化和旅游部办公厅《关于开展第五次全国文化馆评估定级工作的通知》安排，文化和旅游部组织开展了第五次全国文化馆评估定级工作。经自评、线上评估和实地抽查评估等环节，确定了第五次全国文化馆评估定级拟命名一、二、三级文化馆名单。大理州 14 个文化馆全部被命名为等级馆，4 个拟命名为一级文化馆，6 个拟命名为二级文化馆，4 个拟命名为三级文化馆。① 其中，大理白族自治州群众艺术馆、大理市下关文化馆、祥云县文化馆、弥渡县文化馆为一级馆，大理市大理文化馆、永平县文化馆、云龙县文化馆、洱源县文化馆、剑川县文化馆、鹤庆县文化馆为二级馆，漾濞彝族自治县文化馆、宾川县文化馆、南涧彝族自治县文化馆、巍山彝族回族自治县文化馆为三级馆。

随着时代的发展、社会的进步，人们对文化的需求越来越呈现出多样化、多层次的状态。为了满足广大人民群众日益增长的精神文化需要，党和政府把关注的目光投向绝大多数人的基本的文化权益和基本的文化需要。要满足这两个基本，就要大力发展公共文化服务体系建设。公共文化服务体系建设的目标，是要满足人民群众日益增长的精神文化需求，保障人民群众的基本文化权益，提高广大人民群众的文化道德素养，推动社会经济的进步。文化馆的建设是政府实现面向大众的文化关怀、文化享有、文化提高、文化创造的重要方式。如大理州群众艺术馆结合广大人民群众对美好生活、高质量艺术欣赏和培训日益增长的现实需求，不断推陈出新全民艺术普及类活动，依托非遗项目、公益艺术培训、优秀传统文化普及、文旅融合、夜间服务等活动内容构建实施了"三课一营一舞"全民艺术普及品牌项目，形成了一套具

---

① 大理州 14 个文化馆全部被命名为等级馆［EB/OL］. 大理州人民政府网站，2021-12-24.

有鲜明地方特色、创新型、引领型、可推广的全民艺术普及模式。

针对不同年龄段群众，开设定制文艺课堂、非遗学堂、家庭美育课程、公益创艺课堂、青少年研学营等各类品牌活动，开展"品味+、亲民+、互动+"的文化体验活动，为群众搭建学习交流、分享互动、休闲娱乐平台。大理州群众艺术馆"艺术普及"文化志愿服务项目被文化和旅游部办公厅、中央文明办秘书局评选为2021年"春雨工程"全国示范性志愿服务项目。

### 三、博物馆建设

博物馆作为文化遗产的存储和展示场所，起到了保护和保存文化遗产的重要作用。它们不仅向公众提供了丰富多样的展品和展览，还举办各种形式的教育活动，如讲座、导览等，可以帮助人们获取知识和培养兴趣。如大理州博物馆中，"回眸大理——大理通史展厅""大理青铜文化展厅""大理石文化展厅""大理历史文物展厅""白族文化展厅""数字化体验展厅"等多个展厅长期陈列，石器、青铜器、陶瓷器、书画、民族文物、碑刻等展品琳琅满目，大理州非物质文化遗产博物馆内珍藏着大理银器、木雕、扎染、甲马、剪纸、洞经古乐、霸王鞭、绕三灵、下关沱茶技艺等各种非物质文化遗产，生动展现了大理各族人民千百年来历史发展的轨迹。

清咸丰六年（公元1856年），云南杜文秀率反清起义军攻占大理府城，被推为总统兵马大元帅，在原提督署内建元帅府，便是今天的大理市博物馆内博物馆在保持原有清代建筑风貌的基础上，将丰富的陈列展览与园林古建巧妙地融为一体。馆内藏品涵盖了大理地区从新石器时代到近代的珍贵文物遗存近万件，设有大理历史文物展厅、明代陶俑馆、佛教艺术馆等多个固定展馆。大理市喜洲镇严家大院博物馆内马灯、石马诉说着马帮商业的兴衰，书法苍劲的匾额和山水画卷、古朴的陶器展示着深厚的文化底蕴。大理市璞真白族扎染博物馆是中国第一个白族扎染博物馆。祥云县历史文化博物馆馆址位于王孝达烈士故居，为中式土木结构走马转角楼。博物馆陈列内容主要由"云南之源""云洱流韵""滇西炽土""彩焕南云""多彩非遗""陆港祥云"六部分组成。王复生王德三烈士纪念馆，建于清光绪年间，以传统土木结构建筑为主的王复生王德三烈士纪念馆，曾是王姓兄弟三人出生和青少年时期学习生活的地方，馆内布置有红色云南、播火先驱、红星闪耀、燎原烈火、祥云热土、红色传承六大板块的展出，是著名的红色旅游经典景区。此外还有弥渡县博物馆、南涧彝族自治县博物馆、剑川民族博物馆等。

博物馆建设在保护和保存文化遗产，促进文化交流与理解、教育与研究，促进旅游业的发展以及塑造城市形象和品牌等方面都发挥了重要作用。

### 四、其他公共文化建设

大理白族自治州乡镇（街道）还有众多综合文化服务中心，巍山县有 10 个，永平县 7 个，宾川县 10 个，大理市 11 个，等等。综合文化服务中心可以举办各类文化交流活动，如讲座、研讨会、展览、演出等，促进不同文化之间的交流和相互了解，推动文化的传播和发展。可以整合社区内外的文化资源，如图书馆、博物馆、艺术团体等，为居民提供方便的文化资源查询和借阅服务，丰富社区居民的文化生活；组织各种社区文化活动，如庆祝活动、文艺演出、比赛等，为社区居民提供丰富多彩的文化娱乐活动，增强社区凝聚力和归属感，为社区居民提供多样化的文化服务和活动，满足居民的文化需求，促进文化交流和发展。大理州围绕公共文化服务发展中的重点领域和关键环节，创新拓展城乡公共文化空间，打造最美公共文化空间，促进公共文化服务提质增效。通过努力创造小而美的城市书房、书店、书院、文化服务中心等，把服务群众精神文化需求的"最后一公里"变成最美一公里。

巍山古城文华书院是国家级文物保护单位萧公祠、文华书院、玉皇阁古建筑群活化利用的成果，由"书友""书香""书鸣"三个区域构成。书院依托古建筑群，美化空间环境、提升文化内涵，在营造视觉美感和浓厚文化氛围的同时，优化空间服务功能，将古籍藏书、古文献展示、珍藏献志及各类书籍阅览、活字印刷体验植入其间，布局书、画、棋、茶等业态，集国学讲座、研学论坛、琴棋书画培训、棋类书画大赛、直播等功能于一体，已成为全州文旅融合发展的新地标，是最具古色古香的网红书院。

旦墨书院是鹤庆县云鹤镇民居建筑群活化利用的试点项目，以休闲书吧为主体运营业态。书院遵循"修旧如旧"的历史建筑保护修复核心思想，优化空间布局，完善空间功能，配备了阅览室、文创空间、展览厅、茶艺空间、咖啡厅、书画室等基础设施。书院还充分利用鹤庆风清俗美、文献名邦的历史人文优势，联合县内外的专家、学者及文艺爱好者，开展国学讲坛、诗词讲座、读者分享会、茶道交流、咖啡品饮、艺术沙龙等活动，将图书、咖啡、茶艺、音乐和烘焙等多业态融合，形成高端学术交流平台。

大理州文化建设持续发展，完成喜洲白族建筑群大慈寺、严家院等重点文物保护单位抢救维修，恢复重建下关文庙，提升改造市博物馆碑林；建成111个村级文化室、31个社区文化活动中心、50个农家书屋和70个文化信息共享工程服务网点。群众文化活动丰富多彩，成功举办2012大理国际半程马拉松赛等大型赛事，荣获"全国体育先进市"。

## 第二节 大理公共文化建设的主要特点

公共文化服务是指政府为公众提供的文化资源和服务。大理白族自治州的公共文化服务地方民族特色鲜明，教育功能显著，设施丰富且分布广泛。

### 一、地方特色鲜明

大理地区拥有丰富的少数民族文化资源，地方民族特色鲜明，大理白族自治州共有12个少数民族，作为一个少数民族聚居的地区，不同的少数民族拥有不同的历史文化、民俗文化和生态文化，这些资源包含当地的重点文物、非物质文化遗产、民族舞蹈、民族音乐等，这些都是当地最宝贵的文化资源，因此，地方政府在提供适合当地的公共文化服务时需要考虑广大群众的文化需求，并将这些具有当地民族特色的文化融入公共文化服务中，提升公共文化产品的供给效率。

同时，也要将当地的博物馆、文化馆、文化站和综合文化服务中心利用起来，加强人员的管理，不断提升服务质量，保障民族地区基层群众最基本的文化权益。

大理地处"南方丝绸之路"和"茶马古道"的交叉路口，茶文化更是得天独厚。大理白族三道茶，融进白族人对生活的解悟和智慧。2014年11月，大理白族三道茶经国务院批准列入第四批国家级非物质文化遗产代表性项目名录。2022 年 11 月 29 日，茶俗（白族三道茶）作为"中国传统制茶技艺及其相关习俗"中的保护项目，被列入联合国教科文组织新一批人类非物质文化遗产代表作名录。

彝族跳菜，又叫"抬菜舞"，是南涧县境内彝族民间办宴席上菜时，为表达敬重宾客和增加喜悦气氛跳的一种风俗礼节性舞蹈。由引菜人和抬菜人从灶房到餐桌合着音乐节拍，跳着彝族特有的舞步，诙谐幽默地按"棋子"式布局，一种融舞蹈、音乐、饮食于一体的上菜礼仪。南涧县的彝族跳菜于 2008 年 6 月被公布列入第二批国家级非物质文化遗产代表性项目名录。

霸王鞭舞，白族语称为"搭哇别""得且嘎"，是白族民间舞蹈里最有特色、流传最广的一种传统舞蹈，又称花棍舞、金钱棍、英雄鞭、打连厢等。白族霸王鞭舞历史悠久，主要流传在大理市及洱源、剑川、宾川、云龙等县白族聚居地区。2017 年，白族霸王鞭被云南省人民政府公布列入第四批省级非物质文化遗产项目名录。

此外还有众多的白族非物质文化遗产，如白族瓦猫、白族扎染、剑川木雕、白族甲马、大本曲等。还有从正月里的葛根会、松花会、元宵十五等会花朝节，一直到三月街、四月十五蝴蝶会、绕三灵、耍海会、鱼潭会等，每一个节会都是一场民族风情的盛宴，这些都蕴含着大理地区当地的民族特色文化。

## 二、教育功能显著

大理州结合广大人民群众对美好生活、高质量艺术欣赏和培训日益增长的现实需求，不断推陈出新全民艺术普及类活动，依托非遗项目、公益艺术培训、优秀传统文化普及、文旅融合、夜间服务等活动内容构建实施了"三课一营一舞"全民艺术普及品牌项目，形成了一套具有鲜明地方特色、创新型、引领型、可推广的全民艺术普及模式。2021 年 11 月至 2022 年 5 月，面向社区群众开展非遗技艺传承项目体验活动共计 6 场次，服务 358 人次；2022 年"五一"假日期间，首次开展"大理非遗学堂"白族刺绣直录播培训，采取线上报名参与活动，线下发放刺绣物料包 100 套，直录播课累计点击量超 2000 次。同时，面向工会活动、党建团建、校园劳技实践及学生研学、亲子活动、游客等不同需求的团体或特殊群体开展非遗课"点单化"运营模式，现已实施了 3 家单位和学校的点单预约、个性化配送，惠及 1300人次。

推出"公益创艺课堂"，推动公共文化服务与教育融合发展。2022 年寒假期间，"创艺课堂"开设儿童画、少儿合唱基础入门、民族舞、学写春联等 6 个课程，共培训 300 余人次。开展夜间民族广场舞示范培训，不断丰富人民群众精神文化生活。2016 年 11 月，大理州群众艺术馆新馆落成后，延续了 2012 年以来的"免费开放·文化惠民"夜间广场舞培训活动，全年每晚 7 点至 8 点在大理州群众艺术馆广场开展夜间民族广场舞示范服务活动。夜间民族广场舞示范服务活动延续至今已达 10 年之久，服务惠及群众达 72 万余人次，10 年间培养出 16 支馆办团队作为群文业务骨干队伍进行全州夜间民族广场舞示范服务活动的教学培训推广。① 同时结合社会热点"本草纲目"健身操流行元素，编创了白族霸王鞭版本《本草纲目健身操》，并开展了为期一周的夜间推广培训，吸引了大量群众参与。这一系列举措极大地满足和丰富了广大群众的精神文化需求。

### 三、公共文化服务内涵丰富，分布广泛

大理地区拥有丰富的公共文化服务资源，2022 年年末，全州共有文化事业机构 147 个。其中，文化馆 14 个，图书馆 13 个。全州共有广播电台 13 座，电视台 13 座，有线电视用户 98.9 万户，广播电视人口覆盖率 99.9%。②

"十四五"期间，大理州以高质量发展为目标，主动融入大滇西旅游环线规划，不断夯实公共服务体系和基础设施建设，积极开展国家级文化生态试验区创建，各项任务不断取得新成效，实现了"十三五"规划的各项预期目标。大理州全力推动公共文化服务事业发展，公共文化服务体系建设形成规模，文化惠民工程广泛开展，公共文化事业蓬勃发展，不断满足人民群众多

---

① 朱云芳. 探索白族地区全民艺术普及之路：以大理州群众艺术馆为例［J］. 民族音乐，2023（4）：98-101.

② 经济社会［EB/OL］. 大理州人民政府网站，2024-04-03.

层次、多样化的精神文化需要，人民群众幸福感显著提高。坚持"政府主导、统筹规划、分级管理、资源共享"的原则，加快构建以州图书馆、州群艺馆为中心馆，县文化馆、图书馆为总馆，乡镇综合文化站为分馆，村（社区）综合文化服务中心的四级公共文化馆、图书馆服务网络。截至 2020 年 12 月，全州 2 个中心馆、25 个总馆及 121 个分馆、1218 个服务点建设工作已全部完成，完成率达 100%。中心馆、总馆、各分馆及服务点均设有固定馆舍及阅览室，农家书屋普及率均达 100%，全州现代公共文化服务四级体系不断健全，努力实现公共文化服务的均等化。同时，弥渡县"大喇叭·小广场"项目入选全国公共文化服务体系建设示范项目，为构建更加完善的公共文化服务体系提供了借鉴意义。

总体来说，大理地区公共文化服务设施相对较为丰富，方便市民和游客的文化娱乐需求。

## 第三节　大理公共文化建设助力乡村振兴的意义

大力发展乡村经济，加强农村基础设施建设，提升农民生产生活水平是乡村振兴的核心任务。公共文化服务设施作为公共服务的空间载体，是社会正常运转的重要组成部分，为社会提供着不可或缺的文化服务。①

### 一、促进大理乡村人才振兴

乡村振兴是当前国家发展的重要战略，是全面建设社会主义现代化国家的必然要求，推动乡村振兴更离不开公共文化服务建设。乡村振兴离不开人才的支撑，需要吸引更多人愿意来、留得下、干得好才能更好地满足乡村振兴的战略需求。

《大理州文化体育事业发展"十三五"规划》实施以来，大理州进一步加快公共文化基础设施建设，健全覆盖城乡的公共文化服务体系。州群艺馆、

---

① 陈世香，吴世坤. 新时代中国公共文化服务研究：既有格局与未来方向 [J]. 图书馆，2020（8）：1-10.

州数字（少儿）图书馆等公共文化工程的正式投入使用，标志着大理州公共文化基础设施建设得到进一步加强。新建的州群艺馆是当时云南省、州、市级功能最齐全、设备最先进的群众文化活动剧场；州数字（少儿）图书馆则开创云南省公共图书馆建设先河。构建以州图书馆、州群艺馆为中心馆，县文化馆、图书馆为总馆，乡镇综合文化站为分馆，村（社区）综合文化服务中心的四级公共文化馆、图书馆服务网络，现代公共文化服务四级体系不断健全，实现公共文化服务的均等化。通过多样化的文化教育资源，为人才提供广泛的学习和研究机会，打造了良好的文化氛围，吸引了许多周边及外来群众，极大方便了人们的学习和交流，对于推动大理地区乡村人才振兴建设具有重大意义。政府组织多样化的培训活动切实优化文旅人才队伍，比如组织各县文化和旅游局和4A级以上景区管理人员参加2020年云南省旅游厕所培训班，参加省文化和旅游厅深化公共文化和旅游整合研修班培训，组织大理州四个文旅融合试点单位参加文化和旅游管理干部学院2020年基层文化和旅游公共服务队伍线上培训，仅2020年一年，已组织相关人员参加各类培训班10余次，培训人员共100多名，各种类型的培训活动全力激活着公共文化发展的内生动力，极大地促进了乡村人才振兴建设。

如大理非遗学堂的开展就是一个极好的例子，大理非遗学堂"阵地服务"是面向社区群众开展非遗技艺传承项目深度体验式、互动式全民艺术普及推广活动。2021年11月至2022年6月共计开展7场次活动，活动内容涵盖了白族甲马、白族剪纸、白族刺绣和大理市民族民间口述文学4个非遗项目，共计服务398人次。2022年"五一"期间首次开展"大理非遗学堂"白族刺绣直录播培训。采取线上报名参与活动，线下发放刺绣物料包100套。第一期直播课点击量达394人次，第二期线上教学录播课点击量达1827人次。①

这些措施极大地带动了大理地区公共文化服务基础设施建设发展，通过乡村振兴，挖掘乡村资源优势，构建乡村产业集群，保护和发掘乡村传统文化资源，让乡村文化在现代的背景下焕发新的生机。完善和发展公共文化服务，对于推动社会文化进步、提升国家文化软实力、促进乡村振兴，具有至

---

① 朱云芳. 探索白族地区全民艺术普及之路：以大理州群众艺术馆为例［J］. 民族音乐，2023（4）：98-101.

关重要的意义。推动大理地区公共文化服务的建设是大理地区乡村人才振兴发展的重要举措。

### 二、推动大理乡村文化振兴

乡村文化振兴是乡村振兴的战略性和基础性任务，推动公共文化服务的建设能够有效推动大理地区文化振兴。大理地区的公共文化服务可以提升当地的文化软实力，通过推广当地的文化和传统，增强当地的文化自信和文化认同感，从而提升当地的社会影响力和竞争力。

大理地区公共文化服务活动不断推陈出新，结合广大人民群众对美好生活、高质量艺术欣赏和培训日益增长的现实需求，不断推出全民艺术普及类活动，依托非遗项目、公益艺术培训、优秀传统文化普及、文旅融合、夜间服务等活动内容构建实施了"三课一营一舞"全民艺术普及品牌项目，形成一套具有鲜明地方特色、创新型、引领型、可推广的全民艺术普及模式。例如大理州每年举办"大理州三月街民族节群众文艺活动"，吸引近百万老百姓观看；一年举办一届"大理州民族民间歌舞乐大赛"；实施"日日有活动、周周有比赛"的文化惠民活动，全州文艺院团每年完成不少于800场的"送戏下乡"惠民演出；广场舞蹈免费培训、白族霸王鞭和八角鼓舞改编推广、文化志愿服务等文化品牌活动深受群众喜爱，各县市群众自发组织开展了各种健身操、广场舞和各类民俗文艺演出活动，进一步优化产品供给，极大丰富和满足人民群众的精神文化需要。同时，弥渡县"大喇叭·小广场"项目入选全国公共文化服务体系建设示范项目。这些公共文化服务极大地提升了群众的文化素养，丰富了群众的精神世界，对于推动大理地区乡村文化振兴具有重要的理论和价值意义。

### 三、提升大理人民生活水平

大理州全力推动公共文化服务事业发展，公共文化服务体系建设形成规模，文化惠民工程广泛开展，公共文化事业蓬勃发展，不断满足人民群众多层次、多样化的精神文化需求，人民群众幸福感显著提高。这些文化设施的分布相对平衡，为广大民众提供了便捷的文化服务。大力推进公共文化服务可以在促进当地经济发展、改善群众生活、提高群众身体和文化素质以及增进民族团结等方面产生积极的作用。

大理州政府通过举办各种文化活动来丰富人民群众的文化生活，如文艺演出、文化讲座、书法展览等。这些文化活动不仅能够满足人民群众对文化的渴求，同时也有助于推动文化交流和文化传承的发展。大理州的文化产业发展比较成熟，涵盖了传统文化产业和文化创意产业等领域。一方面，公共文化服务设施不断完善与拓展，为公众提供了丰富多样的文化活动、文化资源和更加便捷、高质量的文化服务，满足了人民群众对精神文化生活的需求，提升了居民的文化素质和幸福感，进而推动了社会的发展；另一方面，文化活动的开展和文化产品的推出，丰富了公众的文化生活，促进了社会文化进步。此外，公共文化服务可以支持和培育文化创意产业，通过举办文化艺术展览、演出、文化节等活动，激发创意和创新，推动文化创意产业的发展，提升地区的经济实力，促进经济增长和就业创造。这些文化产业和文化活动不仅为大理州经济的发展提供了新动力，还为文化服务的建设提供了重要支撑，提高了群众文化素质，丰富了大理地区的公共文化内涵，推动了文化创新和文化产业发展，促进了乡村振兴战略的实施，切实提高了大理地区人民的生活水平。

## 第四节 大理公共文化建设助力乡村振兴的路径

大理地区的公共文化服务能够激发乡村的文化活力，促进乡村经济的发展，提高乡村居民的生活质量，助力乡村振兴战略的实施。整合并开发乡村的自然、历史、人文等文化资源，打造具有地方特色的乡村文化品牌，吸引游客和投资者来乡村旅游、投资兴业，推动乡村经济发展。因此需要通过政府加大资金投入、加强公共文化服务与乡村振兴人才队伍建设。

### 一、政府加大资金投入

其一，政府要加快工作重心的转变，增加公共文化设施建设和乡村振兴的资金投入，合理分配财政结构，增加对乡村文化服务的支出比重，增加在地方乡村文化服务的经济投入。加大对自然村政策、资金、人才等方面的倾斜力度，分步实现公共文化服务向自然村延伸覆盖，实现公共文化服务体系"重心下移、资源下移、服务下移"，使文化资源在城乡之间均衡布局、合理配置、科学组合。① 充分挖掘当地文化遗产和历史文化资源，在农村地区兴建文化中心、文化广场、文化站等文化设施，以扩大文化服务的覆盖范围，提升文化服务的品质和水平。

其二，为了满足公共文化服务建设的需求，首先，政府机关需要建立多元化的资金筹集渠道，以政府投资为主体，同时采用多种投资方式，鼓励广大企业和社会组织将资金投入大理地区公共文化和乡村振兴建设上，以推动公共文化产品的供给和创新。其次，应加强对农村公共文化服务体系的支持力度，通过财政转移支付来增加财政性文化支出。最终，在基础设施建设和相关文化活动的推进方面，增加财政资金的投入以完善公共文化布局，同时加强对基层文化馆、博物馆、图书馆、艺术馆等造福区域的文化设施的维护和升级。在资金需求方面，应当充分考虑到乡村公共文化建设的重要性，以促进乡村振兴为目标，特别是在文化推广、宣传和文化服务人才方面，需要更多的资金支持。

因此，公共文化事业和公共文化服务的专项资金投入应得到中央和地方政府的高度重视，以促进公共文化服务体系的建设，完善文化设施、文化服务资源，提高文化产品质量，助力乡村振兴，提升群众生活幸福指数。

## 二、加强公共文化服务与乡村振兴人才队伍建设

人才资源是第一资源，人才是第一要素，由于大理地区的文化多样性和民族特色，公共文化服务人才队伍建设也需要注重民族团结和文化多元性，能够更好地适应大理本地民族特色和现代化发展以及城乡一体化的需要，在此基础上加强相关人才队伍建设才能够极大地带动大理地区公共文化服务与乡村振兴的发展，让乡村文化和城市文化并存繁荣。

---

① 刘佳云，马云华，孙昱丹，等. 云南公共文化服务体系构建研究 [J]. 民族艺术研究，2014，27 (1)：116-124.

　　人才队伍建设方面，大理地区应该加强人才引进和培养。首先，大多数公共文化服务机构的从业人员都是兼职或者业余人员，缺乏系统的培训和专业的管理，政府应为艺术家、表演者、文化管理者等农村文化人才提供培训机会，提高他们的专业技能，促进农村文化产业的发展。其次，更要重视当地文化教育作用，利用大中小学及各类培训机构全方位多领域的公共文化教育体系和建设举措，加强对专业文化人才的招聘和培训，提高其专业素质和能力，开展丰富的文化活动，吸引更多业余爱好者。最后，为了提高乡村文化建设的水平，需要加强相关专业知识人才培养，政府可以通过多种方式，如设立奖金、开展文化培训等方式，吸引更多有文化、有技能的年轻人回到乡村地区，加强对青年人才的培养和引导，鼓励他们积极投身于公共文化服务和乡村振兴建设，提高青年人公共文化服务和乡村振兴建设的意识，进一步培育和发展业余文艺团体和民间文化队伍。

　　此外，建立健全文化志愿者制度，把音乐、舞蹈、书法、美术、摄影等县级学会的业余文化队伍组织起来。制定优惠政策，鼓励民办文化发展，发挥专业文艺团体退休人员和民间艺人的作用，对在各类文艺活动中涌现出来的优秀人才，采取集中培训的形式，邀请州级文化单位开展有针对性的辅导培训，有力地推动大理地区群众文化事业的发展。最后，加强对人才的政策支持，提高其待遇和福利，积极调动他们文化传承弘扬的热情和积极性，吸引更多的人才留在大理地区，充分挖掘和繁荣当地文化资源。

### 三、推动公共文化服务多元化

　　公共文化服务方面，大理地区应该加强公共文化设施和服务的建设，推广多样化的文化服务内容和形式，要加强对文化机构和组织的支持和管理，提高其工作效率和服务能力，加强数字文化建设，推广数字文化产品和服务，加强文化服务的创新和差异化，提高文化服务的普及率和质量。

　　首先，政府立足于当地的实际情况，将重点放在对本土民族文化资源的开发与整合上，大力实施民族文化品牌战略，对具有地域特点的山村特色文化进行精心培育，持续提高民族文化文艺精品的意识，积极开发具有民族传统与地域特色的民间工艺、民间艺术以及民间表演项目。大理州拥有丰富的生态文化资源，有重大节日和纪念日如花朝节、蝴蝶会、绕三灵、白族三月街、栽秧会、白族火把节等，可以开展更加丰富多样的群众性文化活动，充分利用大理地区白族民族情怀，凝聚人心，推动民族地区社会公众文化服务的协调发展，加大对白族大本曲、本子曲等民族曲艺的普及力度，组织更多的管弦乐队、小民乐团，为广大人民群众提供更多的民间艺术团和更多的文艺作品。其次，在尊重公民权利的基础上，向群众提供容易接受的公共文化服务形式，搭建网络平台。大力开展流动服务和数字服务，打通公共文化服务"最后一公里"。① 丰富公共文化服务的内容和形式，开展多样化的文化活动和服务，可以通过抖音、快手、微博等公众平台提供丰富的公共文化服务活动项目，提高公共文化服务的质量和水平。再次，政府应加大对农村地区图书馆、博物馆、文化馆等公共文化服务机构建设的投入，这些机构应为农村居民提供多样化、高质量的文化服务。最后，发展农村文化产业。政府应支持发展旅游、手工艺品、民间艺术等农村文化产业，促进文化资源的利用，提高农村的文化竞争力，政府还应鼓励农村居民参与文化产业，以增加他们的收入。

### 四、促进公共文化活动宣传推广

公共文化活动宣传推广是促进乡村振兴的重要手段之一，因此必须做好大理地区公共文化服务活动的宣传工作。多元化的公共文化活动传播方式是乡村振兴的有力举措，政府和社会力量应该制订全面的宣传推广计划，包括活动宣传、媒体宣传、网络宣传等多方面。

有效地开展大理地区白族文化的传播和公共文化活动宣传，有助于找到以市场为导向的文化活动切入点。利用互联网对大理地区的民族传统歌舞进行挖掘、展示，发展民族文化旅游，展销民族文化工艺品，等等，在传播民族文化、提高民族群众收入方面，可以发挥其作用。其一，政府可以通过制定相关政策举措呼吁和宣传公共文化服务与乡村振兴的重要性，要加强对多元化文化服务的推广和宣传，吸引更多的人参与其中。其二，要加强对乡村振兴的宣传和推

---

① 张仙，潘启云，刘云华，等. 云南农村公共文化服务体系建设存在的问题分析及对策建议［J］. 云南农业大学学报（社会科学），2016，10（4）：25-29.

广，提高人民群众的认识和参与度。其三，加大公共文化服务、乡村振兴等媒体宣传、网络推广力度，提升影响力、知名度。其四，参与乡村文化建设的同时，也需要加强对农民的文化教育，提高农民的文化素质。政府可以通过开展文化讲座、组织文化活动等方式，让农民更好地了解和学习传统文化，提高文化自信和文化素质，更好地推动公共文化服务与乡村振兴发展。

## 第五节　文化搭台——共谱"中国花灯之乡"乡村振兴新篇章

　　弥渡县位于大理州东南部，是红河发源地之一和澜沧江中游经济带的腹带，古称"六诏咽喉"，居住着 23 个民族，并且拥有悠久的历史文化遗产、丰富的民族文化资源，更是闻名全国的花灯之乡和民歌之乡，花灯名曲《弥渡山歌》《绣荷包》《十大姐》，被誉为东方小夜曲的民歌《小河淌水》都出自弥渡。2010 年云南省弥渡县的弥渡民歌，入选第三批国家级非物质文化遗产名录。弥渡县大力加强公共文化服务体系建设，加快文化基础设施建设步伐，投资 1425 万元在县城青螺公园建成建筑面积 7090 平方米的县图书馆、文化馆、博物馆等一批文化设施，为群众文化活动的开展提供了场地，率先建成数字化服务平台、微信服务大厅、资源共享平台，实现公共文化服务信息网络化，建成文化馆、图书馆总馆和 8 个乡镇分馆。同时狠抓乡镇综合文化站建设工程、文化信息资源共享工程和新农村书屋建设工程，促进全县文化大发展。目前，全县 6 个乡镇建成综合文化站，建成文化信息资源共享工程、电子阅览室县级支中心 1 个、乡镇基层服务点 8 个，为全县 89 个行政村农文网培学校与农村党员干部远程教育共建共享基层服务点配备了电脑，建成新农村书屋 89 个，藏书总量达 18 余万册，实现了全县农家书屋全覆盖，以县城为中心、以乡镇为骨干、以村组为支撑的公共文化服务体系网络初步形成。

　　弥渡县牢固树立"文化乐民、文化育民、文化富民"的理念，把丰富群众文化生活作为改善民生的重要环节，通过完善基础设施、壮大文艺队伍、丰富活动形式、弘扬传统文化，充分发挥国家级非物质文化遗产弥渡花灯、弥渡民歌文化品牌作用等多措并举，繁荣发展群众文化活动，使群众文化活动遍布城乡，广大群众的文化生活丰富多彩。弥渡的公共文化服务的成功发展，打造了大东村民族旅游特色村寨建设、下村民族团结进步示范村建设以及文盛街民族特色示范村，极大地助推了乡村振兴的建设和发展。

弥渡县紧紧围绕"唱响《小河淌水》，做精花灯品牌"这一目标，进一步挖掘整理弥渡悠久的民族民间传统文化，着力扩大小河淌水品牌的影响力，做精花灯品牌，通过不断的探索和努力，逐步把密祉花灯庙会打造成州政府主办、弥渡县政府承办的省内一流、全国闻名的非物质文化遗产展示的节庆品牌，成为弥渡扩大对外开放、提升弥渡形象的文化节庆活动和文化交流品牌。认真贯彻落实县委、县政府《关于进一步加强文化建设的实施意见》，切实加强公共文化服务体系建设，大力推进"三馆一站"、行政村多功能文化活动室、农家书屋、农民文化大院、农民体育健身工程、农村电影放映工程、文化资源共享工程等文化惠民工程建设，推动和促进县域文化大发展大繁荣。

弥渡县开展了丰富多样的文化活动。在县城、乡镇，广场文化、社区文化、企业文化、校园文化活动开展得有声有色，做到了天天有演出、周周有活动、月月有主题、年年有亮点。在2023年成功承办的云南省第二届花灯艺术周期间，群众文艺演出展演、天桥歌会、铁柱踏歌、小河淌水万人唱等群众文化活动，对外充分展示了弥渡群众文化活动的普遍性和广泛性，极大地扩展和提升了弥渡群众文化活动的影响力。从2005年开始至今，每月一场的花灯广场群众文化演出活动，以多样的组织形式、演出形式吸引老百姓参与，引起社会较大反响，成为弥渡县群众文化活动品牌。同时，县里积极开展"送戏下乡""送电影下乡"等活动，据统计，2023年全年送戏下乡60场，送电影下乡1020场。在乡镇、村组，以七彩云南全民健身工程建设和新农村建设为契机，加快乡、村、组三级文体活动场（室）建设，引导乡镇社区村民组建花灯演出队，并组织专人帮助指导、挖掘整理弥渡花灯、弥渡民歌等特色民间文艺，进一步满足了广大群众的文化需求。

近年来，弥渡县出台《关于进一步加强文化建设的实施意见》《关于构建公共文化服务体系建设的意见》等一系列政策。以构建覆盖县、镇（乡）、行政村、村组四级联动的"大喇叭·小广场"公共文化示范项目为抓手，以创建县、镇（乡）区域公共服务协调发展"文化馆总分馆制"为载体，以文旅融合转型升级数字化服务为平台，多措并举，深入推进全民艺术普及工程，努力建设人文荟萃、文化繁荣的诗意"小河淌水"。

弥渡县公共文化服务建设依靠线上线下相结合，利用互联网平台，将弥渡县的文化活动进行线上推广，通过直播、网络展览等形式，让更多的人了解到弥渡县的文化特色，发挥好文化活动在社会主义核心价值体系建设中"以文娱人、以文化人"的作用。"开展群众性文化活动，引导群众在文化建设中自我表现、自我教育、自我服务。"① 提高文化活动的影响力和参与度，成功打造了具有弥渡特色的公共文化服务呈现方式。

一是采取请上来、走下去、送出去等方式开展各类培训，培养各级文艺骨干 1000 余人；开展文化惠民活动，每年落实送戏下乡 48 场、农村电影放映 1020 场，每年县乡村组织广场文化 100 多场，受益群众近 10 万人次；扶持农村组建文艺队 800 多支，创作花灯说唱和花灯歌舞，编创花灯健身舞 9 个；建成花灯民歌传习展示中心 1 个、非遗传习所 17 个，常态化开展群众文化和非遗传习；推进"1+X"服务型组织建设和文化志愿服务，组建弥渡书画院、小河淌水文学社等文艺社团；聘请 78 名残疾人管理农家书屋，改善农村文化管理服务水平。

二是新创《买羊》《大小情缘》《醋坛子》《十里桂花路》等与群众生产生活和脱贫攻坚息息相关的花灯小戏小品，在现有民歌曲目 500 多首、花灯剧目 200 多个的基础上，编辑出版了《弥渡民族民间器乐曲集成》《弥渡传统花灯：牛街剧目选》等；深入推进花灯民歌保护工程，举办"小河淌水"电视歌手、"小河淌水"DOU 游弥渡歌手等系列赛事；充分发挥文化馆总分馆建设的终端平台和微信公众号、文旅公众号等功能服务，每周适时更新艺术知识和普及视频；依托新兴媒体，以"非遗+短视频"的方式深化非遗资源在旅游发展中的应用。截至 2022 年 4 月 30 日，共上传"非遗过大年 文化进万家"、大理"三月街"少儿文艺专场演出、百姓大舞台、DOU 游弥渡歌手大赛、非遗进校园等专题宣传片短视频 589 个，粉丝量达到 3.7 万，获赞 32.8 万。弥渡县独特的公共文化服务活动呈现形式和创新极大地促进了当地的文

---

① 云南省公共文化服务体系建设调研报告［R］.昆明：云南省文化厅公共文化处，2013：3.

化发展和传播。

三是完善公共文化服务设施建设。自 2014 年开始，为满足人民群众日益增长的精神文化需求，弥渡县有效利用农村文化活动场所建设，发挥乡镇文化广播电视服务中心工作职能，解决公共文化服务"最后一公里"的问题，投资 2000 多万元，建成文化馆、图书馆、博物馆，文化馆连续两轮评估达标为一级馆，图书馆达到三级馆；建设集党员活动、村民议事、文化活动、老年活动和客事办理于一体的综合活动场所 766 个，全县 983 个自然村通过新农村建设项目实现活动场所全覆盖；投资 500 多万元建成红岩村委会、新街大庄子等 8 个百县万村综合文化服务中心；投资 6500 万元建成全民健身活动中心；建成 7.6 千米毗雄河滨河健身长廊、大理州竞钓示范基地（弥渡全民健身垂钓中心）；完成 8 个乡镇文体活动广场建设，实施农民健身工程 140 个，安装健身路径 100 多条；投资 100 万元，建成农村广播站室点 1001 个，打通服务群众"最后一公里"。同时，组建"三区"人才服务队、选派"三区"人才 60 余人，实施专业技术人员挂钩扶持文艺队伍，选派 18 名文化工作者挂职文化站副站长，扎实开展"挂包帮"和文化志愿服务。同时，充分发挥非遗传承人和民间艺人的"传、帮、带"作用，采用传承人自主编排+文化馆、花灯团专业老师辅导的形式，推行全民艺术普及。广大群众共享文化发展带来的"红利"，"大喇叭"成为农村版"好声音"，"小广场"成为群众"文化联谊所"。

党的十八大以来，弥渡县始终紧紧围绕"举旗帜、聚民心、育新人、兴文化、展形象"的使命任务，创新体制机制，搭建服务平台，打造特色品牌，走出一条纵横互通、精准实践、特色鲜明的新时代文化富民之路。

## 小　结

推进大理公共文化服务与乡村振兴，是促进地方经济和社会文化建设、提高当地人民幸福生活指数的重要举措。加大对公共文化和乡村振兴建设的资金投入，加强文化设施建设和文化产品创新，对于推动乡村振兴、提升农民文化素质、实现城乡一体化和全面发展，以及促进文化产业发展具有至关重要的意义。多元化的公共文化服务发展不仅能够提供更多的文化活动和资源，同时也有助于推动就业和农村产业的转型升级，通过公共文化服务活动的开展，大理各族群众更加了解和热爱自己的文化，从而促进文化的传承和保护。公共文化服务的宣传和推广，为乡村地区带来更多游客和文化爱好者的涌入，从而推动当地经济的蓬勃发展。公共文化服务体系是我国社会主义精神文明建设的重要组成部分，为人民群众提供丰富的精神文化产品，满足他们日益增长的物质文化需要。通过提供公共文化服务，可以实现文化产业与乡村经济的有机融合，推动乡村经济的转型升级和可持续发展，从而实现文化与经济之间的良性互动。

本章节主要针对大理地区公共文化服务体系构建对乡村振兴带来的影响和发展，通过对弥渡县公共文化服务建设的典型案例分析，积极探讨公共文化服务的建设和乡村振兴发展，为乡村振兴注入强劲的动力，不仅可以提供更多的文化教育和培训，提高乡村居民的文化素质，还能增强他们的文化自信心和文化认同感。弥渡县这一公共文化服务建设典型案例的成功正是政府出台政策督促落实、创新公共文化服务呈现方式、完善公共文化基础设施建设等举措共同推动的结果，满足了人民群众对文化的多样性和个性化需求。

乡村是城市的后花园，发展乡村经济、生态环境和文化旅游业能够促进城乡经济的互补和共同发展，公共文化服务可以推动社会、经济、文化全面发展，提升乡村居民的凝聚力和归属感，促进乡村社会的和谐发展，推进乡村社会建设，为乡村振兴发展提供有力支持。

# 结　语

　　乡村振兴是新时代中国发展的重要战略，其中文化振兴是乡村振兴的重要内容。乡村文化振兴是实现乡村振兴战略的重要组成部分，通过发掘乡村丰富的人文资源和自然资源，推动优秀传统乡土文化的保护、传承和创新发展，培育乡村发展新动能，促进乡村产业转型升级，推动一二三产业融合发展，丰富乡村精神文化生活，提升农民文化素养，美化乡村环境，促进乡村文明。同时，文化产业赋能乡村振兴也是实现乡村文化振兴的有效途径。通过文化产业的发展，将乡村的潜在资源转化为市场接受的文化产品，促进乡村文化产业的发展。同时，乡村文化振兴还需要注重保护和传承乡土文化。乡土文化是乡村的根和魂，是乡村振兴的内生动力。在推进乡村文化振兴的过程中，应该注重保护和传承乡土文化，让农民群众在享受现代文明的同时，保持对传统文化的认同和尊重。当前，大理州已入选首批文化产业赋能乡村振兴试点名单，通过发掘地方的自然资源和人文资源，推动文化产业的发展，促进乡村振兴，走出了一条乡村振兴的特色之路。

　　近年来，大理州以全面推进乡村振兴为目标，以夯实乡村公共服务为契机，大力实施文化惠民工程，打好美食文化品牌，抓实文化产业项目，以"五抓五新"赋能乡村文化事业繁荣昌盛。一是抓乡村文化公共服务"新保障"。持续加强基层综合文化服务中心、村级文化阵地建设，持续扩大全州112个乡镇文化站、1157个村（社区）综合文化服务中心等公共文化设施免费开放力度。扎实开展"二二"工程建设，下达建设资金930余万元，用于大理市银桥镇综合文化站等12个基层文化站（中心）建设。巍山文华书院、鹤庆墨旦书院等入选省级"最美公共文化空间"。二是抓乡村文化惠民工程

"新项目"。整合乡村文化惠民活动资源，丰富农民群众精神文化生活。持续打造"三月街民族节群众文艺活动""洱海歌手大奖赛"等一批地方特色文化活动品牌。州群众艺术馆"艺术普及"文化志愿服务项目被评为"春雨工程"全国示范性志愿服务项目。广泛开展"三下乡""戏曲进乡村活动"等夜间群众文化活动，2022年，全州完成戏曲进乡村演出700余场次，开展惠民演出活动600余场次，现场观众达39余万人次。三是抓乡村美食文化品牌"新体系"。大力宣传推广"一地一风味、一县一桌席"地方特色餐饮宴席，打造"风花雪月"菜系，推出大理"风花雪月"美食文化品牌新体系，让大理文化产业在同质化竞争中不断彰显实力，引领助推乡村文化振兴。四是抓乡村文物保护利用"新成果"。全面完成大理市喜洲镇喜洲村喜洲白族古建筑群赵府（一进院）等古建筑、历史文物修缮维护，国家长征文化公园（大理段）、太和城国家考古遗址公园等重点项目加快建设，大理天主教堂等文物修缮稳步推进。2022年，新争取到上级文保资金1200余万元，崇圣寺三塔、剑川石钟山石窟前期勘察保护等8个文保项目修缮计划通过国家文物局批准。大理市湾桥镇周保中将军纪念馆、宾川县杨杰将军纪念馆通过备案审查批准。五是抓乡村文化产业创意"新园区"。鹤庆新华银匠村文化产业园区、大理华纺1958文化创意产业园区入选云南省第一批省级夜间文化和旅游消费集聚区；下关沱茶工业旅游区成功入选国家工业旅游示范基地，成为此批云南唯一入选基地。大理鹤庆银器文化产业园被列入文化和旅游部国家级文化产业园区创建名单，大理华纺1958文化创意园区、剑川木雕文化产业园进入省级文化产业园区创建名单，通过文化产业带动农民增收致富。

大理州将打造"中国最美乡愁带"作为学习推广浙江"千万工程"经验的重要抓手和具体实践，以富集的文化资源为载体，依托大理宜居宜业和美乡村建设成果，打造了一批特色优势明显、乡愁韵味浓厚、发展基础良好、典型示范引领的最美乡愁实践样本和乡村旅游新地标，以乡村旅游新发展推动乡村振兴。剑川县沙溪镇寺登村，突出田园风光、白族民俗风情、茶马古道遗存及特色民居客栈，走出了一条以游补农、以游助农、以游促农的良性发展路子；永平县博南镇花桥村，着力对古村落进行保护与开发，创建乡愁体验馆、马帮文化体验基地、元梅观赏园、生态休闲旅居地等，开启乡村旅游"花桥模式"；宾川县乔甸镇海稍村，因地制宜发展乡村红色旅游，走出以文促旅、以旅兴农、农旅融合发展的新路子……近年来，大理州充分挖掘乡村旅游资源和优势，激活大量"沉睡"在乡间的田园、山林、房屋等资源资产，积极发展乡村旅游产业，让传统的村落焕发出新的生机和活力。此外，为进一步探索乡村发展新模式和乡村振兴的新路径，打造大理"乡村旅游新地标"IP，大理州开展了首届"乡愁大理·最美乡村"推选活动。活动中，涌现出一批特色明显、乡愁浓厚的网红旅游乡村，提升了大理作为"乡愁"之地的标识度、知名度，吸引了一波人气流量，助推了一批新业态发展。

民族要复兴，乡村必振兴。产业振兴是乡村振兴的重中之重，文化产业大有可为。开展文化产业赋能乡村振兴试点，是推动乡村人文资源和自然资源有效保护利用的有力举措，也是贯通产加销、融合农文旅的重要工程。大理州要积极开拓思路，强化以城带乡、城乡互促，不断探索文化产业赋能乡村振兴的新路径。总的来说，乡村振兴中的文化振兴是实现全面推进乡村振兴、加快农业农村现代化的重要途径。通过发掘乡村的潜在资源，结合当地的文化和自然资源，激活乡村内生动力。

# 参考文献

一、专著类

1. 杨桂华. 云南生态旅游 [M]. 北京：中国林业出版社，2010.

2. 中共大理州委党史研究室. 大理州革命遗址通览 [M]. 昆明：云南人民出版社，2011.

3. 黄峻. 春风化雨 文化惠民：云南省公共文化服务体系建设的实践与探索 [M]. 昆明：云南大学出版社，2014.

4. 彭斌. 大理白族自治州民族文化资源普查报告 [M]. 昆明：云南人民出版社，2018.

5. 张宁. 乡村文化振兴的构建及有效形式探索 [M]. 长春：吉林人民出版社，2019.

6. 黄快林. 乡村振兴与旅游文化 [M]. 长春：东北师范大学出版社，2018.

7. 曾蓉. 从文化视角探索乡村振兴的发展之路 [M]. 北京：经济管理出版社，2019.

8. 熊国平. 民族文化生态保护区规划 [M]. 北京：中国建筑工业出版社，2019.

9. 高莉花. 文化生态保护区规划与建设研究 [M]. 兰州：甘肃人民出版社，2020.

10. 王慧卿. 区域文化生态及可持续发展研究 [M]. 长春：吉林人民出版社，2020.

11. 丁智才 . 边疆民族地区文化产业发展与少数民族特色文化保护研究 [M]. 厦门：厦门大学出版社，2020.

12. 刘艳蓉 . 中国乡村文化艺术与乡村振兴发展探究 [M]. 长春：吉林人民出版社，2020.

13. 谭鑫 . 云南实施乡村振兴战略研究 [M]. 北京：红旗出版社，2020.

14. 施玮，吴赢 . 特色文化+乡村振兴：模式方法与个案 [M]. 厦门大学出版社，2021.

15. 赵晓红，曾耀萱 . 云南特色文化产业助推扶贫攻坚及促进乡村文化振兴对策研究 [M]. 昆明：云南大学出版社，2021.

16. 王伟 . 保护与传承：文化遗产助力乡村振兴的理论建设与实践探索 [M]. 北京：北京工业大学出版社，2021.

17. 陶自祥 . 乡村振兴的路径 基于云南的考察 [M]. 北京：社会科学文献出版社有限公司，2021.

18. 王娜 . 乡村振兴战略中传统文化建构研究 [M]. 北京：中国纺织出版社，2022.

19. 张建忠 . 文化生态保护与旅游发展互动研究 [M]. 北京：中国财政经济出版社，2022.

20. 陈爱国 . 乡村振兴与非遗保护：文化遗产传承人的日常实践研究 [M]. 上海：上海交通大学出版社，2022.

21. 赵晓红，俞又琪 . 文旅融合助推云南乡村振兴的实践与思考 [M]. 昆明：云南大学出版社，2022.

22. 李秀金 . 乡村振兴战略背景下的乡村文化治理研究 [M]. 北京：中国社会出版社，2022.

23. 林拓 . 乡村文化振兴：城乡与内生发展 [M]. 北京：商务印书馆，2023.

二、期刊类

1. 刘佳云，马云华，孙昱丹，等 . 云南公共文化服务体系构建研究 [J]. 民族艺术研究，2014，27（1）.

2. 周静, 毕东, 毕晓红, 等. 大理白族自治州基层公共文化服务体系建设的现状与对策研究 [J]. 图书馆理论与实践, 2019 (3).

3. 奚莹. 试论乡村振兴战略背景下民族文化传承与发展: 以大理市璞真扎染博物馆为例 [J]. 文化产业, 2020 (36).

4. 黄振华, 陈梓清. 记得住乡愁: 乡村振兴的路径选择: 基于云南大理的实践与思考 [J]. 党政研究, 2022 (2).

5. 王丽清. 大理巍山彝族民俗助推乡村文化振兴 [J]. 西南林业大学学报 (社会科学), 2022, 6 (4).

6. 朱云芳. 探索白族地区全民艺术普及之路: 以大理州群众艺术馆为例 [J]. 民族音乐, 2023 (4).

7. 李晨雁, 杨艳. 乡村振兴视域下乡村文化振兴的逻辑与路径 [J]. 现代农业研究, 2023 (3).

8. 王松华, 廖嵘. 产业化视角下的非物质文化遗产保护 [J]. 同济大学学报 (社会科学版), 2008 (1).

9. 赵世林. 论民族文化传承的本质 [J]. 北京大学学报 (哲学社会科学版), 2002 (3).

10. 李国江. 乡村文化当前态势、存在问题及振兴对策 [J]. 东北农业大学学报 (社会科学版), 2019, 17 (1).

11. 张帆. 环洱海白族传统特色民居建筑艺术造型的文化传承与创新: 基于新发展理念的理论与实践引领 [J]. 民族学刊, 2020, 11 (4).

12. 邱峥澄. 文旅融合理念的价值维度与乡村文化振兴实践 [J]. 社会科学家, 2021 (9).

13. 许艺琳, 李文睿. 文化生态视阈下大理白族文化资源的价值转化研究 [J]. 文化创新比较研究, 2021, 5 (20).

14. 任映红. 乡村文化难题破解与中华优秀传统文化价值实现研究透析 [J]. 毛泽东邓小平理论研究, 2022 (1).

15. 王晴. 文旅融合赋能乡村振兴的机制与路径研究 [J]. 山东行政学院学报, 2022 (4).

16. 杨小冬. 文旅融合赋能乡村振兴的机制与路径 [J]. 人民论坛, 2022

(24).

17. 任旭. "影视+文旅"联动升级, "因地制剧"是关键: 以《去有风的地方》为例 [J]. 中国广播影视, 2023 (12).

18. 尚子娟, 任禹崑. 乡村红色文化与旅游发展模式探析 [J]. 学术交流, 2021 (4).

19. 刘建平, 刘向阳. 区域红色文化遗产资源整合开发探析 [J]. 湘潭大学学报 (哲学社会科学版), 2006 (5).

20. 李兴汉. 论洱源县梅子产业发展的地位及对策 [J]. 经济问题探索, 2000 (9).

21. 段超. 再论民族文化生态的保护和建设 [J]. 中南民族大学学报 (人文社会科学版), 2005 (4).

22. 刘登翰. 文化生态保护的几点理论思考 [J]. 福建论坛 (人文社会科学版), 2009 (8).

23. 杨洪林. 民族文化生态保护区建设的理念与实践研究述论 [J]. 黑龙江民族丛刊, 2016 (5).

24. 王丹. 从文化关系推进文化生态保护实验区建设 [J]. 中南民族大学学报 (人文社会科学版), 2018, 38 (4).

25. 巴胜超. 文化生态保护实验区建设的理论与建议 [J]. 民族艺术研究, 2019, 32 (4).

26. 周洁. 走向产城人文融合的文化生态保护: 理论演进、实践探索与机制建设 [J]. 深圳大学学报 (人文社会科学版), 2021, 38 (3).


三、报纸类

1. 李晓林. 协同推进、融合发展, 努力构建现代公共文化服务体系 [N]. 中国文化报, 2014-04-01 (1).

2. 周应良, 孙一夫. 关于推动我州文化事业高质量发展的思考 [N]. 大理日报, 2021-03-18 (7).

3. 秦蒙琳. 促进公共文化服务提质增效 [N]. 云南日报, 2023-04-22 (3).

4. 周应良. 我州以"五抓五新"赋能乡村文化繁荣 [N]. 大理日报, 2023-04-29 (1).

5. 杜颖. 非遗助力乡村振兴的多维体系建构 [N]. 中国社会科学报, 2023-03-01 (8).

6. 秦蒙琳. 乘风而上"影视+文旅"成就大理旅游新爆点 [N]. 云南日报, 2023-03-22 (7).

7. 张镔, 吴松江, 邓熙翔. 宾川新庄: 激活红色记忆 尽显乡村魅力 [N]. 大理日报, 2023-07-12 (2).

8. 李晓叶, 杨宏枝. 洱源立足资源优势促进文旅融合发展 [N]. 大理日报, 2022-07-23 (1).

9. 杨晓燕, 谷桂兰. 祥云全力打造文化品牌 [N]. 大理日报, 2023-12-12 (3).

10. 赵丽花. 大理文化生态保护实验区保护工作总体情况 [N]. 大理日报, 2022-03-09 (7).

# 后 记

苍山一片雪，洱海无尽蓝，这是云南大理的标志性风景。而居住在大理的各族人民在历史延续中积淀了丰厚的文化资源。如今，在人们心中，民族风、田园情、生活味、国际范，大理以农文旅融合发展为核心，高品质塑造人文体验，留住田园乡愁，乡村新貌活力四射，活色生香。安其居，美其俗，热在乡村，乐在游客，惠及农户，汇聚和激发起乡村振兴的澎湃动能。乡村更善治、产业更兴旺、日子更红火，近年来，大理各族群众走出了一条强村富民的"大理路子"。在大理，一幅产业旺、文化兴、百姓富的乡村振兴图景正在全面展开。时下，站在全面推进乡村振兴的新起点上，大理州正大力发展文化产业，以"文旅+"和"+文旅"为模式，不断延伸和拓展经济社会发展新业态，为乡村振兴注入强劲动能，续写更多"大理故事"。正基于此，本书以云南省社科规划社会智库2023年度项目"大理州农文旅融合发展助推乡村振兴研究"为依托，通过全方位调研和文献资料的收集整理，初步总结凝练为《文化赋能乡村振兴的大理实践》。

书稿撰写过程中，大理州文化旅游局和各县市文化旅游局的相关领导、部门负责人给予了无私的帮助和指导，由于部分相关领导和负责人职务及工作岗位有变动，此处不一一列出，在此对所有给予本书帮助和支持的各单位和个人一并表示衷心感谢。

本书的完成，主要凝结了本人指导的2022级研究生科研团队的学术智慧，李函遥主要负责第一章（约3.5万字），李容霞主要负责第二章（约4万字），石晓琴主要负责第三章（约3.2万字），杨珍燕主要负责第四章（约2万字），朱彦松主要负责第五章（约1.6万字），杨珍燕协助完成全书稿的统稿工作。

　　由于著者水平有限，时间略为仓促，书中难免存在失之偏颇之处，恳请读者批评指正。